हिंदी साहित्य : विविध विधाएँ

बी.एच.डी.एल.ए.-138

For

Bachelor of Arts (BAG)

नए पाठ्यक्रम पर आधारित

CHOICE BASED CREDIT SYSTEM (CBCS)

Useful For

Delhi University (DU), IGNOU, Berhampur University (Odisha), University of Kashmir, Sambalpur University (Odisha), University of Kalyani (West Bengal), Gurukula Kangri Vishwavidyalaya (Uttarakhand), Himachal Pradesh University, Cooch Behar Panchanan Barma University (West Bengal), Ranchi University, University of Culcutta, Pune University, University of Mumbai, Andhra University, School of Open Learning (DU), Gondwana University (Maharashra), Babasaheb Bhimrao Ambedkar University (Lucknow), Dr. Babasaheb Ambedkar Marathwada University (Aurangabad), University of Madras, Netaji Subhas Open University (Kolkata), Odisha State Open University, all other Indian Universities.

Closer to Nature We use Recycled Paper

GPH BOOK®

गुल्लीबाबा पब्लिशिंग हाउस प्रा. लि.

आई.एस.ओ. 9001 एवं आई.एस.ओ. 14001 प्रमाणित कं.

Published by:
GullyBaba Publishing House Pvt. Ltd.

Regd. Office:
2525/193, 1st Floor, Onkar Nagar-A,
Tri Nagar, Delhi-110035
(From Kanhaiya Nagar Metro Station Towards Old Bus Stand)
011-27387998, 27384836, 27385249
+919350849407

Branch Office:
1A/2A, 20, Hari Sadan,
Ansari Road, Daryaganj,
New Delhi-110002
Ph. 011-45794768

E-mail: hello@gullybaba.com, **Website:** GullyBaba.com

New Edition

ISBN: 978-93-90828-29-6
Author: GullyBaba.com Panel
Copyright© with Publisher

All rights are reserved. No part of this publication may be reproduced or stored in a retrieval system or transmitted in any form or by any means; electronic, mechanical, photocopying, recording or otherwise, without the written permission of the copyright holder.

Disclaimer: Although the author and publisher have made every effort to ensure that the information in this book is correct, the author and publisher do not assume and hereby disclaim any liability to any party for any loss, damage, or disruption caused by errors or omissions, whether such errors or omissions result from negligence, accident, or any other cause.

If you find any kind of error, please let us know and get reward and or the new book free of cost.

The book is based on IGNOU syllabus. This is only a sample. The book/author/publisher does not impose any guarantee or claim for full marks or to be passed in exam. You are advised only to understand the contents with the help of this book and answer in your words.

All disputes with respect to this publication shall be subject to the jurisdiction of the Courts, Tribunals and Forums of New Delhi, India only.

Home Delivery of GPH Books

You can get GPH books by VPP/COD/Speed Post/Courier.
You can order books by Email/SMS/WhatsApp/Call.
For more details, visit gullybaba.com/faq-books.html
Our packaging department usually dispatches the books within 2 days after receiving your order and it takes nearly 5-6 days in postal/courier services to reach your destination.

Note: Selling this book on any online platform like Amazon, Flipkart, Shopclues, Rediff, etc. without prior written permission of the publisher is prohibited and hence any sales by the SELLER will be termed as ILLEGAL SALE of GPH Books which will attract strict legal action against the offender.

प्रस्तावना

हिंदी साहित्य का भंडार पर्याप्त समृद्ध है। गद्य और पद्य की लगभग सभी विधाओं का प्रचुर मात्रा में साहित्य-सर्जन हुआ है। अनेक कालजयी कृतियाँ सामने आई हैं। लेखक-कवियों ने भी सर्जना के उच्च मानदंड स्थापित किए; जिन पर साहित्य-सृजन को कालबद्ध किया गया; वह युग उनके नामों से जाना जाता है। किसी भी साहित्य के इतिहास का काल-विभाजन करने की सर्वाधिक उपयुक्त प्रणाली उस साहित्य में प्रवाहित साहित्य धाराओं, विविध प्रवृत्तियों के आधार पर उसे विभाजित करना है। युग की परिस्थितियों के अनुकूल साहित्य की विषय तथा शैलीगत प्रवृत्तियाँ परिवर्तित होती रहती हैं। हिंदी साहित्य, हिंदी भाषा का रचना संसार है। हिंदी भारत और विश्व में सर्वाधिक बोली जाने वाली भाषाओं में से एक है। उसकी जड़ें प्राचीन भारत की संस्कृत भाषा में तलाशी जा सकती है। परंतु हिंदी साहित्य की जड़ें मध्ययुगीन भारत की ब्रजभाषा, अवधी, मैथिली और मारवाड़ी जैसी भाषाओं के साहित्य में पाई जाती है।

जी.पी.एच. की पुस्तक *'हिंदी साहित्य : विविध विधाएँ' (बी.एच.डी.एल.ए.-138)'* में हिंदी साहित्य की विविध विधाओं के बारे में विस्तारपूर्वक चर्चा की गई है। साहित्य की प्रत्येक विधा दूसरी विधाओं से भाषा-शिल्प संरचना और विषय-वस्तु के धरातल पर कुछ अलग और वैशिष्ट्य युक्त होती है। इसी आधार पर उस साहित्य रूप को एक स्वतंत्र विधा का स्थान भी प्राप्त होता है।

प्रस्तुत पुस्तक की विषय-सामग्री के विस्तृत एवं जटिल उपबंधों को तर्कपूर्ण एवं संप्रभावी ढंग से संक्षेप में प्रस्तुत किया गया है। पुस्तक की भाषा उपयुक्त, सरल एवं प्रवाहपूर्ण रखने का प्रयत्न किया गया है। पुस्तक के प्रत्येक अध्याय के प्रारंभ में अध्याय की भूमिका दी गई है जिससे छात्रों को अध्याय को समझने में सरलता होगी। हमारी पुस्तक की सबसे बड़ी और महत्त्वपूर्ण विशेषता यही है कि इसके अंतर्गत आपको सैम्पल तथा गेस पेपर दिए जाते हैं जो आपकी परीक्षा को न केवल सरल बनाते हैं बल्कि आपको परीक्षा में अच्छे अंक प्राप्त करने में भी सहायक होते हैं। पुस्तक में प्रश्न पत्रों के प्रारूप को आपके सामने बिल्कुल उसी प्रकार प्रस्तुत किया गया है जैसा आपके सामने परीक्षा केंद्र में प्रस्तुत होता है, जो आपको अपने आप में एक अलग प्रकार का आत्मविश्वास बढ़ाने में सहायक होगा।

आगामी संस्करण में आपके सुझावों को यथास्थान साभार सम्मिलित किया जाएगा। अतः अपने सुझाव निःसंकोच हमें हमारी **Email : feedback@gullybaba.com** पर या सीधे प्रकाशन के पते पर लिखें और हमें अपने सुझावों से अनुग्रहित करें।

प्रकाशक (GPH) अपने कार्यरत सहायकों व लेखकों का सहृदय आभार प्रकट करता है, जिनके सहयोग और प्रयासों के कारण ही इस पुस्तक का प्रकाशन संभव हो पाया है।

हम आपकी सफलता की कामना करते हैं।

Topics Covered

अध्याय–1 **हिंदी साहित्य : विविध विधाएँ**

1. कहानी : पूस की रात (प्रेमचंद)
2. व्यंग्य निबंध : वैष्णव की फिसलन (हरिशंकर परसाई)
3. एकांकी : 'बहुत बड़ा सवाल' (मोहन राकेश)
4. निबंध : जीने की कला (महादेवी वर्मा)
5. आत्मकथा : जूठन (ओमप्रकाश वाल्मीकि)
6. कविताएँ

अध्याय–2 **हिंदी साहित्य : विविध विधाएँ**

7. डायरी
8. पत्र-साहित्य
9. रिपोर्ताज
10. यात्रा वृत्तांत
11. जीवनी
12. संस्मरण

विषय-सूची

1. कहानी : पूस की रात (प्रेमचंद) 1
2. व्यंग्य निबंध : वैष्णव की फिसलन (हरिशंकर परसाई) 19
3. एकांकी : 'बहुत बड़ा सवाल' (मोहन राकेश) 33
4. निबंध : जीने की कला (महादेवी वर्मा) 45
5. आत्मकथा : जूठन (ओमप्रकाश वाल्मीकि) 59
6. कविताएँ 71
7. डायरी 97
8. पत्र-साहित्य 111
9. रिपोर्ताज 123
10. यात्रा वृत्तांत 135
11. जीवनी 151
12. संस्मरण 163

प्रश्न पत्र

(1) सैम्पल पेपर-I (हल सहित) 177
(2) सैम्पल पेपर-II (हल सहित) 179
(3) गेस पेपर-I 181
(4) गेस पेपर-II 182

कहानी : पूस की रात
(प्रेमचंद)

भूमिका

पूस की रात कहानी मुंशी प्रेमचंद द्वारा लिखी गई कहानी है। प्रेमचंद आधुनिक हिंदी कहानी के पितामह और उपन्यास सम्राट माने जाते हैं। प्रेमचंद की रचना–दृष्टि विभिन्न साहित्य रूपों में प्रवृत्त हुई है। बहुमुखी प्रतिभा संपन्न प्रेमचंद ने उपन्यास, कहानी, नाटक, समीक्षा, लेख, संपादकीय, संस्मरण आदि अनेक विधाओं में साहित्य की सृष्टि की। प्रमुखतया उनकी ख्याति कथाकार के तौर पर हुई और अपने जीवन काल में ही वे 'उपन्यास सम्राट' की उपाधि से सम्मानित हुए। 'पूस की रात' कहानी की मूल संवेदना भारत के गरीब किसान की व्यथा को व्यक्त करने वाली है। भारत के गरीब किसान किस तरह कठिन परिश्रम करते हैं, लेकिन उनकी आर्थिक स्थिति दयनीय और गरीबी वाली रहती है। इस कहानी के माध्यम से बताया गया है कि कैसे एक गरीब किसान जो अत्यंत ही गरीब है वह किस तरह जीवन के कठिन संघर्षों से जूझता है।

प्रश्न 1. 'पूस की रात' कहानी का संक्षिप्त विवरण प्रस्तुत कीजिए।

अथवा

'पूस की रात' कहानी को अपने शब्दों में बताइए।

उत्तर— 'पूस की रात' प्रेमचंद की श्रेष्ठ कहानियों में गिनी जाती है। कथा का आरंभ हल्कू के घर से होता है। हल्कू ने कर्ज ले रखा है, सहना, जिससे कर्ज लिया है वह अपना रुपया माँगने हल्कू के यहाँ आता है। हल्कू अपनी पत्नी मुन्नी से रुपये माँगता है। मुन्नी के पास तीन रुपये हैं जो हल्कू ने मजूरी में से बड़ी मुश्किल से बचाए हैं ताकि एक कंबल खरीदा जा सके। बिना कंबल के जाड़ों के दिनों में रात खेतों पर गुजारना कठिन होगा, इसीलिए मुन्नी रुपये देने का विरोध करती है। मुन्नी कहती है 'न जाने कितनी बाकी है जो किसी तरह चुकने ही नहीं आती।'

मुन्नी किसानों के जीवन की इस व्यवस्था को और उजागर करते हुए कहती है, मर मर काम करो, उपज हो तो बाकी दे दो, चलो छुट्टी हुई। 'बाकी चुकाने के लिए ही तो हमारा जन्म हुआ है।' अगर अपना पेट भरने के लिए मजूरी ही करनी है तो फिर खेती से चिपके रहने का क्या मतलब इसी भावना से प्रेरित होकर मुन्नी हल्कू से कहती है, तुम छोड़ दो अबकी से खेती। मजूरी में सुख से एक रोटी खाने को तो मिलेगी। किसी की धौंस तो न रहेगी। अच्छी खेती है। मजूरी करके लाओ, वह भी उसी में झोंक दो, उस पर धौंस। बहरहाल, हल्कू वह तीन रुपये सहना को दे देता है।

हल्कू जैसे गरीब किसान के लिए खेती कितनी मुश्किल होती जा रही थी। यहाँ तक कि वे यह भी सोचने लगते हैं कि क्यों न किसानी छोड़ कर मजूरी की जाए?

पूस की अंधेरी रात है। हल्कू के साथ सिर्फ उसका पालतू कुत्ता जबरा है। ठंडी हवा चल रही है। हल्कू के पास सर्दी से बचने के लिए एक चादर भर है, लेकिन वह चादर उस ठंड से उसकी रक्षा नहीं कर पाती। खेत में हल्कू की सबसे बड़ी चिंता ठंड से बचाव की है। वह जबरा को संबोधित कर कहता है कि इतनी सर्दी में तुम मेरे साथ क्यों आए। इसी बात को करते हुए वह अपनी स्थिति की तुलना उन 'भाग्यवान' लोगों के साथ करने लगता है 'जिनके पास जाड़ा जाए तो गरमी से घबराकर भागे। मोटे-मोटे गद्दे, लिहाफ, कंबल। मजाल है, जाड़े की गुजर हो जाए। तकदीर की खूबी है। मजूरी हम करें, मजा दूसरे लूटें।' हल्कू कहता है कि मेहनत करने वाला किसान तो भूखा सोता है और उसकी मेहनत का फल भोगने वाले मजे करते हैं। वह तो इसे 'तकदीर की खूबी ही मान रहा है। मजूरी हम करें, मजा दूसरे लूटें।' वह तो इसे 'तकदीर की खूबी' ही मान रहा है।

हल्कू की जाड़े से बचाव की कोशिश के रूप में सामने आता है। पहले वह चिलम पीता है, फिर चादर ओढ़कर सोता है, तब भी सर्दी से बचाव नहीं होता, तो वह कुत्ते को अपनी गोद में सुला देता है। कुत्ता हल्कू की इस आत्मीयता को महसूस भी करता है। इसीलिए जब किसी जावनर की आहट आती है तो वह चौकन्ना होकर भौंकने लगता है।

आखिर जब सर्दी से किसी तरीके से बचाव नहीं होता तो हल्कू अलाव जलाता है। अलाव से उसको काफी राहत मिलती है। उसका शरीर गरमा जाता है। एक नया उत्साह उसके मन में पैदा होता है और वह जबरा के साथ अलाव पर से कूदने की प्रतियोगिता भी करने लगता है।

धीरे–धीरे अलाव भी बुझ जाता है, लेकिन शरीर की गरमाहट हल्कू को काफी अच्छी लगती है, वह गीत गुनगुनाने लगता है।

हल्कू के खेत में नीलगायों का झुंड घुस आता है, जिनकी आहट पर जबरा भौंकता हुआ खेत की ओर भागता है। हल्कू को भी लगता है कि जानवरों का झुंड खेत में घुस आया है। फिर उनके कूदने–दौड़ने की आवाजें भी आने लगती हैं, और फिर खेत के चरने की भी। लेकिन हल्कू नहीं उठता। वह अपने मन को झूठी दिलासा देते हुए सोचता है कि 'जबरा के होते कोई जानवर खेत में नहीं आ सकता।' जबरा लगातार भौंकता है, लेकिन हल्कू को आलस्य घेरे रहता है। एक बार वह उठता भी है, दो–तीन कदम चलता है, लेकिन ठंड के तेज़ झोंके के कारण वह फिर अलाव के पास आके बैठ जाता है। आखिरकार, नीलगायें पूरे खेत को नष्ट कर जाती है। लगातार शोषण ने हल्कू को अपनी ही मेहनत के उपजायी फसल से उदासीन बना दिया है, इसीलिए उसकी मुख्य चिंता सर्दी से बचने की हो जाती है, फसल को बचाने की नहीं। यही कारण है कि वह अपनी पत्नी के यह कहने पर कि अब मजूरी करके माल गुजारी चुकानी पड़ेगी तो वह कहता है 'रात को ठंड में यहाँ सोना तो न पड़ेगा।'

प्रश्न 2. मुंशी प्रेमचंद की कहानी 'पूस की रात' का सार प्रस्तुत कीजिए।

अथवा

'पूस की रात' कहानी का सार अपने शब्दों में लिखिए।

उत्तर– 'पूस की रात' कहानी ग्रामीण जीवन से संबंधित है। इस कहानी का नायक हल्कू मामूली किसान है। उसके पास थोड़ी–सी जमीन है, जिस पर खेती करके वह गुजारा करता है लेकिन खेती से जो आय होती है, वह ऋण चुकाने में निकल जाती है। सर्दियों में कंबल खरीदने के लिए उसने मजूरी करके बड़ी मुश्किल से तीन रुपए इकट्ठे किए हैं। लेकिन वह तीन रुपए भी महाजन ले जाता है। उसकी पत्नी मुन्नी इसका बहुत विरोध करती है, किंतु वह भी अंत में लाचार हो जाती है।

हल्कू अपनी फसल की देखभाल के लिए खेत पर जाता है, उसके साथ उसका पालतू कुत्ता जबरा है। वही अंधकार और अकेलेपन में उसका साथी है। पौष का महीना है। ठंडी हवा बह रही है। हल्कू के पास चादर के अलावा ओढ़ने को कुछ नहीं है। वह कुत्ते के साथ मन बहलाने की कोशिश करता है, किंतु ठंड से मुक्ति नहीं मिलती। तब वह पास के आम के बगीचे से पत्तियाँ इकट्ठी कर अलाव जलाता है। अलाव की आग से उसका शरीर गरमा जाता है, और उसे राहत मिलती है। आग बुझ जाने पर भी शरीर की गरमाहट से वह चादर ओढ़े बैठा रहता है।

उधर खेत में नीलगायें घुस जाती हैं। जबरा उनकी आहट से सावधान हो जाता है। वह उन पर भूँकता है। हल्कू को भी लगता है कि खेत में नीलगायें घुस आई हैं लेकिन वह बैठा रहता है। नीलगायें खेत को चरने लगती हैं, तब भी हल्कू नहीं उठता। एक बार उठता भी है तो ठंड के झोंके से पुनः बैठ जाता है और अंत में चादर तानकर सो जाता है।

प्रश्न 3. गद्यांशों की संदर्भ सहित व्याख्या कीजिए—
(i) 'मजूरी हम करें, मजा दूसरे लूटें!'

उत्तर— संदर्भ—प्रस्तुत पंक्तियाँ 'प्रेमचन्द' की कहानी 'पूस की रात' से अवतरित हैं। कम्बल के लिए जोड़े हुए तीन रुपये सहना को देने के पश्चात् रात को खेत में बैठे-बैठे हल्कू के मन में अनेक विचार उठ रहे हैं।

व्याख्या—यह उक्ति किसान के जीवन की विडम्बना को व्यक्त करती है। किसान व मजदूर की मेहनत से सारा समाज लाभ उठाता है, परन्तु वह स्वयं उसका लाभ नहीं उठा पाता। वह जो कुछ कमाता है, उसे ब्याज के रूप में महाजन को भेंट कर देता है और जो ब्याज कमाते हैं, सूदखोर हैं, वे आराम करते हैं। ब्याज दिन-रात बढ़ता रहता है, कभी पूरा होने का नाम ही नहीं लेता। जो मेहनत नहीं करते केवल ब्याज पर रुपया देते हैं, वे ऐश करते हैं।

विशेष—इस उक्ति के द्वारा समाज के अन्तर्विरोध को व्यक्त किया गया है। उन्होंने इतनी बड़ी बात को सहज से व्यक्त कर दिया है।

(ii) जबरा शायद समझ रहा था कि स्वर्ग यहीं है............. एक-एक अणु प्रकाश में चमक रहा था।

उत्तर— संदर्भ—प्रस्तुत पंक्तियाँ 'पूस की रात' कहानी से ली गई हैं। इसके लेखक 'मुंशी प्रेमचंद' हैं। हल्कू अपने खेत में सर्दी से मर रहा है। वह सर्दी से बचने के लिए जबरा की गोद में लेट जाता है। उसके तन से गंध आ रही है।

व्याख्या—जबरा को हल्कू ने गोद में चिपका लिया। उस समय कुत्ता और किसान दोनों ही स्वर्ग जैसा अनुभव कर रहे थे। हल्कू के मन में उस समय पशु व इन्सान का भेद भी समाप्त हो गया था। वह कुत्ते को उतना ही प्यारा समझ रहा था, जितना अपने रिश्तेदारों को। वह गरीब था, मेहनत के बाद भी वह अपनी आवश्यकताओं को पूरा नहीं कर सकता था। गरीबी ने ही उसे आज इस दशा में पहुँचा दिया था। वह पशु के साथ भी बराबरी का व्यवहार कर रहा था। उसको अपना मित्र बना लिया था। जबरा के साथ मित्रता ने उसके हृदय को उदार बना दिया था और कुत्ता भी और अधिक वफादार हो गया था।

विशेष—हल्कू गरीबी व ऋण के बोझ से दबा हुआ है। कुत्ते के साथ मित्रता का व्यवहार उसकी उदारता को व्यक्त करता है। 'प्रेमचंद' ने जिस भाषा का प्रयोग किया है, वह भी भावप्रधान है। प्रसादयुक्त भाषा का प्रयोग किया है। भाषा भावों को व्यक्त करने में सक्षम है।

(iii) चिलम पीकर हल्कू फिर लेटा और .... उसकी छाती को दबाए हुए था।

उत्तर— **संदर्भ**—उपर्युक्त पंक्तियाँ 'प्रेमचन्द' द्वारा लिखित 'पूस की रात' कहानी से उद्धृत हैं। ठंड के कारण हल्कू बार-बार चिलम पीता है, परन्तु ठंड उसे बैठने नहीं देती।

व्याख्या—बार-बार चिलम पीकर हल्कू सर्दी से बचने की कोशिश कर रहा है। इस बार उसने निश्चय किया कि वह चिलम पीकर अवश्य सो जाएगा। लेकिन एक ही क्षण के बाद उसके शरीर में फिर कम्पन होने लगी और वह ठंड से मरने लगा। सर्दी के कारण वह पड़ा-पड़ा बार-बार करवट बदल रहा था। परन्तु लेखक ने ठंड का ऐसा भयानक वर्णन किया है कि हल्कू उससे दबता जा रहा था, और जैसे भूत-प्रेत मनुष्य को दबा लेते हैं, उसी प्रकार से सर्दी ने भी उसे दबा लिया था।

विशेष—इसमें सर्दी की पराकाष्ठा को दिखाया गया है, और सर्दी का वर्णन एक पिशाच के रूप में किया गया है।

(iv) सहसा जबरे ने किसी जानवर की आहट...... उसे हृदय में अरमान की भाँति उछल रहा था।

उत्तर— **संदर्भ**—ये पंक्तियाँ 'प्रेमचन्द' द्वारा लिखित 'पूस की रात' कहानी से ली गई हैं। इसमें जबरे की स्वामिभक्ति व वफादारी का वर्णन किया गया है।

व्याख्या—अचानक जबरे को ऐसी आवाज आयी जैसे कोई जानवर खेत में लगी फसल को खा रहा हो। हल्कू के व्यवहार ने कुत्ते के मन में ऐसा अपनापन भर दिया था कि वह इसे सहन नहीं कर सका। वह सर्दी में मरना स्वीकार करने के लिए तैयार था। लेकिन अपने-आपको सर्दी से बचाकर रखना नहीं चाहता था। इसी कारण वह जल्दी से हल्कू की गोदी से निकलकर बाहर भाग लिया और भौंकने लगा। हल्कू ने कई बार उसे पुचकार कर बुलाने का प्रयास किया, परन्तु वह थोड़ी देर के लिए आता और फिर बाहर जाकर भौंकने लगता। क्योंकि सर्दी से अधिक वह अपने कर्तव्य को समझता था। उसी कर्तव्य को पूरा करने के लिए वह हल्कू की गोद छोड़कर उतर गया था।

विशेष—कुत्ते की कर्तव्य भावना को दिखाया गया है और उसकी वफादारी का परिचय दिया गया है।

प्रश्न 4. 'पूस की रात' कहानी की कथावस्तु का वर्णन कीजिए।

अथवा

"खेत नष्ट हो जाने पर भी हल्कू 'प्रसन्नता' व्यक्त करता है।" टिप्पणी कीजिए।

उत्तर— कथावस्तु का अर्थ है—कहानी में प्रस्तुत घटना। लेकिन यह घटना विस्तृत नहीं होती है, बल्कि छोटी होती है जैसा कि 'पूस की रात' कहानी के उदाहरण से स्पष्ट होता है। एक अच्छी कहानी में कथावस्तु का ठोस और सुसंबद्ध होना आवश्यक है, कोई ऐसी बात या प्रसंग उसमें वर्णित नहीं होना चाहिए जो कहानी में अनावश्यक लगे। कहानी में कथावस्तु का निर्माण घटनाओं तथा पात्रों के पारस्परिक संयोग से होता है। कुछ कथानक ऐसे होते हैं जिनकी बुनावट में परिवेश की भी बहुत बड़ी हिस्सेदारी होती है। कथ्य के अनुसार ही कथावस्तु का स्वरूप बनता है, उसी के अनुसार कभी घटनाएँ प्रधान हो जाती हैं, कभी चरित्र, कभी परिवेश या वातावरण। इस कहानी में घटनाएँ बहुत अधिक नहीं हैं, न ही परिवेश का विस्तृत चित्रण किया गया है। पात्र भी बहुत कम हैं। इस कहानी की विशेषता यह है कि इसमें घटना विकास, पात्रों का चरित्र और परिवेश तीनों अत्यंत महत्त्वपूर्ण हैं।

कहानी का आरंभ—'पूस की रात' प्रेमचंद की श्रेष्ठ कहानियों में गिनी जाती है। इस कहानी में कथा का अधिक विस्तार नहीं है। न घटनाक्रम तेजी से बदलते हैं। कथा का आरंभ हल्कू के घर से होता है। कहानीकार हल्कू के घर का उतना ही वर्णन करता है, जितने का उस कहानी से संबंध है। हल्कू ने कर्ज ले रखा है, सहना, जिससे कर्ज लिया है वह अपना रुपया माँगने हल्कू के यहाँ आता है। हल्कू अपनी पत्नी मुन्नी से रुपये माँगता है। मुन्नी के पास तीन रुपये हैं जो हल्कू ने मजदूरी में से बड़ी मुश्किल से बचाए हैं ताकि एक कंबल खरीदा जा सके। बिना कंबल के जाड़ों की रात खेतों पर गुजारना कठिन होगा, इसीलिए मुन्नी रुपये देने का विरोध करती है। इस समय पति-पत्नी में जो बातचीत होती है वह अत्यंत महत्त्वपूर्ण है। मुन्नी कहती है 'न जाने कितनी बाकी है जो किसी तरह चुकाने ही नहीं आती।' मुन्नी के इस कथन में एक बड़ी सच्चाई को प्रेमचंद ने उजागर किया है। किसान मजबूर होकर महाजन से ऋण लेता है, किन्तु उसके बाद वह उससे मुक्त नहीं हो पाता। ब्याज-दर के जाल में वह ऐसा उलझ जाता है कि उसकी सारी मेहनत-मजूरी उसे चुकाने में ही चुक जाती है।

मुन्नी किसानों के जीवन की इस व्यवस्था को और उजागर करते हुए कहती है, 'मर मर काम करो, उपज हो तो बाकी दे दो, चलो छुट्टी हुई। बाकी चुकाने के लिए ही तो हमारा जन्म हुआ है।' स्पष्ट ही ऋण चुकाते रहने की विडंबना से परेशान किसान के मन में यह सवाल जरूर पैदा होता है कि क्या उसक जन्म केवल ऋण चुकाने के लिए ही हुआ है क्या उसकी मेहनत इसी तरह दूसरे हड़पते रहेंगे और अपना पेट भरने के लिए उसे मजूरी करनी पड़ेगी। अगर अपना पेट भरने के लिए मजूरी ही करनी है तो फिर खेती से चिपके रहने का क्या मतलब इसी भावना से प्रेरित होकर मुन्नी हल्कू से कहती है, 'तुम छोड़ दो अबकी से खेती। मजूरी में सुख से एक रोटी खाने को तो मिलेगी। किसी की धौंस तो न रहेगी। अच्छी खेती है! मजूरी करके लाओ, वह भी उसी में झोंक दो, उस पर धौंस।' बहरहाल, हल्कू वह तीन रुपये सहना को दे देता है। यह कहानी का पहला भाग है।

कहानी : पूस की रात (प्रेमचंद) 7

उपर्युक्त से स्पष्ट होता है कि हल्कू जैसे गरीब किसान के लिए खेती कितनी मुश्किल होती जा रही थी। यहाँ तक कि वे यह भी सोचने लगते हैं कि क्यों न किसानी छोड़ कर मजूरी की जाए? कहानी का शेष अंश किसान की इसी मनोदशा का अत्यंत मार्मिक चित्रण करता है।

कहानी का विकास—कहानी का दूसरा भाग हल्कू के अपने खेत पर आरंभ होता है। पूस की अंधेरी रात है। हल्कू के साथ सिर्फ उसका पालतू कुत्ता जबरा है। ठंडी हवा चल रही है। हल्कू के पास सर्दी से बचने के लिए एक चादर भर है, लेकिन वह चादर उस ठंड से उसकी रक्षा नहीं कर पाती। हल्कू की मनोभावनाएँ प्रेमचंद ने यहाँ जबरा के साथ हल्कू की बातचीत से व्यक्त की है। यद्यपि कुत्ता होने के कारण जबरा हल्कू की किसी बात को न समझ सकता है, न जवाब दे सकता है, लेकिन जबरा के प्रति हल्कू की आत्मीयता उसकी हृदयगत ऊँचाइयों को व्यक्त करती है।

खेत में हल्कू की सबसे बड़ी चिंता ठंड से बचाव की है। वह जबरा को संबोधित कर कहता है कि इतनी सर्दी में तुम मेरे साथ क्यों आए। फिर इसी तरह की बात करते हुए वह अपनी स्थिति की तुलना उन भाग्यवान लोगों के साथ करने लगता है 'जिनके पास जाड़ा जाए तो गरमी से घबराकर भागे। मोटे–मोटे गद्दे, लिहाफ, कंबल। मजाल है, जाड़े की गुजर हो जाए। तकदीर की खूबी है। मजूरी हम करें, मजा दूसरे लूटें।' यहाँ हल्कू की बातों के माध्यम से प्रेमचंद समाज के एक बहुत बड़े अंतर्विरोध को उजागर करते हैं। वह एक तरह से यह प्रश्न उठाते हैं कि ऐसा क्यों है कि मेहनत करने वाला किसान तो भूखा सोता है और उसकी मेहनत का फल भोगने वाले मजे करते हैं? जाहिर है, हल्कू के पास इस सवाल का जवाब नहीं है। वह तो इसे 'तकदीर की खूबी' ही मान रहा है। हल्कू की इस मानसिकता की तुलना अगर कहानी के आरंभ में मुन्नी की बातों से करें तो हम आसानी से समझ सकते हैं कि दोनों एक–सी ही बात सोच रहे हैं। अगर हमारी मेहनत दूसरों के पास ही जानी है तो खेती से जुड़े रहने का क्या लाभ?

कहानी का आगे का हिस्सा हल्कू की जाड़े से बचाव की कोशिश के रूप में सामने आता है। पहले वह चिलम पीता है, फिर चादर ओढ़कर सोता है, तब भी सर्दी से बचाव नहीं होता, तो वह कुत्ते को अपनी गोद में सुला देता है। कुत्ता हल्कू की इस आत्मीयता को महसूस भी करता है। इसीलिए जब किसी जानवर की आहट आती है तो वह चौकन्ना होकर भौंकने लगता है।

आखिर जब सर्दी से किसी तरीके से बचाव नहीं होता तो हल्कू अलाव जलाता है। अलाव से उसको काफी राहत मिलती है। उसका शरीर गरमा जाता है। एक नया उत्साह उसके मन में पैदा होता है और वह जबरा के साथ अलाव पर से कूदने की प्रतियोगिता भी करने लगता है।

अलाव भी धीरे-धीरे बुझ जाता है, लेकिन शरीर की गरमाहट हल्कू को काफी अच्छी लगती है, वह गीत गुनगुनाने लगता है। लेकिन बढ़ती सर्दी उसके अंदर आलस्य बढ़ाने लगती है। यहाँ कहानी में एक महत्त्वपूर्ण मोड़ आता है।

कहानी की परिणति—हल्कू के खेत में नीलगायों का झुंड घुस आता है, जिनकी आहट पर जबरा भौंकता हुआ खेत की ओर भागता है। हल्कू को भी लगता है कि जानवरों का झुंड खेत में घुस आया है। फिर उनके कूदने-दौड़ने की आवाजें भी आने लगती हैं और फिर खेत के चरने की भी। लेकिन हल्कू नहीं उठता। वह अपने मन को झूठा दिलासा देते हुए सोचता है कि 'जबरा के होते कोई जानवर खेत में नहीं आ सकता।' जबरा लगातार भौंकता रहता है, लेकिन हल्कू को आलस्य घेरे रहता है। एक बार वह उठता भी है, दो-तीन कदम चलता है, लेकिन ठंड के तेज झोंके के कारण वह फिर अलाव के पास आके बैठ जाता है। आखिरकार, नीलगाय पूरे खेत को नष्ट कर जाती हैं।

यहाँ प्रश्न उठता है कि हल्कू अपनी फसल को बचाने की कोशिश क्यों नहीं करता? क्या वह आलसी है? क्या वह ठंड के मारे इतना परेशान था कि अपनी फसल का नष्ट होना भी वह सर्दी के मुकाबले बर्दाश्त कर सकता था। स्पष्ट ही कारण ये नहीं हैं? आखिर वह अपनी फसल की रक्षा किसके लिए करे? क्या सिर्फ महाजनों को लुटाने के लिए? अगर उसकी मेहनत सूदखोरों और जमींदारों के पास ही जानी है तो फिर नीलगायें चर लें तो क्या? वस्तुतः लगातार शोषण ने हल्कू को अपनी ही मेहनत से उपजायी फसल से उदासीन बना दिया है, इसीलिए उसकी मुख्य चिंता सर्दी से बचने की हो जाती है, फसल को बचाने की नहीं। यही कारण है कि वह अपनी पत्नी के यह कहने पर कि अब मजूरी करके मालगुजारी चुकानी पड़ेगी तो वह कहता है 'रात को ठंड में यहाँ सोना तो न पड़ेगा।' इस प्रकार, यह कहानी साधनहीन गरीब किसानों की उस व्यथा को भी उजागर करती है, जिसमें वे साधनों के अभाव में प्रकृति की कठोरता के आगे हार मान लेते हैं।

प्रश्न 5. 'पूस की रात' कहानी के अंतर्गत प्रस्तुत पात्रों का चरित्र चित्रण प्रस्तुत कीजिए।

अथवा

हल्कू के चरित्र चित्रण पर प्रकाश डालिए।

उत्तर— 'पूस की रात' शीर्षक कहानी हिन्दी के सुप्रसिद्ध लेखक प्रेमचंद की अत्यंत प्रमुख कहानियों में से एक है। इस कहानी में कुल चार पात्र आते हैं—हल्कू किसान, उसकी पत्नी मुन्नी, सहना जो कर्ज वसूलने आता है और हल्कू का पालतू कुत्ता जबरा। सहना का जिक्र सिर्फ कहानी के आरंभ में है, उसका कहानी में प्रत्यक्ष प्रवेश नहीं होता। मुन्नी कहानी के पहले और अंतिम भाग में आती है। पहले भाग में वह हल्कू को तीन रुपये सहना को देने से

रोकती है। उस समय उसके माध्यम से प्रेमचंद कहानी की कथावस्तु पर प्रकाश डालने वाली कई बातें कहलाते हैं। उन बातों से और बात करने के अंदाज से उसके दृढ़ व्यक्तित्व का पता चलता है। इसके बाद अंतिम भाग में वह पुनः आती है, जब खेत नष्ट हो जाने के बाद वह सवेरे अपने पति के पास पहुँचती है और उसे जगाती है। यहाँ उसका दूसरा रूप सामने आता है। खेत नष्ट हो जाने से यहाँ वह चिंतित नजर आती है। लेकिन प्रेमचंद ने इस चरित्र का अधिक विस्तार नहीं किया है। जबरा खेत पर हल्कू के साथ रहता है, उसकी स्वामिभक्ति, खेत नष्ट होते देखकर अपने स्वामी को सावधान करने की कोशिश, भौंक–भौंक कर जानवरों को भगाने की कोशिश और अंत में असफल हो जाने पर पस्त होकर लेट जाना, उसको काफी जीवंत पात्र बना देते हैं, परन्तु इस कहानी में हल्कू के चरित्र की ही विस्तारपूर्वक चर्चा की गई है।

हल्कू—हल्कू इस कहानी का मुख्य पात्र है। सारे पात्र कहानी में हल्कू को केंद्रबिंदु मान कर चल रहे हैं। हल्कू एक गरीब किसान है, क्योंकि कहानी के उद्देश्य से व कहानी को पढ़ने से यह पता चलता है कि वह एक किसान है। उस समय किसान की क्या हालत थी, यह स्पष्ट है। किसान खेती से परिवार की एवं अपनी आवश्यकताओं को भी पूरा करने में असमर्थ था। उसके पास कितनी जमीन थी, इसका कोई विवरण नहीं मिलता है, लेकिन यह स्पष्ट हो जाता है कि उस समय किसानों की हालत दयनीय थी। वे महाजनों के चंगुल में फँसे हुए थे और महाजन किसानों का शोषण कर रहे थे। जब जमीन की कमाई से काम नहीं चलता था, तो वह मजदूरी करने के लिए बाध्य हो जाता था और मजदूरी के जोड़े रुपये महाजन को भेंट करने पड़ते थे।

हल्कू एक स्वाभिमानी पुरुष था, क्योंकि जब सहना रुपये मांगने आता है तो वह कहता है, 'रुपये दे दो, गला छूट जायेगा।' इससे यह स्पष्ट है कि वह किसी मनुष्य को अपने घर रुपये माँगने के लिए आने को बुरा समझता था और अपनी मान, मर्यादा व इज्जत को अधिक मानता था। इसके अतिरिक्त इस घटना से यह भी स्पष्ट होता है कि वह व्यावहारिक पुरुष था। क्योंकि समाज में व्यावहारिक होना आवश्यक है, इसी से मनुष्य की इज्जत बनती है। इसीलिए वह अपने आप कठिनाइयों को झेलने के लिए तैयार हो जाता है, लेकिन समाज में बनी प्रतिष्ठा पर आँच नहीं आने देता।

हल्कू एक समझदार किसान है। वह जानता है कि समाज में ऐसे लोग भी हैं, जिनके पास किसी चीज की कमी नहीं है। लेकिन फिर भी वह इसे तकदीर की खूबी समझता है। इससे यह भी स्पष्ट हो जाता है कि वह भगवान की ताकत को मानने वाला व सन्तोषी है। किसी दूसरे को देखकर ईर्ष्या नहीं करता, क्योंकि वह जैसी भी स्थिति में है, उसी में खुश रहता है, और सन्तोषी भी है। वह यह भी समझता है कि समाज में केवल वे लोग खुश हैं जो केवल दूसरों की कमाई खाते हैं। इससे हम यह भी कह सकते हैं कि वह कुशाग्रबुद्धि था। इस प्रकार

उसका विश्वास खेती से उठ जाता है और वह सोचता है कि जब मेहनत करते-करते भी भूखे मरना है, तो मेहनत करना बेकार है। परन्तु वैसे वह बहुत मेहनती व परिश्रमी किसान था। लेकिन शोषण ने उसका विश्वास खत्म कर दिया और उसे निराशावादी बना दिया।

हल्कू के हृदय में मानवता व पवित्रता थी। जबरे कुत्ते के साथ हल्कू का व्यवहार यह दिखाता है कि वह पशुओं से भी प्यार करता था और पशुओं को अपना मित्र समझता था। हल्कू विश्वास करने वाला है, क्योंकि वह कहता है—"जबरा के रहते हुए कोई खेत में नहीं आ सकता।"

हल्कू निराशावादी बन गया है — उसके खेत को नीलगाय खा रही है और वह उसे बचाने का प्रयत्न नहीं करता। लेकिन बात यह नहीं है, बल्कि उसे निराशावादी बनाया है इस समाज के शोषण ने, परिस्थितियों ने जिसने उसे ऐसा करने के लिए मजबूर कर दिया है। हल्कू अशिक्षित, भाग्यवादी व गरीब है, इसलिए वह महाजनों के चंगुल में फँसा हुआ है। उसका किसानों से विश्वास उठना उसकी मानसिकता के भयावह शोषण को उजागर करता है।

संक्षेप में हम कह सकते हैं कि हल्कू गरीब, मेहनती, व्यावहारिक, भाग्यवादी, अशिक्षित, आम इन्सान, पवित्र आत्मा वाला, पशुओं से भी प्यार व मित्रता रखने वाला, विश्वासी व परिस्थितियों के कारण निराशावादी किसान है।

प्रश्न 6. 'पूस की रात' कहानी के परिवेश की चर्चा कीजिए।

उत्तर— कहानी के संदर्भ में परिवेश से तात्पर्य है—देश-काल अर्थात् कहानी में वर्णित घटनाओं का संबंध किस समय से है और वे कहाँ घटित हो रही हैं और वहाँ उस समय के हालात कैसे हैं। कहानी में सजीवता और स्वाभाविकता लाने के लिए यह आवश्यक है कि कहानीकार कहानी में वर्णित घटनाओं को उसके वास्तविक परिवेश में प्रस्तुत करे यानी कि अगर कहानी गाँव से संबंधित है तो कहानी में वर्णित वातावरण भी गाँव के अनुकूल होना चाहिए। गाँव की गलियाँ, घर, चौपाल, प्रकृति, लोगों का पहनावा, रीति-रिवाज, भाषा आदि सभी उसी के अनुकूल होने चाहिए। फिर एक ही गाँव के अलग-अलग सामाजिक और आर्थिक वर्गों के लोगों की वर्गीय भिन्नता के कारण आए फर्क को चित्रित या संकेतित किया जाना चाहिए। अगर कहानी का परिवेश ऐतिहासिक है, तो उसमें कोई ऐसी चीज वर्णित नहीं होनी चाहिए जो उस काल विशेष में अस्वाभाविक लगे। कहानी का परिवेश जितना स्वाभाविक और वास्तविकता के नजदीक होगा, कहानी उतनी ही विश्वसनीय और यथार्थ नजर आएगी। 'पूस की रात' की रचना प्रेमचंद ने 1930 में की थी। उस समय भारत में अंग्रेजों का राज था। अंग्रेजी राज में भारत के किसानों की दशा अत्यंत दयनीय थी। जमींदारी प्रथा के कारण आम किसानों का भयंकर शोषण होता था। उनकी उपज का बड़ा हिस्सा जमींदार मालगुजारी के रूप में वसूल कर लेते थे। इससे उनको अपने जीवन-यापन के लिए महाजन से कर्जा

लेना पड़ता था। लेकिन महाजन भी किसान की मजबूरी और उसकी अशिक्षा तथा पिछड़ेपन का लाभ उठाते थे। परिणाम यह होता था कि एक बार ऋण के चक्र में फँसने के बाद किसान की आसानी से मुक्ति नहीं होती थी। प्रेमचंद ने अपनी कई कहानियों में ग्रामीण जीवन के इसी यथार्थ को चित्रित किया है।

इस कहानी में ग्राम्य जीवन का विस्तृत चित्रण नहीं है, लेकिन ग्रामीण जीवन की सारी विशेषताएँ इसमें अत्यंत जीवंत रूप में चित्रित हुई हैं। प्रेमचंद ग्राम्य वातावरण की सृष्टि करने के लिए सबसे पहले भाषा के स्तर पर परिवर्तन करते थे। ग्राम्य वातावरण से जुड़ी कई कहानियों में तद्भव और देशज शब्दों का अधिक प्रयोग होता है; जैसे—कम्मल, डील, पूस, उपज, आले, धौंस आदि। प्रेमचंद ग्रामीण वातावरण को यथार्थपरक बनाने के लिए मुहावरों का भी प्रयोग करते हैं; जैसे—बाज आना, ठंडे हो जाना, चौपट होना आदि। प्रेमचंद को ग्राम्य जीवन की सूक्ष्म पहचान थी। इस कहानी में उन्होंने अंधेरी रात में खेत पर हल्कू और जबरा के क्रियाकलापों का जो चित्रण किया है, उसमें उस वातावरण को प्रेमचंद ने अत्यंत सजीव बना दिया। पूस की अंधेरी रात में खेत का दृश्य देखिए—

"पूस की अंधेरी रात। आकाश पर तारे भी ठिठुरते हुए मालूम होते थे। हल्कू अपने खेत के किनारे ऊख के पत्तों की एक छतरी के नीचे बाँस के खटोले पर अपनी पुरानी गाढ़े की चादर ओढ़े पड़ा काँप रहा था।"

इस दृश्य से पता चलता है कि प्रेमचंद ने खेत के वातावरण के सारे पक्षों को समेट लिया है। पूस की अंधेरी रात है। पौष के महीने में पड़ने वाली ठंड को व्यक्त करने के लिए वह अगला वाक्य लिखते हैं, "आकाश पर तारे भी ठिठुरते हुए मालूम होते थे।" यह वाक्य ठंड की तल्खी को व्यक्त करता है और ठंड का कहानी के विकास से गहरा संबंध है। इससे अगले वाक्य में उस स्थान का वर्णन है जहाँ उसे जाड़े की रात गुजारनी है। लेकिन यहाँ भी "पुरानी गाढ़े की चादर" का जिक्र महत्त्वपूर्ण है जिसे लपेटे वह बाँस के खटोले पर बैठा काँप रहा है। इसी "चादर" की जगह वह कंबल खरीदना चाहता था। इसीलिए "पुरानी गाढ़े की चादर ओढ़े" काँपना हल्कू की आगे की क्रियाओं का आधार बन जाता है। प्रेमचंद केवल बाह्य परिवेश के चित्रण में ही सफल नहीं हैं वरन् पात्रों की मनोदशा के चित्रण में भी अत्यंत कुशल हैं।

चिलम पीकर हल्कू फिर लेटा और निश्चय करके लेटा कि चाहे कुछ हो अबकी सो जाऊँगा, पर एक ही क्षण में उसे हृदय में कंपन होने लगा। कभी इस करवट लेटता कभी उस करवट, पर जाड़ा किसी पिशाच की भाँति उसकी छाती को दबाए हुए था।

ठंड के मारे हल्कू परेशान है। चादर सर्दी रोकने में असमर्थ है। तब वह चिलम पीता है, लेकिन चिलम भी उसकी कोई सहायता नहीं करती। उसके बाद की उसकी मनःस्थिति और बाह्य परिस्थिति के द्वंद्व का उपर्युक्त पंक्तियों में चित्रण किया है। हल्कू चिलम पीकर निश्चय

करता है कि अब वह लेट जाए, लेकिन सर्दी से वह काँपने लगता है। तब वह इधर–उधर करवट बदलता है लेकिन उससे भी उसे आराम नहीं मिलता। ऐसे में प्रेमचंद सर्दी की तीव्रता को व्यक्त करने के लिए एक स्थिति का उदाहरण प्रस्तुत करते हैं–"जाड़ा किसी पिशाच की भाँति उसकी छाती को दबाए हुए था।" यहाँ पिशाच द्वारा छाती को दबाना जिस स्थिति को व्यक्त करता है उससे ठंड की तीव्रता पाठक के सामने सहज ही स्पष्ट हो जाती है।

प्रेमचंद ने केवल हल्कू की क्रियाओं का ही नहीं जबरा की क्रियाओं का भी अत्यंत सजीव और यथार्थ चित्रण किया है।

जबरा कुत्ता बड़ा स्वामिभक्त था, क्योंकि वह रात की सर्दी में भी घर पर न रुककर अपने मालिक के साथ खेत में ही रहता था। लेखक ने बताया, जब जबरा ने किसी जानवर की आहट पाई। इस विशेष आत्मीयता ने उसमें एक नई स्फूर्ति पैदा कर दी थी, जो हवा के ठंडे झोंकों को तुच्छ समझती थी। वह झपटकर उठा और छपरी के बाहर आकर भूँकने लगा। हल्कू ने कई बार उसे चुमकारकर बुलाया, पर वह उसके पास न आया। हार में चारों तरफ दौड़–भूँकता रहा। एक क्षण के लिए आ भी जाता, तो तुरंत ही फिर दौड़ता। कर्त्तव्य उसके ह्रदय में अरमान की भाँति उछल रहा था।

यहाँ सिर्फ कुत्ते की क्रियाओं का ही वर्णन नहीं है, वरन् उसकी हल्कू के प्रति कर्त्तव्य–भावना का भी चित्रण किया गया है और दोनों चीजें उपर्युक्त अंश में इतने आत्मीय रूप में व्यक्त हुई हैं कि कुत्ता, कुत्ता नहीं वरन् कहानी का जीवंत पात्र बन कर सामने आया है। यह कहा जा सकता है कि जबरा कुत्ता स्वामिभक्त पशु होते हुए भी इंसान जैसे गुणों वाला, पवित्र आत्मा वाला, विश्वासपात्र, कर्त्तव्य के प्रति वफादार व एक अच्छा मित्र था।

प्रश्न 7. 'पूस की रात' कहानी की शिल्प संरचना का वर्णन कीजिए।

अथवा

'पूस की रात' की भाषा शैली पर प्रकाश डालिए।

अथवा

'पूस की रात' कहानी को यथार्थवादी शैली की कहानी कहा गया है। इस शैली की दृष्टि से इस कहानी की विशेषताओं का वर्णन कीजिए।

उत्तर– भावाभिव्यक्ति का माध्यम भाषा है और अभिव्यक्ति का ढंग शैली है। प्रेमचंद की कहानियों की भाषा–शैली सर्वविषय और कथ्य के अनुकूल रहती है। उनकी भाषा प्रायः सरल, भावाभिव्यंजक एवं बोधगम्य रहती है। कहानी की रचना भाषा में होती है और भाषा का कलात्मक उपयोग कहानी के कथ्य और प्रतिपाद्य को संप्रेष्य बनाता है। इसलिए कहानी रचना के लिए इतना ही पर्याप्त नहीं है कि कहानी का कथ्य और प्रतिपाद्य उत्कृष्ट हो वरन् यह भी जरूरी है कि वह उत्कृष्टता कहानी में अभिव्यक्त भी हो। यह अभिव्यक्ति भाषा के माध्यम से

ही होती है। कहानी का कथ्य अलग–अलग शैलियों को संभव बनाता है। इस प्रकार शैली और भाषा कहानी की संरचना के मुख्य अंग हैं।

शैली–'पूस की रात' प्रेमचंद की अत्यंत प्रौढ़ रचना मानी जाती है। यह कहानी जितनी कथ्य और प्रतिपाद्य की दृष्टि से महत्त्वपूर्ण है, उतनी ही भाषा और शैली की दृष्टि से भी। यह कहानी ग्राम्य जीवन पर आधारित है। लेकिन प्रेमचंद की आरंभिक कहानियों में जिस तरह का आदर्शवाद दिखाई देता था, वह इस कहानी में नहीं है। इसका प्रभाव कहानी की शैली पर भी दिखाई देता है। प्रेमचंद ने इस कहानी में अपने कथ्य को यथार्थपरक दृष्टि से प्रस्तुत किया है इसलिए उनकी शैली भी यथार्थवादी है। यथार्थवादी शैली की विशेषता यह होती है कि रचनाकार जीवन यथार्थ को उसी रूप में प्रस्तुत करता है जिस रूप में वे होती हैं, लेकिन ऐसा करते हुए भी उसकी दृष्टि सिर्फ तथ्यों तक सीमित नहीं होती। इसके विपरीत वह जीवन की वास्तविकताओं को यथार्थ रूप में इसलिए प्रस्तुत करता है ताकि उसके बदले जाने की आवश्यकता को पाठक स्वयं महसूस करे। दूसरे, यथार्थवादी रचनाकार यथार्थ के उद्घाटन द्वारा पाठकों को, समस्या का हल नहीं देता पर उन्हें प्रेरित करता है कि वह स्वयं स्थितियों को बदलने की आवश्यकता महसूस करे और उसके लिए उचित मार्ग खोजे। इस कहानी में प्रेमचंद की दृष्टि यथार्थ के उद्घाटन पर टिकी है। वे न तो हल्कू को नायक बनाते हैं न खलनायक। वे इस समस्या का कोई हल भी प्रस्तुत नहीं करते। कहानी की रचना वे इस तरह करते हैं कि जिससे कहानी में प्रस्तुत की गई समस्या अपनी पूरी तार्किकता के साथ उभरे।

यदि 'पूस की रात' का विश्लेषण किया जाए तो इस बात को आसानी से समझा जा सकता है। कहानी का आरंभ एक छोटी–सी घटना से होता है। हल्कू के यहाँ महाजन कर्ज माँगने आया है। हल्कू तीन रुपये उसको दे देता है जो उसने केवल कंबल खरीदने के लिए जोड़े हैं। इसके बाद कहानी इस प्रसंग से कट जाती है। दूसरे भाग से कहानी में एक नया प्रसंग आरंभ होता है। पूस का महीना है। अंधेरी रात है। अपने खेत के पास बनी मंड़ैया में वह चादर लपेटे बैठा है और ठंड से काँप रहा है। सर्दी में ठंड से काँपना पहले प्रसंग से कहानी को जोड़ देता है जब हल्कू को मजबूरन तीन रुपये देने पड़े थे। यहाँ पहले प्रसंग में उठाया गया सवाल भी उभरता है कि ऐसी खेती से क्या लाभ, जिससे किसान की बुनियादी जरूरतें भी पूरी नहीं होती? यानी लगातार शोषण और उससे मुक्ति की संभावना का अभाव अंततः किसान को ऐसी मानसिक स्थिति में पहुँचा सकता है जहाँ कहानी के अंत में हल्कू पहुँच जाता है। कहानी के अंत में नीलगायों द्वारा खेत नष्ट होते देखकर भी हल्कू अगर नहीं उठता तो इसका कारण केवल ठंड नहीं है। यहाँ हल्कू में अपनी उपज को बचाने की इच्छा ही खत्म हो चुकी है। इस तरह समस्या की भयावहता का चित्रण करता हुआ कहानीकार कहानी को समाप्त कर देता है। 'पूस की रात' की शैली की यही विशेषता है और इसी यथार्थवादी शैली ने उनकी इस रचना को श्रेष्ठ बनाया है।

भाषा—प्रेमचंद की कहानियों की भाषा बोलचाल की सहज भाषा के नजदीक है। उनके यहाँ संस्कृत, अरबी, फारसी आदि भाषाओं के उन शब्दों का इस्तेमाल हुआ है जो बोलचाल की हिन्दी के अंग बन चुके हैं। प्रायः वे तद्भव शब्दों का प्रयोग करते हैं। वे कहानी के परिवेश के अनुसार शब्दों का चयन करते हैं; जैसे—ग्राम्य जीवन से संबंधित कहानियों में देशज शब्दों, मुहावरों तथा लोकोक्तियों का अधिक प्रयोग होता है। वाक्य रचना भी सहज होती है। लंबे और जटिल वाक्य बहुत कम होते हैं। प्रायः छोटे और सुलझे हुए वाक्य होते हैं ताकि पाठकों तक सहज रूप से संप्रेषित हो सकें।

'पूस की रात' कहानी ग्रामीण जीवन से संबंधित है। इसलिए इस कहानी में देशज और तद्भव शब्दों का प्रयोग अधिक हुआ है; जैसे—**तद्भव शब्दः** कम्मल, पूस, उपज, जनम, ऊख।

देशज—हार, डील, आले, धौंस, खटोले, पुआल, टप्पे, उपजा, अलाव, दोहर। तद्भव और देशज शब्दों के प्रयोग से कहानी के ग्रामीण वातावरण को जीवंत बनाने में काफी मदद मिलती है। लेकिन प्रेमचंद ने उर्दू और संस्कृत के शब्दों का भी प्रयोग किया है। उर्दू के प्रायः ऐसे शब्द जो हिन्दी में काफी प्रचलित हैं, ही प्रयोग किए गए हैं; जैसे—खुशामद, तकदीर, मजा, अरमान, खुशबू, गिर्द, दिन, साफ, दर्द, मालगुजारी आदि। उर्दू के ये शब्द भी उन्हीं रूपों में प्रयुक्त हुए हैं, जिन रूपों में वे बोलचाल की भाषा में प्रचलित हैं; जैसे—दर्द को दरद, मजदूरी को मजूरी आदि। इस कहानी में संस्कृत के तत्सम शब्दों का प्रयोग भी पर्याप्त हुआ है, लेकिन वे भी ज्यादातर हिन्दी में प्रचलित हैं और कठिन नहीं माने जाते; जैसे—हृदय, पवित्र, आत्मा, आत्मीयता, पिशाच, दीनता, मैत्री आदि। श्वान, अकर्मण्यता, अणु जैसे अपेक्षाकृत कम प्रचलित तत्सम शब्द भी हैं, लेकिन वे कहानी में खटकते नहीं। तत्सम शब्दों का प्रयोग प्रायः ऐसी ही जगह हुआ है, जहाँ कथाकार ने किसी भावप्रवण स्थिति का चित्रण किया है। उदाहरण के लिए, निम्नलिखित अंश को देखा जा सकता है—

"जबरा शायद समझ रहा था कि स्वर्ग यहीं है और हल्कू की पवित्र आत्मा में तो उस कुत्ते के प्रति घृणा की गंध तक न थी। अपने किसी अभिन्न मित्र या भाई को भी वह इतनी ही तत्परता से गले लगाता। वह अपनी दीनता से आहत न था जिसने आज उसे इस दशा में पहुँचा दिया। नहीं, इस अनोखी-मैत्री ने जैसे उसकी आत्मा के सब द्वार खोल दिए थे और उसका एक-एक अणु प्रकाश से चमक रहा था।"

उपर्युक्त वाक्यों में एक भावात्मक स्थिति का चित्रण किया गया है। इन तत्सम शब्दों में जो कोमलता है वह इस आत्मीय पूर्ण स्थिति को जीवंत बनाने में सहायक है। लेकिन प्रेमचंद ने यह ध्यान रखा है कि उन्हीं तत्सम शब्दों का प्रयोग करें जो हिन्दी भाषा की स्वाभाविकता के अनुकूल हो। प्रेमचंद की रचनाओं में शब्दों का प्रयोग अत्यंत सतर्कता के साथ होता है। कोई भी शब्द फालतू नहीं होता तथा उनमें अर्थ की अधिकतम संभावनाएँ व्यक्त होती हैं; जैसे—निम्नलिखित वाक्यों को देखिए—

मजूरी हम करें, मजा दूसरे लूटें।

उपर्युक्त वाक्य में "मजूरी" और "मजा" शब्द शोषण की पूरी प्रक्रिया को व्यक्त करने में समर्थ हैं। विशेष बात यह है कि इस तरह के गहरे अर्थ वाले वाक्यों में भी ऐसी सहजता होती है कि उसे कोई भी आसानी से समझ सके। प्रेमचंद की भाषा जटिल भावना, विचारों या स्थितियों को व्यक्त करने में पूरी तरह समर्थ है। उदाहरण के लिए, निम्नलिखित वाक्यों को देखा जा सकता है—

हल्कू के उस वाक्य में जो कठोर सत्य था, वह मानो एक भीषण जंतु की भाँति उसे घूर रहा था।

कभी इस करवट लेटता, कभी उस करवट पर, जाड़ा किसी पिशाच की भाँति उसकी छाती को दबाए हुए था।

कर्त्तव्य उसके हृदय में अरमान की भाँति उछल रहा था।

ऊपर के तीन उद्धरणों में मोटे अक्षरों वाले वाक्यों से पूर्व के वाक्यांशों में व्यक्त किए गए भावों की तीव्रता या अर्थवत्ता अधिक स्पष्ट रूप से और प्रभावशाली ढंग से उजागर हुई है। इससे भाषा में जीवंतता भी आती है।

संवाद—प्रेमचंद की कहानियों में संवाद की भाषा उनके कथ्य की तरह यथार्थपरक होती है। संवादों की भाषा का निर्धारण पात्रों के परिवेश और उनकी मनःस्थिति से तय होता है। इस कहानी में अधिकांश संवाद हल्कू के हैं, कुछ उसकी पत्नी मुन्नी के हल्कू के संवादों में भी स्वकथन वाले संवाद या ऐसे संवाद जो जबरा (कुत्ते) को संबोधित हैं, अधिक हैं। हल्कू और मुन्नी गरीब किसान हैं। इसीलिए उनकी भाषा भी उसी परिवेश के अनुकूल ग्राम्यता लिए हुए है।

हल्कू और मुन्नी की बातचीत का अंश देखिए—हल्कू ने आकर स्त्री से कहा—सहना आया है। लाओ, जो रुपये रखे हैं, उसे दे दूँ, किसी तरह गला तो छूटे। मुन्नी झाड़ू लगा रही थी। पीछे फिर कर बोली—तीन ही तो रुपये हैं, दे दोगे तो कम्मल कहाँ से आवेगा। माघ-पूस की रात हार में कैसे कटेगी उससे कह दो, फसल पर दे देंगे अभी नहीं। ये कहानी के आरंभिक संवाद हैं। दोनों व्यक्तियों की भाषा बहुत ही सरल है। इनमें एक भी कथन जटिल नहीं है। कम्मल, पूस, हार जैसे शब्द उनके ग्राम्य पृष्ठभूमि को व्यक्त करते हैं। गला तो छूटे, मुहावरा वाक्य को और अधिक स्वाभाविक बनाता है, साथ ही कहने वाले की मानसिक स्थिति का संकेत भी करता है। वाक्य बहुत छोटे-छोटे हैं, उनमें भी छोटे-छोटे उपवाक्यों का प्रयोग किया गया है।

"लाओ, जो रुपये रखे हैं, उसे दे दूँ, किसी तरह गला तो छूटे" इस वाक्य में कहीं उलझाव नहीं है। छोटे-छोटे उपवाक्यों के कारण पूरी बात सहज ही स्पष्ट हो जाती है। प्रेमचंद ने पात्रों की मनःस्थिति का विशेष रूप से ध्यान रखा है। हार पर हल्कू के संवादों में उदारता,

सरलता, समझदारी, चतुराई सभी झलकती है और भावनाओं के सूक्ष्म अंतर के अनुकूल भाषा में भी अंतर आता गया है। अतः प्रेमचंद की यह कहानी 'पूस की रात' शैली, भाषा और संवाद तीनों दृष्टियों से सर्वश्रेष्ठ मानी जाती है।

प्रश्न 8. 'पूस की रात' कहानी के प्रतिपाद्य पर विचार कीजिए।

अथवा

'पूस की रात' को यथार्थवादी क्यों कहा गया है?

उत्तर– प्रत्येक रचना के मूल में उद्देश्य निहित रहता है। रचना लेखक किसी उद्देश्य से प्रेरित होकर ही करता है। जिस उद्देश्य से प्रेरित होकर रचनाकार रचना करता है, कहानी का वही प्रतिपाद्य कहलाता है। व्यक्ति उज्जवल भविष्य की आशा में ही कष्ट सहता है। उसे भरोसा रहता है कि आज नहीं तो वह कल जरूर इन दुखों से मुक्त होगा। हल्कू के जीवन में वह आशा नहीं रही है। हल्कू का किसानों पर से विश्वास उठ जाता है। वह अपनी ही आँखों के सामने अपने खेत की उपज को नीलगायों के द्वारा नष्ट होते हुए देखता है और चादर ओढ़े लेटा रहता है। उसे खेत के नष्ट हो जाने का दुख नहीं है बल्कि इस बात की प्रसन्नता है कि अब उसे ठंडी रातों में खेत पर सोना नहीं पड़ेगा। यह शोषण से उत्पीड़ित मानसिकता है किसान की, जहाँ उसमें उज्जवल भविष्य की आशा बिल्कुल समाप्त हो गई है। भाग्यवाद ने उसे और अधिक निष्क्रिय बना दिया है। ऐसे में यह कहानी एक चेतावनी की तरह हमारे सामने आती है कि क्या शोषण का चक्र ऐसे ही चलता रहेगा? क्या हल्कू जैसे किसान अपनी उपज की कमाई स्वयं नहीं भोग सकेगा वे ऐसे ही दरिद्र और अशिक्षित बने रहेंगे और शोषण तथा भाग्यवाद के नीचे पिसते रहेंगे? प्रेमचंद इनका कोई उत्तर नहीं देते। संभवतः उत्तर की आवश्यकता भी नहीं है क्योंकि इन प्रश्नों की गंभीरता में ही इनका उत्तर निहित है।

इस कहानी में यही बताया गया है कि हल्कू कम्बल खरीदने के लिए बड़ी मुश्किल से तीन रुपये बचाता है किंतु वे रुपये भी उसे महाजन को देने पड़ते हैं। कम्बल न खरीद पाने के कारण पूस की रात में पुरानी चादर ओढ़ उसे खेत पर जाना पड़ता है।

प्रेमचंद ने किसानों के जीवन के प्रत्येक पक्ष को अपनी रचनाओं का विषय बनाया है। इन रचनाओं में उनकी सहानुभूति और मेहनतकश किसानों के साथ है। आरंभ में प्रेमचंद अपनी रचनाओं में कोई न कोई आदर्शवादी हल पेश करते थे, लेकिन बाद में उनका इस तरह के आदर्शवाद पर से विश्वास उठ गया था आदर्शवाद का स्थान यथार्थवाद ने ले लिया। यह कहानी इसी दृष्टि का प्रतिनिधित्व करती है। जी.पी.एच. की पुस्तकों का मुख्य उद्देश्य ज्ञान के साथ–साथ अच्छे नम्बर दिलाना है।

प्रश्न 9. 'पूस की रात' कहानी के शीर्षक की उपयुक्तता स्पष्ट कीजिए।

उत्तर— प्रस्तुत कहानी का शीर्षक 'पूस की रात' सर्वथा सार्थक है। पूस की रातें शीत की रातें होती हैं। ठंडक सहन होती है। पूरी कथा का ताना-बाना 'पूस की रात' को आधार बनाकर बुना गया है। घटना भी एक ही रात की है। हल्कू बिना कम्बल के शीत से ठिठुरता हुआ अपना खेत जानवरों से चरा डालता है। अगली सुबह वह पत्नी से क्रुद्ध होने पर मजूरी करना स्वीकार कर लेता है क्योंकि रात की ठण्ड में यहाँ सोना तो न पड़ेगा। शीर्षक, संक्षिप्त, आकर्षक, केन्द्रीय भाव और वर्ण्य विषय की अभिव्यक्ति में सक्षम है। कहानी का शीर्षक पढ़ते ही औत्सुक्य कौतूहल और जिज्ञासा का भाव पैदा हो जाता है।

☐☐

Must Read   अवश्य पढ़ें

GULLYBABA PUBLISHING HOUSE PVT. LTD.

New Syllabus Based

100% Guidance for IGNOU EXAM

IGNOU HELP BOOKS

B.A., B.COM, B.A. FOUNDATION, M.A., M.COM., BCA, B.ED., M.ED., AND OTHER SUBJECTS

IAS, PCS, UGC & All University Examinations

Chapter wise Researched

QUESTIONS & ANSWERS

Solved papers & very helpful for your assignments preparation के लिए रामबाण

Hindi & English Medium

 GULLYBABA PUBLISHING HOUSE PVT. LTD.
2525/193, 1st Floor, Onkar Nagar-A, Tri Nagar, Delhi-110035, (From Kanhaiya Nagar Metro Station Towards Old Bus Stand)

Email : Info@gullybaba.com
Web : www.gullybaba.com

Join us on Facebook at IGNOU Helpbooks

For any Guidance & Assistance Call:
9350849407

अध्याय 2

व्यंग्य निबंध : वैष्णव की फिसलन (हरिशंकर परसाई)

भूमिका

हिंदी साहित्य में व्यंग्य का उदय भारतेंदुयुगीन परिस्थितियों की उपज है। साहित्य में व्यंग्य सदैव से ही उपस्थित रहा है, लेकिन व्यंग्य विधा को 'विधा' का स्थान ग्रहण कराने वाले यशस्वी साहित्यकार हरिशंकर परसाई जी हैं। परसाई जी ने सामाजिक और राजनैतिक विसंगतियों की गहराई से पड़ताल की और वास्तविक स्थितियों को समाज के समक्ष प्रस्तुत किया। हरिशंकर परसाई स्वातंत्र्योत्तर भारत के सबसे सशक्त व्यंग्यकार हैं। उनके संपूर्ण साहित्य की बानगी व्यंग्य की आधारशिला पर टिकी हुई है। आजाद भारत का कोई भी क्षेत्र परसाई जी से बचा नहीं है। फिर भी इनकी रचनाओं में सामाजिक और राजनैतिक संदर्भ बार–बार आते हैं। परसाई जी ने कहानियाँ, उपन्यास, ललित और विचारपरक निबंध और लघुकथाएँ लिखी हैं, उनमें सामाजिक–राजनैतिक चेतना है और एक सुसंगत समझ भी है।

प्रश्न 1. हरिशंकर परसाई जी के जीवन परिचय पर संक्षेप में प्रकाश डालिए।

उत्तर– हरिशंकर परसाई जी का जन्म 22 अगस्त, 1924 ई. को मध्य प्रदेश के होशंगाबाद जनपद के जमानी नामक गाँव में एक अत्यंत साधारण परिवार में हुआ था। मैट्रिक परीक्षा से पहले की उन्हें गंभीर आर्थिक संकट का सामना करना पड़ा, क्योंकि माँ की असमय मृत्यु हो गई थी तथा पिता को असाध्य रोगों ने घेर लिया था। पारिवारिक दायित्वों का निर्वाह करते हुए भी उन्होंने नागपुर विश्वविद्यालय से हिंदी में एम.ए. और शिक्षण में डिप्लोमा किया। अभावग्रस्तता के कारण उन्होंने विवाह तक नहीं किया। लम्बी बीमारी के कारण 10 अगस्त, 1995 में 71 वर्ष की आयु में उनकी मृत्यु हो गई।

परसाई जी की आरंभ से ही लेखन में रुचि थी। अपने जीवन में आए विभिन्न उतार–चढावों से प्राप्त अनुभवों और वामपंथी रूझान के कारण उनमें सामाजिक विषमता को समझने की समझ अत्यंत गहरी रही है।

साहित्य की अनेक विधाओं में लिखने के बावजूद उनका मन व्यंग्य में अधिक रमा है। उनकी प्रत्येक विधा पर व्यंग्य ही हावी रहता है। वर्तमान राजनीति, समाजनीति, अर्थनीति, धर्म और उसके ढोंग से भरे कर्मकांड, प्रशासनिक भ्रष्टाचार आदि कोई भी क्षेत्र उनके व्यंग्य बाणों से अछूते नहीं हैं। अपने व्यंग्य बाणों से कभी वे प्रतिद्वंद्वी की धज्जियाँ उड़ाते हैं, तो कभी चिकोटी काट कर रह जाते हैं, कभी आनंद लेते हुए उसके ढोंग तथा आडम्बर को उजागर करते हैं, तो कभी उसका मजाक उड़ाते हैं। परंतु इन सबके पीछे उनके मन में जनसाधारण का दुख–दर्द और उनकी यातनाभरी जिंदगी के प्रति सहानुभूति ही होती है। 'वैष्णव की फिसलन' निबन्ध में भी वे इसी तरह विष्णु के ढोंगी भक्तों के छद्म का भेद खोलते हैं।

उनकी सभी रचनाएँ 'परसाई रचनावली' के छह खंडों में संकलित हैं। इनमें से प्रमुख हैं–'हँसते हैं, रोते हैं', 'तब की बात और थी', 'शिकायत मुझे भी है', 'सदाचार का ताबीज', 'अपनी अपनी बीमारी', 'पगडंडियों का जमाना', 'ठिठुरता हुआ गणतंत्र', 'निठल्ले की डायरी', 'तिरछी रेखाएँ', 'पाखंड का अध्यात्म', 'सुनो भई साधो' आदि।

प्रश्न 2. वैष्णव की फिसलन के आधार पर निबंध के सार का उल्लेख कीजिए।

उत्तर– करोड़पति वैष्णव ने भगवान विष्णु का एक भव्य मंदिर बनवाकर अपनी सारी जायदाद उनके नाम कर दी है। इसलिए सूदखोरी से लेकर कालाबाजारी के सारे काम उन्हीं के नाम पर होते हैं। वैष्णव नियमित रूप से दो घंटे भगवान विष्णु की पूजा करता है। पूजा के बाद मसनद लगे गद्दीदार बिस्तरे वाली बैठक में आसन लगाकर वह धर्म से धंधों को जोड़ने की साधना करता है। धर्म से धंधे को जोड़ने को 'योग' की संज्ञा देकर लेखक ने धर्म की आड़ में भ्रष्टाचार करने वाले व्यवसायियों पर करारा व्यंग्य किया है। वैष्णव के पास जब कर्ज लेने वाले आते हैं तो वह भगवान विष्णु का मुनीम बन जाता है। कर्ज लेने वाले से खाते में यह दर्ज

करवाया जाता है – 'दस्तावेज लिख दी रामलाल वल्द श्याम ने भगवान विष्णु वल्द नामालूम हो...।' विष्णु भगवान की वल्दियत इसलिए नहीं दर्ज की जाती क्योंकि उनके पिता का नाम मालूम नहीं है। मालूम होने पर ही वल्दियत ठीक होगी।

अपनी काली करतूत के कारण वैष्णव के पास काफी पैसा एकत्र हो गया है। इन पैसों से वह कई एजेंसियाँ लेकर बहुत बड़ा आढती (स्टाकिस्ट) बन गया है। माल दबाकर मनमानी चोरबाजारी को भी वह प्रभु की कृपा ही मानता है। नम्बर दो के पैसे को नंबर एक का बनाने के लिए वैष्णव प्रभु से प्रार्थना करता है कि 'अब मैं इसका क्या करूँ?..... प्रभु कष्ट हरो सबका।' वैष्णव की शुद्ध आत्मा से आवाज उठती है कि 'अधम, माया जोड़ी है तो माया का उपयोग भी सीख। तू एक बड़ा होटल खोल ले।' वैष्णव इसे प्रभु का आदेश मानकर एक शानदार होटल बनवाता है। आधुनिक सुख–सुविधाओं से पूर्ण सुंदर कमरे, बाथरूम और नीचे लांड्री, नाई की दुकान, टैक्सियों की व्यवस्था के साथ ही बाहर खूबसूरत लम्बे–चौड़े लॉन से होटल की शान में कुई गुना वृद्धि हो जाती है।

अपनी तथाकथित धार्मिक प्रकृति के कारण वैष्णव होटल में विशुद्ध शाकाहारी भोजन की व्यवस्था करता है, जिसमें शुद्ध घी की सब्जी, दाल, फल, रायता, पापड़ आदि सम्मिलित हैं। होटल का नाम चल पड़ता है। बड़ी–बड़ी कंपनियों के कार्यकारी अधिकारी, ऊँचे दर्जे के सरकारी अधिकारी, बड़े–बड़े सेठ आने लगते हैं। तीस रूपये प्रति कमरे किराया और खान–पान की व्यवस्था की आमदनी से वैष्णव संतुष्ट है। लेकिन होटल में ठहरने वाले कुछ बड़े लोग अब भी असंतुष्ट है। एक बड़ा कार्यकारी अधिकारी तैश में आकर वैष्णव को फटकारता है कि 'इतने महँगे होटल में' क्या हम घास–पात खाने के लिए ठहरते हैं? यहाँ 'नान वेज' की व्यवस्था क्यों नहीं? वैष्णव के सामने धर्म–संकट उपस्थित हो जाता है। इस संकट से मुक्ति के लिए वह प्रभु विष्णु के चरणों में लेट कर प्रार्थना करता है कि यह होटल बैठ जाएगा। ठहरने वालों को यहाँ बड़ी तकलीफ होती है। वे शुद्ध वैष्णव भोजन की जगह मांस मांगते हैं। मैं क्या करूँ? वैष्णव की शुद्ध आत्मा से सधी हुई आवाज आती है, 'गांधी जी से बड़ा वैष्णव इस युग में कौन हुआ है।' उनका प्रसिद्ध भजन है, वैष्णवजन तो तेणे कहिए, जे पीर पराई जाणे रे। तू होटल में रहने वालों की पीर समझ और उसे दूर कर। इससे बड़ा वैष्णव धर्म क्या होगा? प्रभु के आदेश से वैष्णव ने जल्दी ही गोश्त, मुर्गा, मछली आदि की व्यवस्था करवा दी। ग्राहक बढ़ने लगे। लेकिन एक दिन फिर उसी कार्यकारी अधिकारी ने शिकायत की कि मांसाहार की व्यवस्था तो ठीक है, लेकिन उसके पचने का भी इंतजाम होना चाहिए। वैष्णव द्वारा लवण भास्कर चूर्ण के इंतजाम की बात सुनकर कार्यकारी अधिकारी ने माथा ठोंक लिया। उसकी नासमझी पर तरस खाते हुए कहा, मेरा मतलब शराब से है। यहाँ 'बार' खोलिए। यह सुनकर वैष्णव सन्न रह गया। यह दूसरा गंभीर संकट था। वैष्णव ने प्रभु के चरणों में गुहार की कि आपके चरणामृत की जगह मैं मदिरा कैसे पिला सकता हूँ? उसकी

शुद्ध आत्मा से आवाज आयी कि मूर्ख, तू क्या होटल बिठाना चाहता है? देवता सोमरस पीते थे। वही सोमरस मदिरा है। इसमें तेरा वैष्णव धर्म कहाँ भंग होता है। सामवेद के 63 श्लोक सोमरस अर्थात् मदिरा की स्तुति में है। तुझे धर्म की समझ है या नहीं? धर्मात्मा वैष्णव की समझ में आ गया। होटल में 'बार' खोल दिया गया। होटल को ठाट से चलते देख वैष्णव खुश हो गया।

होटल–व्यवसाय केवल 'बार' तक ही सीमित नहीं रहता। फिर 'मरे हुए गोश्त' की जगह 'जिंदा गोश्त' अर्थात 'कैबरे' की बात उठी, जिसमें औरतों का नग्न नृत्य होता है। बहुत सोच–समझ के बाद वैष्णव ने प्रभु के चरणों में नतमस्तक होकर अपनी समस्या रखी। उसकी शुद्ध आत्मा से आवाज आयी कि मूख कृष्णावतार में मैंने गोपियों को नचाया था, उनका चीर हरण किया था। तुझे क्या संकोच है। प्रभु के आदेश से 'कैबरे' भी शुरू हो गया। शराब, गोश्त और कैबरे की व्यवस्था से होटल के कमरों का किराया काफी बढ़ गया, सभी कमरे भरे रहने लगे। लेकिन आधुनिक होटल की मर्यादा केवल 'कैबरे' तक ही सीमित नहीं है। 'कैबरे' के बाद नारी देह की मांग आयी। इस धर्म संकट के समाधान के लिए वैष्णव ने पुनः प्रभु चरणों का सहारा लिया। उसकी शुद्ध आत्मा से आवाज आई, 'मूर्ख यह तो प्रकृति और पुरूष का संयोग है। इसमें क्या पाप और पुण्य! चलने दे।' प्रभु के इस आदेश पर वैष्णव ने बेयरों से कह दिया कि पुलिस से बचकर चुपचाप इंतजाम कर दिया करो। भगवान की भेंट का पच्चीस प्रतिशत ले लिया करो। वैष्णव पुनः सफेद से काले धंधे पर आ गया। शराब, गोश्त, कैबरे और औरत के योग से होटल खूब चलने लगा। वैष्णव धर्म भी बरकरार रहा। इस प्रकार वैष्णव ने धर्म को धंधे से अच्छी तरह जोड़ कर अपनी 'योग साधना' का भरपूर परिचय दिया।

प्रश्न 3. निम्नलिखित गद्यांशों की संदर्भ सहित व्याख्या कीजिए–

(i) वैष्णव करोड़पति है।........................ कर्ज लेने वाले आते हैं। विष्णु भगवान के मुनीम हो जाते हैं।

उत्तर– संदर्भ–प्रस्तुत उद्धरण स्वर्गीय हरिशंकर परसाई के व्यंग्य निबंध 'वैष्णव की फिसलन' से लिया गया है। निबंध को इन आरंभिक पंक्तियों में लेखक ने सूदखोर–व्यापारी, करोड़ों के मालिक तथाकथित वैष्णव (विष्णु भगवान का भक्त) का टूटे–फूटे अधूरे वाक्यों में अत्यंत मार्मिक व्यंग्य–चित्र प्रस्तुत किया है।

व्याख्या–लाखों–करोड़ों के मालिक विष्णु भक्त व्यवसायी ने विष्णु भगवान का भव्य मंदिर बनवाकर बेइमानी से अर्जित की गई अपनी सारी सम्पत्ति मंदिर के नाम कर दी है। इसलिए उसका सारा कारोबार भगवान करते हैं। सूदखोरी या ब्याज पर पैसे उधार देने का कार्य वैष्णव ने भगवान के जिम्मे कर दिया है। वह तो उपासना गृह में दो घंटे तक भगवान की निष्ठापूर्वक (झूठी या मक्कारी से भरी) पूजा करने के बाद तकिए वाली सजी बैठक (गद्दी)

में आकर धर्म को धंधे से जोड़ने मात्र का कार्य करता है। इस रूप में वह परम साधक बन जाता है। धर्म धंधे से जुड़ सके, इसी को वह 'योग' मानता है। इस योग-साधना में वह परम निपुण है। जब ब्याज पर उधार लेने वाले उसकी गद्दी पर आते हैं तो वह भगवान विष्णु का मुनीम बनकर काम करता है। कहने का तात्पर्य यह है कि वह अपनी सम्पत्ति का मालिक न रहकर भगवान का अदना सेवक बनकर रहता है।

विशेष—(1) छोटे-छोटे, प्रायः अधूरे वाक्यों का प्रयोग है। कहीं कर्ता, तो कहीं क्रिया गायब है। फिर व्यंजनों से भरपूर भाषा का प्रयोग इस उद्धरण में हुआ है।

(2) पूरे निबंध को सही ढंग से समझने के लिए यह उद्धरण चीज या कुंजी का काम करता है।

(3) धर्म को धंधे से जोड़ने को 'योग' की संज्ञा देकर लेखक ने भ्रष्ट व्यवसायियों की अत्यंत घिनौनी मनोवृत्ति पर करारी चोट की है।

(ii) वैष्णव की शुद्ध आत्मा से आवाज आयी, ... तुझे धर्म की समझ है या नहीं?

उत्तर— **संदर्भ**—प्रस्तुत गद्यांश हरिशंकर परसाई के व्यंग्य निबंध 'वैष्णव की फिसलन' से लिया गया है। वैष्णव द्वारा बनाए गए होटल में मांसाहार की व्यवस्था होने के बावजूद उसमें ठहरने वाले उच्च अधिकारी और बड़े लोग अब भी असंतुष्ट हैं। वे अब मदिरा की माँग करने लगते हैं। यह सुनकर वैष्णव हैरान रह जाता है कि वह मदिरा का उपयोग अपने वैष्णव होटल में कैसे कर सकता है। वह पुनः प्रभु से प्रार्थना करता है कि उनका भक्त होते हुए वह लोगों को मदिरापान कैसे करवा सकता है। उसकी शुद्ध आत्मा के रूप में भगवान विष्णु एक अन्य समाधानपूर्ण आदेश देते हैं, उसी आदेश को प्रस्तुत उद्धरण में व्यंग्यात्मक तरीके से दिखाया गया है।

व्याख्या—अपनी प्रार्थना के उत्तर में वैष्णव की शुद्ध आत्मा (जो स्वार्थ का प्रतीक है) से आवाज आती है कि वह तो मूर्ख है। यदि होटल से वह लाभ कमाना चाहता है, तो उसे लोगों को संतुष्ट करना ही होगा। वे वैष्णव की दुविधा को दूर करने के लिए सामवेद का उदाहरण देते हुए बताते हैं कि देवता भी सोमरस का पान किया करते थे और यह सामवेद के 63वें श्लोक में लिखा हुआ है। अतः उसे डरने की कोई आवश्यकता नहीं है क्योंकि जो कार्य ईश्वर स्वयं कर सकते हैं, उसे भक्त को करने में संकोच नहीं होना चाहिए। इस प्रकार इसे विष्णु का आदेश मानकर वैष्णव होटल में मांस के साथ-साथ मदिरा की व्यवस्था भी कर देता है। अतः धर्म की झूठी आड़ में उसका होटल और अच्छी तरह चलने लगता है।

विशेष—(1) यहाँ 'वैष्णव की शुद्ध आत्मा' पद मलिन और स्वार्थ लिप्त आत्मा का अर्थ देता है।

(2) इस उद्धरण में यह बताया गया है कि अपने कुकृत्यों को सफलतापूर्वक छुपाने के लिए व्यावसायिक वर्ग किसी भी हद तक जा सकता है। वह प्राचीन एंव सम्माननीय ग्रंथों का उपयोग अपने स्वार्थ एवं हित के लिए कर सकता है। इसी संदर्भ में लेखक ने सामवेद में लिखित सोमरस का उल्लेख किया है।

(iii) वैष्णव की शुद्ध आत्मा से आवाज आयी, "मूर्ख, यह तो प्रकृति और पुरुष का संयोग है। इसमें क्या पाप और पुण्य! चलने दे।"

उत्तर— संदर्भ—प्रस्तुत गद्यांश हरिशंकर परसाई के व्यंग्य निबंध 'वैष्णव की फिसलन' से लिया गया है। वैष्णव के होटल में मांसाहार, मदिरा, कैबरे की व्यवस्था हो जाने के बाद भी उच्च अधिकारी और बड़े लोग असंतुष्ट हैं। वे पुनः एक नई माँग वैष्णव के सामने रखते हैं और वह है–होटल में नारी के देह की व्यवस्था। इस पर वैष्णव फिर धर्म संकट में पड़ जाता है और भगवान को अपनी दयनीय स्थिति के बारे में बताते हुए प्रार्थना करता है कि उसे अब क्या करना चाहिए? उसकी शुद्ध आत्मा के रूप में भगवान विष्णु एक अन्य समाधानपूर्ण आदेश देते हैं, उसी आदेश को प्रस्तुत उद्धरण में व्यंग्यात्मक तरीके से दिया गया है।

व्याख्या—वैष्णव के शुद्ध आत्मा जोकि स्वार्थ का प्रतीक है, से आवाज आती है कि वह तो निरा मूर्ख है। उसे इतना भी नहीं पता कि नारी के व्यवसाय की व्यवस्था से उसके धर्म की कोई हानि नहीं होगी। यह तो ईश्वर द्वारा प्रदत्त है कि स्त्री और पुरुष का संयोग कोई पाप नहीं है। इसे दूसरे शब्दों में यूं कहा जा सकता है कि यह तो प्रकृति और पुरुष का संयोग है। अतः इस विषय में पाप–पुण्य पर विचार करना निरर्थक है। इसलिए उसे अपने होटल में ग्राहकों के अनुसार व्यवस्था कर देनी चाहिए।

विशेष—इस उद्धरण में बताया गया है कि व्यक्ति अधिक से अधिक लाभ कमाने के लिए कितना भी घृणित कार्य कर सकता है। अवसरवादी व्यावसायिक वर्ग का प्रतिनिधि वैष्णव भी नारी देह जैसे घृणित व्यवसाय को भी ईश्वर प्रदत्त प्रकृति और पुरुष का संयोग मानकर करने में नहीं हिचकिचाता।

प्रश्न 4. निबंध 'वैष्णव की फिसलन' का कथ्य एवं उसकी अंतर्वस्तु को स्पष्ट कीजिए।

अथवा

इस निबंध में धर्म के दुरुपयोग को किस प्रकार व्यक्त किया गया है? वर्णन कीजिए।

उत्तर— 'वैष्णव की फिसलन' धार्मिक पाखंड को दर्शाता एक व्यंग्य है। धर्म के नाम पर अगर किसी चीज की मनाही हो लेकिन उसे करना जरूरी हो तो इंसान कोई न कोई तरीका

ढूँढ़ लेता है। वो अपने आप को समझाने के ऐसे-ऐसे उपाय खोज लेता है कि उन चीजों में भी धर्म और ईश्वर ढूँढ़ लेता है। इस निबंध में 'अभिधार्थ की फिसलन' में इस तथ्य को आदि से अंत तक देखा जा सकता है। परसाई जी ने अपने कथ्य को इसी रूप में प्रस्तुत किया है।

व्यवसायियों द्वारा धर्म को अपने धंधे से जोड़ने की प्रवृत्ति का पर्दाफाश करना इस निबंध का मुख्य उद्देश्य है। करोड़पति वैष्णव ने जिस प्रकार स्वनिर्मित विष्णु मंदिर के नाम अपनी सारी जायदाद लगा दी है, उसी प्रकार अपने कुकृत्यों को भी उन्हीं के नाम कर वह अपने को पाप मुक्त मान लेता है। लेकिन इस निबंध में वैष्णव एक व्यक्ति मात्र न होकर समूचे व्यावसायिक और औद्योगिक वर्ग का प्रतिनिधि बन कर आया है। वर्तमान युग में यह ऐसा वर्ग है, जिसकी तिजोरी में धन ही नहीं, वरन् धर्म, राजनीति, अर्थनीति और प्रतिष्ठा भी बंद हो जाती है। यहाँ तक कि संस्कृति एवं संस्कृति कर्मियों, कला एवं कलाकारों को भी वह अपनी तिजोरी के चक्कर में फँसाए रखने का प्रयास करता है। एक जागरूक व्यक्ति के रूप में परसाई जी ने इन सभी स्थितियों पर गहन चिंतन किया है। एक रचनाकार या लेखक के रूप में उन्होंने पूरी सामाजिक प्रतिबद्धता के साथ इन स्थितियों की वास्तविकताओं को व्यंग्य के सहारे उजागर करते हुए पाठक को जागरूक बनाकर सामाजिक परिवर्तन में अपनी भूमिका निभाई है। 'वैष्णव की फिसलन' शीर्षक संग्रह के 'लेखकीय' में परसाई जी ने आरंभ में ही लिखा है कि 'व्यंग्य की प्रतिष्ठा इस बीच साहित्य में काफी बढ़ी है – वह शूद्र से क्षत्रिय मान लिया गया है। व्यंग्य, साहित्य में ब्राह्मण बनना भी नहीं चाहता क्योंकि वह कीर्तन करता है।'

परसाई जी का उपर्युक्त कथन उनके व्यंग्य-प्रयोग की दिशा और दशा – दोनों का संकेत करता है। राजनीतिक जोड़-तोड़ हो या साहित्यिक जोड़-तोड़, प्रशासनिक भ्रष्टाचार हो चाहे व्यावसायिक औद्योगिक लूट-खसोट – सर्वत्र उन्होंने व्यंग्य का एक कारगर हथियार के रूप में इस्तेमाल किया है। व्यंग्य को हास्य के साथ जोड़कर इसे प्रायः मनोरंजन, हँसने-हँसाने का साधन माना जाता रहा है। इसलिए साहित्य के क्षेत्र में वह हाशिए की विधा ही बनी हुई थी लेकिन कबीर, भारतेंदु, निराला, नागार्जुन से लेकर परसाई तक व्यंग्य की एक स्वस्थ परंपरा ने उसे हाशिए से उठाकर केंद्र में ला दिया है। कबीर की भाँति निर्मम प्रहार परसाई के व्यंग्य की प्रमुख विशेषता है। 'वैष्णव की फिसलन' संग्रह की अंतिम पंक्तियों में कबीर का गौरवगान करते हुए परसाई जी ने लिखा है, 'कबीर, जिसने अपनी जमीन तोड़ी, भाषा तोड़ा और नई ताकतवर भाषा गढ़ी, सड़ी-गली मान्यता को आग लगाई, जाति और धर्म के भेद को लात मारी, सारे पाखंड का पर्दाफाश किया, जो पलीता लेकर कुसंस्कारों को जलाने के लिए घूमा करता था। वह योद्धा कवि था।'

वास्तविक तौर पर, हरिशंकर परसाई भी उसी तरह के योद्धा साहित्यकार रहे हैं। शोषित-दलित और उत्पीड़ित वर्ग का पक्ष लेकर भ्रष्टाचार में लिप्त उच्च शोषक वर्ग के विरुद्ध उन्होंने कठोर संघर्ष किया है। हमारे गहन अध्ययन के लिए निर्धारित व्यंग्य निबंध में

समाजव्यापी विकृति के एक पक्ष 'धर्म और धंधे' को विषय बनाकर लोभ-लाभ की प्रवृत्ति से संचालित व्यवसाय की वास्तविकता का पर्दाफाश करने के साथ ही उन्होंने धर्म की असामाजिक भूमिका पर भी कटाक्ष किया है। यह ही इस निबंध 'वैष्णव की फिसलन' की मूल अंतर्वस्तु या कथ्य है।

प्रश्न 5. 'वैष्णव की फिसलन' निबंध के चरित्र विधान के बारे में बताइए।

उत्तर— इस निबंध में बहुत ही कम पात्र हैं। इसमें मुख्य पात्र करोड़पति वैष्णव है, जो व्यावसायिक समुदाय का प्रतिनिधि है। उसी के कार्यों का पूरे निबंध में चित्रण किया गया है। वह धर्म का सहारा लेकर और अनेक तरीके अपनाकर धन एकत्रित करके एक होटल का निर्माण करवाता है और ईश्वर के नाम पर उसमें सारे बुरे कामों को अंजाम देता है। इसका दूसरा पात्र भगवान विष्णु को माना जा सकता है, परन्तु वे भी केवल सांकेतिक रूप में ही निबंध में दिखाई देते हैं। वे स्वयं कर्ज देते हैं, ब्याज लेते हैं और दो नंबर का धंधा करते हैं। इस प्रक्रिया में तथाकथित धर्म और उसके प्रमुख आधार विष्णु भगवान का भी सांकेतिक ढंग से मखौल उड़ाया गया है। क्योंकि निबंध के अनुसार वैष्णव तो उनका मुनीम मात्र है, जोकि उनकी अनुमति से ही लोगों को कर्ज देता है। इसमें अन्य गौण पात्र भी है, जोकि अधिकारी के रूप में आता है और होटल में विभिन्न व्यवस्थाओं की मांग करता है।

प्रश्न 6. हरिशंकर परसाई के व्यक्तित्व की अभिव्यक्ति के बारे में बताइए।

उत्तर— 'वैष्णव की फिसलन' प्रसिद्ध व्यंग्यकार हरिशंकर परसाई की श्रेष्ठ रचनाओं का संकलन है। इस संग्रह की व्यंग्य रचनाएँ यह स्थापित करने में कामयाब हैं कि जीवन की श्रेष्ठ आलोचना की संज्ञा व्यंग्य है। निबंध-रचना में, विशेषकर, व्यंग्यात्मक निबंधों में, साहित्य की अन्य विधाओं की अपेक्षा लेखक के व्यक्तित्व की अभिव्यक्ति का सर्वाधिक अवकाश रहता है। हरिशंकर परसाई के संदर्भ में यह बात और अधिक मुखर होकर सामने आती है। उनकी अधिकांश व्यंग्यात्मक रचनाएँ एक साहित्यिक विधा की पूर्वनिर्धारित सीमाओं में बँधी नहीं रहती। कभी वे निबंध से कहानी की सीमा में पहुँच जाती हैं, तो कभी राजनीतिक, सामाजिक, सांस्कृतिक, धार्मिक और प्रशासनिक टिप्पणी का आभास देने लगती हैं। फलस्वरूप किसी भी चुने हुए विषय पर वे विषय का परिचय, विषय की व्याख्या या उसका तथ्यात्मक लेखा-जोखा न देकर व्यंग्य के सहारे अपनी आलोचनात्मक दृष्टि का ही अधिक परिचय देते हैं।

'वैष्णव की फिसलन' शीर्षक निबंध प्राय: निबंध की सीमा का उल्लंघन कर कहानी के क्षेत्र में प्रवेश करते हुए अंतत: एक आलोचनात्मक टिप्पणी का रूप धारण कर लेता है। इसी प्रकार 'भोला राम का जीव' प्रशासनिक लाल फीताशाही की कहानी मात्र न रहकर एक समाजनिष्ठ व्यक्ति की प्रशासनिक भ्रष्टाचार पर टिप्पणी भी बन जाती है। हमारे लिए

निर्धारित संग्रह का कहानी नुमा निबंध 'राजनीति का बँटवारा', एक समस्या केंद्रित निबंध 'अकाल–उत्सव', 'रामचरित मानस' की चौथी शती मनाए जाने के अवसर पर 'कबीर समारोह क्यों नहीं' शीर्षक लेख आदि बहुत–सी रचनाएँ अपनी विधागत विशेषताएँ छोड़कर एक नई विधा का आभास देती हैं। यहाँ यह ध्यान रखना चाहिए कि साहित्यिक विधाओं की मर्यादा का ही उल्लंघन परसाई के रचनाशील व्यक्तित्व की विशेषता नहीं है। उन्होंने अपने युग की सड़ी–गली मान्यता और दीमक लगी सभी मर्यादाओं के प्रति सार्थक विद्रोह किया है। यह विद्रोह–भाव ही उनके व्यक्तित्व की मूलभूत विशेषता है, जो उनकी अधिकांश रचनाओं में अत्यंत मुखर होकर व्यक्त हुआ है। निबंध 'वैष्णव की फिसलन' भी उपर्युक्त तथ्य का प्रमाण है। विष्णु भगवान को सूदखोर, कालाबाजारी या नंबर दो का धंधा करने वाला बताना विरले लोगों का ही काम है। किसी भी स्थिति में अन्याय और कुरीतियों से समझौता न करने वाले परसाई जी का अक्खड़ व्यक्तित्व उनकी सभी रचनाओं में उजागर हुआ है। उनकी लड़ाई जीवन के प्रत्येक क्षेत्र में स्वस्थ मूल्यों की रक्षा के लिए रही है। इस प्रक्रिया में वे जीवन के सभी क्षेत्रों में व्यापक लोक–विरोधी तत्त्वों पर गिन–गिन कर तीखा प्रहार करते रहे हैं। इस प्रकार वे भारत की बहुसंख्यक बदहाल जनता के पक्ष में संघर्ष करने वाले अप्रतिम योद्धा सिद्ध होते हैं। यह व्यक्तित्व उनके निबंध में पूरी तरह उजागर हुआ है। इस प्रकार वर्तमान संदर्भ में परसाई जी का व्यंग्य साहित्य जीवंत, शाश्वत और कारगर प्रतीत होता है।

प्रश्न 7. 'वैष्णव की फिसलन' निबंध की संरचना–शिल्प का वर्णन कीजिए।

अथवा

परसाई जी की व्यंग्यात्मक शैली संबंधी विशेषताओं को स्पष्ट कीजिए।

उत्तर— हरिशंकर परसाई का यह निबंध सहज ढंग से चुभती हुई भाषा में अपनी बात कहते हुए गहरी चोट कर जाता है। इस व्यंग्य संग्रह की रचनाओं की सफलता के पीछे जो सबसे बड़ी चीज है–लेखक की पैनी दृष्टि, जिसमें छुपकर भी कुछ भी छुपा नहीं रह जाता है। जहाँ तक निबंध के शाब्दिक अर्थ का संबंध है, वह एक बँधी हुई और अत्यंत सुगठित रचना का संकेतक है। (नि = विशेष, बंध = बँधा या बँधी हुई) अर्थात् विशेष रूप से बँधी हुई या सुगठित रचना। लेकिन निबंध–रचना की निर्धारित सीमा का त्याग कर परसाई कहानी के क्षेत्र में प्रवेश कर जाते हैं। अतः 'वैष्णव की फिसलन' में चरित्र–विधान और संवाद योजना के कारण कहानी का गुण भी आ जाता है।

निबंध के संबंध में जो दूसरा महत्त्वपूर्ण तथ्य है, वह उसकी भाषा है। निबंध को गद्य की कसौटी माना गया है। निबंधकार विषय के विवेचन–विश्लेषण में पूर्ण स्वतंत्रता की छूट ले सकता है, फिर भी भाषा–प्रयोग के संबंध में अधिक स्वतंत्रता का उपयोग वह नहीं कर सकता। लेकिन इस निबंध के आरंभ में ही खंडित और अधूरे वाक्यों, कर्ता–क्रिया संबंधी

नियमों की अवहेलना द्वारा भाषा संबंधी सीमा को भी परसाई जी ने तोड़ा है। इस प्रकार वे निबंध के शाब्दिक अर्थ, उसकी शिल्पगत और भाषागत मान्यताओं की सीमा को लाँघते हुए दिखाई देते हैं। इस दृष्टि से उनमें आचार्य रामचंद्र शुक्ल जैसे महान् विषयनिष्ठ निबंधकार और आचार्य हजारीप्रसाद द्विवेदी जैसे महान् व्यक्तिनिष्ठ और ललित निबंधकार से पर्याप्त भिन्नता मिलेगी। इस भिन्नता के बावजूद हिन्दी के जातीय गद्य, खड़ी बोली की संपूर्ण क्षमता, ऊर्जा और जुझारुपन, प्रसंगानुकूल शब्दों का खुला चयन, अपनी पूरी विविधता के साथ परसाई के यहाँ मिलेगा। अन्य निबंधकारों से भिन्नता का प्रमुख कारण है–परसाई जी की भाषा–शैली पर व्यंग्यात्मकता का अत्यधिक दबाव। इसे उनकी भाषा–शैली की अलग–अलग विशेषताओं के विवेचन–विश्लेषण में आसानी से समझा जा सकता है–

(1) शैली–हरिशंकर परसाई की शैली पर विचार करने के लिए भाव प्रधान और विचार प्रधान तथा व्यक्तिनिष्ठ और विषयनिष्ठ जैसी निबंध की कोटियों या श्रेणियों को छोड़ना पड़ेगा। इसके साथ ही निबंध के लिए प्रचलित भावात्मक, वर्णनात्मक और विवेचनात्मक शैली जैसी शैलीगत सीमाओं के बंधनों से भी मुक्ति प्राप्त करनी होगी। परसाई के निबंधों को अगर किसी शैली के अंतर्गत समाविष्ट करना है तो उसे व्यंग्यात्मक शैली माना जा सकता है। वर्णन–विवरण, भावावेश और व्याख्या – तीनों से वे अपने को बचाते हैं। उदाहरण के लिए, निबंध की आरंभिक पंक्तियाँ देखें – 'वैष्णव करोड़पति है। भगवान विष्णु का मंदिर। जायदाद लगी है। भगवान सूदखोरी करते हैं। ब्याज से कर्ज देते हैं।' टूटे–फूटे अधूरे वाक्य, कहीं कर्ता गायब तो कहीं क्रिया नदारद। परसाई जी की शैली का यह अधूरापन ही उनकी व्यंग्यात्मक शैली की प्रमुख शक्ति बन जाता है।

निबंध प्रायः भावात्मक, वर्णनात्मक, विवेचनात्मक शैली में लिखे जाते हैं, परन्तु परसाई जी के संदर्भ में एक अन्य ही शैली दिखाई पड़ती है और वह है व्यंग्यात्मकता। वे विषय का वर्णन करने से बचते हैं। उनकी व्यंग्यात्मक शैली भक्तिकालीन संत कबीर से अधिक प्रभावित है। वे भी कबीर की भांति अपने मनोरंजन के लिए व्यंग्य नहीं करते, वरन् अपने प्रतिपक्षी को तिलमिला देने के लिए करते हैं। इस निबंध में परसाई जी का सारा आक्रोश उन व्यवसायियों पर है जो अपनी सुविधा के लिए धर्म को व्यवसाय से जोड़ते हैं। उनकी व्यंग्य शैली की एक अन्य विशेषता यह भी है कि वे शत्रु और मित्र के बीच के अंतर को हमेशा ध्यान में रखते हैं। इससे उनके व्यंग्य अधिक सार्थक बन जाते हैं। 'कबीर समारोह क्यों नहीं' नामक निबंध में उन्होंने शूद्रों को भी पतन का कारण बताते हुए लिखा है, "मैंने रामकथा और रामलीला में स्वयं शूद्रों को अपने पीड़न के प्रसंग पर 'हरे नमः' करके गद्गद् होते देखा है। जिम्मेदारी हमारी है। हमने शूद्रों को दबाया है। उसे शिक्षा और संस्कृति से वंचित करके आज भी उसे मध्य युग की हालत में रखा है।" 'वैष्णव की फिसलन' निबंध में भी वे उद्योगपतियों के कारनामे को सामने लाने के लिए गांधी जी के साथ ही सोमरस और सामवेद, कृष्णलीला,

प्रकृति-पुरुष आदि के पौराणिक प्रसंगों के अवसरवादी प्रयोग की सीमाओं का वर्णन करते हैं। इस प्रकार उनकी व्यंग्यात्मक रचना में प्रत्यक्ष एवं परोक्ष दोनों ही रूपों का प्रयोग सफलतापूर्वक हुआ है।

परसाई जी को बड़ा व्यंग्यकार इसलिए माना जाता है, क्योंकि उन्होंने व्यंग्य को एक नई पहचान दी है। उन्होंने सार्थक व्यंग्य की रचना ही नहीं की है, वरन् हमें वह विवेक भी दिया है, जिससे हम व्यंग्य के नाम पर प्रचलित फूहड़ता से सार्थक और स्वस्थ व्यंग्य को अलग कर सकें। उन्होंने हास्य एवं विनोद की सीमाओं में बँधे व्यंग्य को मुक्त कर उसे एक महान् और गंभीर सामाजिक लक्ष्य से जोड़ दिया है। अवसर के अनुकूल व्यंग्य के जितने भी तेवर हैं, उन सभी का सहारा परसाई जी ने सावधानीपूर्वक लिया है। कभी वे अपने व्यंग्य बाणों से प्रतिपक्षी की धज्जियाँ उड़ा देते हैं, तो कभी केवल चिकोटी काटकर रह जाते हैं, कभी रस लेते हुए उनके ढोंग और कपट को उघाड़ते हैं, तो कभी मखौल उड़ाकर रह जाते हैं, कभी मीठी छुरी से उन्हें रेतते हैं, तो कभी सरेआम नंगा कर देने से भी नहीं चूकते। इस प्रक्रिया में वे कहीं भी उद्दण्डता या अभद्रता का परिचय नहीं देते। सामाजिक परिवर्तन के महान् उद्देश्य से प्रेरित होने के कारण उन्होंने व्यंग्य की अंतर्वस्तु के साथ ही उसके शिल्प को भी समृद्ध किया है। वे एक बड़े व्यंग्यकार के रूप में हमारे सामने आते हैं।

(2) भाषा—विचार और चिंतन की अभिव्यक्ति के दबाव के कारण ही गद्य-भाषा का उद्भव और विकास हुआ तथा साहित्यिक विधा के रूप में सबसे पहले निबंध अस्तित्व में आया। निबंधों के माध्यम से ही अपनी विचारधारा और अपने चिंतन को कुशलतापूर्वक व्यक्त किया जा सकता है। अतः गद्य और निबंध का गहरा संबंध आरंभ से ही रहा है। निबंध के लिए व्याकरण सम्मत और सुव्यवस्थित गद्य की आवश्यकता पहले से ही महसूस की जा रही थी। इसीलिए आचार्य रामचंद्र शुक्ल ने निबंध को गद्य की कसौटी के रूप में स्वीकार किया था। लेकिन परसाई जी ने निबंध की भाषा की दृष्टि से भी अपनी अलग पहचान बनाई है। उनके व्यंग्यकार व्यक्तित्व का अक्खड़पन उनकी भाषा में भी मिलता है। इसके साथ ही भाषा की लक्षणा और व्यंजना शक्तियों की परख भी उन्हें भाषा का पारखी सिद्ध करती है। भाषा के तत्सम, तद्भव और देशज स्वरूप के चक्कर में वे अधिक नहीं पड़े हैं। व्याकरण सम्मत परिनिष्ठित भाषा का आग्रह भी उनकी रचनाओं में नहीं मिलता। बोल-चाल के व्यावहारिक रूप को ही उन्होंने अपना आदर्श बनाया है। अतः हिन्दी के तत्सम-तद्भव शब्दों के साथ ही उन्होंने उर्दू, अंग्रेजी के शब्दों का भी प्रसंग एवं अवसर के अनुकूल प्रयोग किया है।

प्रस्तुत निबंध के संदर्भ में देखें तो विषय के दबाव के कारण सूदखोरी, कर्ज, वल्दियत, मुनीम जैसे उर्दू शब्दों के साथ ब्लैक, बाथरूम, लांड्री, लॉन, टेरेस गार्डन, एक्जीक्यूटिव, अफसर, नानवेज, स्टाकिस्ट, बार, कैबरे, बेयरा आदि अंग्रेजी शब्दों के साथ ही, वैष्णव, आशीर्वाद, धर्मसंकट, शाकाहार, धर्मात्मा, नतमस्तक, साष्टांग, शुद्ध आत्मा, सोमरस,

कृष्णावतार, चीरहरण आदि संस्कृतनिष्ठ तत्सम शब्दों का खुलकर प्रयोग हुआ है। बावजूद इसके प्रस्तुत निबंध की भाषा का मुख्य तेवर बोलचाल की भाषा का ही है। लेकिन इस निबंध की भाषा की जो वास्तविक क्षमता है, वह निहितार्थों, विपरीत लक्षण, सांकेतिकता आदि द्वारा प्रकट हुई है। इन्हीं के माध्यम से व्यंग्यकार ने अपने लक्ष्य को कुशलतापूर्वक ध्वनित कराया है। इसे विभिन्न उदाहरणों के माध्यम से आसानी से समझा जा सकता है।

"बैठक में आकर धर्म को धंधे से जोड़ते हैं। धर्म धंधे से जुड़ जाए, इसी को 'योग' कहते हैं।" "कर्ज लेने वाले आते हैं तो भगवान के मुनीम हो जाते हैं।" "सब प्रभु की इच्छा से हो रहा है। उनके प्रभु भी शायद दो नम्बरी हैं।" "वैष्णव की विशुद्ध आत्मा से आवाज आई।" "मूर्ख, कृष्णावतार में मैंने गोपियों को नचाया था, उनका चीर-हरण किया था।" इन वाक्यों, वाक्यांशों और पदों से जो निहितार्थ (छिपा हुआ अर्थ) ध्वनित होता है, वह व्यंग्य-कौशल में अत्यधिक वृद्धि करता है। इस प्रकार, यह निबंध शिल्प-संरचना जिसमें शैली और भाषा शामिल है, दोनों की दृष्टियों से बहुत महत्त्वपूर्ण माना जाता है। जी.पी.एच. की पुस्तकों का मुख्य उद्देश्य ज्ञान के साथ-साथ अच्छे नम्बर दिलाना है।

प्रश्न 8. 'वैष्णव की फिसलन' शीर्षक की सार्थकता की चर्चा कीजिए।

उत्तर— किसी प्रमुख घटना, चरित्र अथवा विशेष स्थिति से किसी रचना का शीर्षक जुड़ा होना चाहिए। लेकिन निबंध का शीर्षक प्रायः उसकी विषयवस्तु से जुड़ा होता है। 'वैष्णव की फिसलन' जहाँ एक ओर निबंध की अंतर्वस्तु को संकेतित करता है, वहीं दूसरी ओर उसके प्रतिपाद्य को भी व्यंजित करता है। इसमें प्रयुक्त 'फिसलन' शब्द लगातार वैष्णव भक्त के फिसलते रहने, एक-एक सीढ़ी नीचे गिरते जाने या निरंतर पतित होते जाने का भाव लिए हुए है। वह सूदखोरी के कपटपूर्ण व्यवसाय से काला बाजारी की ओर अग्रसर होता है। अकूत काला धन इकट्ठा हो जाने से चिंतित होकर वह उसे सफेद या एक नंबर का बनाने के लिए होटल व्यवसाय का सहारा लेता है। इस व्यवसाय में होटल में ठहरने वालों के कमरे का किराया, खान-पान पर होने वाले खर्च का बाकायदे हिसाब-किताब रखना पड़ता है। अतः यहाँ काला धन या नंबर दो के लिए अवकाश कम हो जाता है।

होटल में शुद्ध शाकाहारी भोजन की व्यवस्था से ठहरने वाले बड़े लोगों की असुविधा को दूर करने के लिए उसे कई कार्य ऐसे करने पड़ते हैं, जो होटल व्यवसाय को अधिक लाभदायक बनाने के लिए जरूरी हैं। इस प्रक्रिया में उसे पहले मांसाहार की व्यवस्था करनी पड़ती है, जिसके लिए शराब की व्यवस्था जरूरी हो जाती है। और आगे बढ़ने पर होटल में 'कैबरे' (स्त्रियों के अर्ध-नग्न नृत्य) की भी व्यवस्था करनी पड़ती है। अपनी व्यवसाय को और अधिक चमकाने के लिए नारी व्यवसाय के स्तर तक उसे गिरना पड़ता है, जो अपने आप में काला धंधा या नंबर दो का धंधा है। इस तरह उसे लगातार नीचे गिरते हुए अंततः पुनः

सूदखोरी और काला बाजारी जैसे नंबर दो के धंधे तक उतरना पड़ता है। यही वैष्णव की फिसलन है। यह शीर्षक निबंध की अंतर्वस्तु और प्रतिपाद्य को पूरी तरह रेखांकित करता है। शीर्षक में व्यंग्यात्मकता का समावेश होने के कारण वह पूर्ण रूप से सार्थक बन गया है।

प्रश्न 9. 'वैष्णव की फिसलन' निबंध के प्रतिपाद्य को स्पष्ट कीजिए।

उत्तर– इस निबंध के प्रतिपाद्य से तात्पर्य है कि परसाई जी ने इसमें क्या प्रतिपादित किया या बताया है और क्यों बताया है। अतः प्रतिपाद्य के अंतर्गत एक आग्रह या अनुरोध भी आ जाता है, जो लेखक द्वारा पाठकों के लिए प्रेरक के रूप में प्रस्तुत किया जाता है। प्रस्तुत निबंध में हरिशंकर परसाई का लक्ष्य केवल सूदखोरी, काला बाजारी और होटल व्यवसाय में बढ़ रहे भ्रष्टाचार से परिचित कराना मात्र नहीं है। वे लोभ–लाभ पर आधारित संपूर्ण व्यवसायिकता की विकृतियों और उसके समाजविरोधी स्वरूप को व्यंग्य के माध्यम से उद्घाटित करते हुए पाठक को जागरूक बनाकर सावधान भी करते हैं। इस प्रक्रिया में वे पाठक के अंदर इन सामाजिक बुराइयों के प्रतिकार या प्रतिरोध की भावना भी पैदा करते हैं। परसाई ने अपने संपूर्ण साहित्य के माध्यम से समाज के हर क्षेत्र में व्याप्त विकृतियों की बखिया उधाड़ते हुए उसके प्रतिकार की आवश्यकता को भी रेखांकित किया है। इसे उनकी प्रमुख विशेषता माना जा सकता है। इस निबंध में उनका लक्ष्य विभिन्न व्यवसायों में पनपने वाले भ्रष्टाचार के विरुद्ध संघर्ष का आह्वान है। धर्म की आड़ में होने वाले भ्रष्टाचार समाज के लिए और अधिक घातक हो जाते हैं, इस वास्तविकता का उद्घाटन समस्या के समाधान की एक महत्त्वपूर्ण मंजिल है क्योंकि धार्मिक भावना से संचालित पाठक धर्म के दुरुपयोग के प्रति सावधान रह कर ही अपने सामाजिक दायित्व को सही ढंग से पूरा कर सकता है। धर्म या भक्ति भावना अपने आप में कोई अच्छी या बुरी चीज नहीं है। उसकी अच्छाई–बुराई उसके सामाजिक व्यवहार पर निर्भर करती है। अतः धर्म जब सामाजिक भ्रष्टाचार के लिए ओट बन जाए, उसे बढ़ावा देने लगे तो वह निश्चय ही त्याज्य बन जाता है। लेखक ने इस निबंध के माध्यम से व्यावसायिक भ्रष्टता के साथ ही धर्म विषयक उपर्युक्त संदेश भी पाठक के सामने प्रस्तुत किया है। 'वैष्णव की फिसलन' में संकलित रचनाएँ हमारे आस–पास की जिंदगी को उघाड़कर इस प्रकार सामने रख देती हैं कि ऊपर से सीधी–सादी दिखने वाली घटनाएँ और स्थितियाँ नए अर्थ देने लगती हैं, उनके अंतर्निहित आशय उजागर हो उठते हैं। इस संग्रह की रचनाएँ आज के जीवन की विसंगतियों और विरूपताओं, अवरोधों और कुंठाओं पर चोट करती हैं और बताती हैं कि विसंगति के विरुद्ध कलम कैसे तलवार का काम करती है।

Special Care to Our Students!

'How to pass IGNOU Exams' Book

Worth Rs.199/-

FREE

Register now on Gullybaba and download book from download section.

⬇

https://bit.ly/HowtoPassIGNOUExam

अध्याय 3

एकांकी : 'बहुत बड़ा सवाल' (मोहन राकेश)

भूमिका

आधुनिक हिंदी साहित्य की जिन गद्यात्मक विधाओं का विकास विगत एक शताब्दी में हुआ है, उनमें एकांकी का भी महत्त्वपूर्ण स्थान है। एकांकी साहित्य की वह विधा है जो नाटक के समान अभिनय से संबंधित है और जिसमें किसी घटना या विषय को एक अंक में प्रस्तुत किया जाता है। एकांकी ने नाटक से भिन्न अपना स्वतंत्र स्वरूप प्रतिष्ठित कर लिया है। एकांकी बड़े नाटक की अपेक्षा छोटा अवश्य होता है परंतु वह उसका संक्षिप्त रूप नहीं है। इस अध्याय में मोहन राकेश के एकांकी 'बहुत बड़ा सवाल' के बारे में चर्चा की गई है। मोहन राकेश ने जहाँ हिंदी नाट्य साहित्य और रंगमंच को अपने नए नाट्य प्रयोग से एक नई दिशा दी, वहीं पूर्ण नाटक के अतिरिक्त एकांकी और कुछ नई नाटक विधाओं का प्रयोग किया जिसके माध्यम से हिंदी नाट्य साहित्य को एक नई दिशा मिल गई।

प्रश्न 1. मोहन राकेश के जीवन का परिचय दीजिए।

उत्तर – मोहन राकेश का जन्म पंजाब के अमृतसर शहर में 1925 ई. में एक साधारण मध्य वर्गीय परिवार में हुआ। इन्होंने स्वतंत्र लेखन को ही अपने जीवन–यापन का माध्यम बनाया। 1972 में हृदय गति रुक जाने के कारण दिल्ली में उनका स्वर्गवास हुआ। अपने समकालीन कहानीकारों में वे प्रमुख माने जाते हैं। अनेक विधाओं में लिखने के बावजूद उन्होंने हिन्दी उपन्यास के क्षेत्र में भी अपनी एक अलग पहचान बनाई। परन्तु उनका मन नाटक के क्षेत्र में अधिक रमा है। उनमें रंगमंचीय शिल्प की गहर समझ है। उनके प्रमुख नाटक हैं–'आषाढ़ का एक दिन', 'लहरों के राजहंस', 'आधे–अधूरे' आदि। उन्होंने अनेक एकांकी भी लिखे। उनके प्रमुख एकांकी हैं–'अंडे के छिलके', 'सिपाही की माँ', 'टूटती प्यालियाँ', 'रात बीतने तक', 'उसकी रोटी', 'छतरियाँ', 'बहुत बड़ा सवाल' आदि।

'आषाढ़ का एक दिन' तथा 'लहरों के राजहंस' में उन्होंने एतिहासिक–पौराणिक कथा को आधार बनाकर वर्तमान युग में नारी–पुरुष संबंधों के जटिल यथार्थ को आधुनिकता आदि भावबोध के संदर्भ में व्यक्त करने का प्रयास किया है। 'आधे–अधूरे' में उन्होंने एक उच्च मध्यवर्गीय के निम्न मध्यवर्गीय परिवार में क्रमशः बदलने की बेहद हताशपूर्ण मनोदशाओं का सफल चित्रण किया है। पाठ में दिया गया एकांकी 'बहुत बड़ा सवाल' निम्न वेतनभोगी कर्मचारियों विशेषकर स्कूल अध्यापकों की मानसिकता को उजागर करता है।

प्रश्न 2. हिन्दी एकांकी के महत्त्व को समझाइए।

उत्तर– हिन्दी एकांकी आधुनिक युग में विकसित ऐसी नाट्य–विधा है, जिस पर सीधा पश्चिमी प्रभाव है। यद्यपि भारतीय परम्परा में इस प्रकार के नाटकों की रचना संस्कृत में होती थी तथा उसके आधार पर हिन्दी एकांकी के कई समीक्षकों ने हिन्दी एकांकी का उद्गम भी भारतीय परम्परा से जोड़ा है, परन्तु शिल्प एवं कथ्यगत चेतना को देखते हुए यही प्रतीत होता है कि एकांकी का स्वरूप पाश्चात्य परम्परा के अधिक निकट है। यहाँ क्रमशः भारतीय परम्परा से एकांकी का सम्बन्ध जोड़ने वाले श्री सद्‌गुरुशरण अवस्थी का मत है–"यह न समझना चाहिए कि भारतवर्ष में एकांकी थे ही नहीं।" दूसरी ओर डॉ. एस.पी. खत्री कहते हैं–"एकांकी लेखन जब बीसवीं शती में प्रारम्भ हुआ, तो यह स्पष्ट है कि उस पर अंग्रेजी का प्रभाव है, न कि संस्कृत का।"

जहाँ तक वस्तु–स्थिति का प्रश्न है, भारतेन्दु युग के एकांकियों को देखने से स्पष्ट प्रतीत होता है कि भारतीयों ने एकांकी जैसी प्रविधि तो अपनाई, परन्तु उन्होंने शैली भारतीय ही रखी। यही कारण है कि हिन्दी में एकांकी के विकास के सन्दर्भ में मतभेद रहा। भारतेन्दु पाश्चात्य पद्धति को भारतीय परिवेश में परख कर ही मान्यता देते थे। यह उनकी जीवन–शैली का एक अंग थी। इसीलिये उन्होंने नाटक, एकांकी, निबन्ध आदि विधाओं को पुरस्सर तो

किया, पर उनका उद्देश्य पश्चिम का अनुकरण नहीं था, वरन् भारतीय पद्धति के समकक्ष सिद्ध करना था, अतः वे सूत्र भारतीय परम्परा से खोजा करते थे। आगे चलकर पाश्चात्य सभ्यता का रंग भी गहराने लगा और इस प्रकार पाश्चात्य शैली में अधिक एकांकी लिखे गये, पर यह कहा जा सकता है कि हिन्दी एकांकी भारतीय एवं पाश्चात्य पद्धतियों के योग से चली। परन्तु वास्तव में जिन्हें एकांकी कहा जाता है, वे मूलतः पाश्चात्य शैली से और पाश्चात्य काव्य–शास्त्र में निर्धारित तत्त्वों से ही अनुप्राणित हैं।

एकांकी नवयुग की प्रमुख विधा है। 'हिन्दी साहित्य का इतिहास' में सर्वप्रथम आचार्य रामचन्द्र शुक्ल ने एकांकी का विवेचन करते हुए लिखा है–"दो एक व्यक्ति अंग्रेजी में एक अंक वाले आधुनिक नाटक देखकर उन्हीं के ढंग के दो–एक एकांकी नाटक लिखकर उन्हें बिल्कुल नई चीज कहते हुए सामने आये। ऐसे लोगों को ध्यान रखना चाहिए कि एक अंक वाले कई उपरूपक हमारे यहाँ बहुत पहले से माने गये हैं।" आचार्य शुक्ल के मत से स्पष्ट है कि वे हिन्दी एकांकी को अंग्रेजी से प्रभावित मानते थे तथा इस प्रकार का आन्दोलन चलाने वालों को भारतीयता की दुहाई देकर नये प्रयोग की महत्ता के प्रति संदेह व्यक्त कर रहे थे। यद्यपि यह सत्य है कि संस्कृत में रूपक के दस भेदों में भाण, व्यायोग, ईहामृग, अंक और प्रहसन में एक ही अंक होते हैं तथा भारतेन्दु युग में भाण, नाट्यरासक तथा प्रहसन की रचना भी हुई है। इसी कारण शुक्ल जी की उपर्युक्त टिप्पणी को लेकर आलोचकों में दो वर्ग बन गये – एक वर्ग एकांकी को भारतीय परम्परा से जोड़कर इसका विकास भारतेन्दु से सिद्ध करने लगे। संस्कृत परम्परा को एकांकी का मूल रूप सिद्ध करने वालों में सरनाम सिंह एवं सद्गुरुशरण अवस्थी प्रमुख हैं। सरनाम सिंह ने इसे भारतीय परम्परा सिद्ध करते हुए लिखा है–"यह मानना नितांत भ्रामक होगा कि हिन्दी एकांकी के सामने कोई भारतीय आदर्श न था।" जबकि दूसरे वर्ग के समीक्षकों ने इससे भिन्न मत प्रकट किया है। ऐसे समीक्षकों में प्रकाश चन्द्र गुप्त, एस.पी. खत्री प्रमुख है। डॉ. एस.पी. खत्री के अनुसार, "कुछ समालोचक एकांकी का उद्गम संस्कृत–साहित्य से मानते हैं। परन्तु एकांकी लेखन जब बीसवीं सदी से आरम्भ हुआ, तो स्पष्ट है कि उस पर अंग्रेजी का प्रभाव है, न कि संस्कृत का।"

उपर्युक्त दोनों वर्गों के समीक्षकों का मत देखने से यह स्पष्ट हो जाता है कि दोनों वर्गों के समीक्षक किसी अतिवाद के शिकार हुये हैं। वस्तुतः एकांकी का विकास भारतीय परम्परा के आधार पर नहीं हुआ है, वरन् तकनीक, रंग–निर्देश, क्रिया–क्षिप्रता, गतिशीलता एवं सांकेतिकता का विकास अंग्रेजी एकांकी के आधार पर हुआ ही है, किन्तु उसकी कथावस्तु पूर्णतः भारतीय परम्परा से गृहीत हुई है। डॉ. रामचरण महेन्द्र के शब्दों में – "स्वयं अंग्रेजी से प्रभावित होने पर भी भारतेन्दु तथा उनके समकालीन एकांकी लेखकों में संस्कृत शैली का अनुकरण मिलता है।" इस भारतीय परम्परा के समर्थकों ने एकांकी का विकास भारतेन्दु से दिखाया है तथा उनके नाटकों को एकांकी का मूल रूप कहा है। यदि वस्तुतः भारतेन्दु एकांकी

के प्रवर्तक होते, तो उनके साहित्य में इस नई विधा के संकेत मिलते, किन्तु भारतेन्दु ने अपने नाटकों को अंकों में विभाजित किया है। यद्यपि यह भी सत्य है कि यदि उन्हें दृश्य कहा जाय, तो वे एकांकी ही प्रतीत होते हैं, परन्तु भारतेन्दु के मन में ऐसी कोई परिकल्पना नहीं थी, अतः एकांकी का विकास एक नई विधा के रूप में ही माना जा सकता है तथा इसे अंग्रेजी के प्रभाव स्वरूप ही विकसित माना जा सकता है।

अंग्रेजी साहित्य में भी एकांकी का विकास परवर्ती है। लंदन में एकांकी के विकास कारण भी मनोरंजक है। किसी नाटक की प्रस्तुति के पूर्व रंगमंच के समक्ष दर्शकों की पूर्व–उपस्थिति के कारण लघु नाटक प्रस्तुत किये जाते थे, जिसे 'करटेन रेजर' कहा जाता था। इसी क्रम में डब्ल्यू. जैकब की कथा का नाट्य–रूपान्तर 'Monkeys Paw' का प्रदर्शन हुआ, जिसे देखने के बाद दर्शकों ने मूल नाटक को देखे बिना ही प्रेक्षागृह को छोड़ दिया था। इसके पश्चात् पट उत्थानकों का प्रयोग तो बन्द हो गया, किन्तु कम समय में ही पूर्ण मनोरंजन क्षमता होने के कारण उनका प्रदर्शन अन्यत्र होता रहा। वैज्ञानिक युग में व्यस्त जीवनाकांक्षी व्यक्तियों ने इसे पसन्द भी किया, जिसके कारण एकांकी को लोकप्रियता मिली और इसे पृथक् विधा के रूप में मान्यता दी गई। इससे यह स्पष्ट हो जाता है कि एकांकी का स्वतन्त्र अस्तित्व प्रारंभ से ही रहा तथा उसका विकास नाटक के लघुरूप में कभी नहीं हुआ।

प्रश्न 3. मोहन राकेश के एकांकी 'बहुत बड़ा सवाल' के कथासार की व्याख्या कीजिए।

अथवा

"बहुत बड़ा सवाल" एकांकी का सार स्पष्ट कीजिए।

उत्तर– मोहन राकेश के इस एकांकी 'बहुत बड़ा सवाल' में कथा और घटनाओं का अभाव देखने को मिलता है। इस एकांकी में 'लो ग्रेड वर्कर्स वेलफेयर सोसायटी' की एक बैठक को विषय बनाया गया है। इस बैठक के एजेंडे से किसी भी सदस्य को पहले अवगत नहीं कराया गया है। बैठक की व्यवस्था स्कूल के एक छोटे से कमरे में की गई है, जिसमें ब्लैकबोर्ड को हटाकर कोने में रख दिया गया है। इसमें अध्यक्ष के लिए मास्टर की कुर्सी–मेज और सदस्यों के लिए बच्चों के डेस्क की व्यवस्था है। एकांकी का आरंभ एक तरह के कामों से ऊबे हुए राम भरोसे और श्याम भरोसे से होता है, जो कुर्सी–मेज और डेस्कों से धूल साफ कर रहे हैं। इस बैठक में शामिल होने वाले सदस्य इसे गंभीरता से नहीं लेते। वे केवल इसे समय बिताने का साधन समझते हैं। कुछ सदस्यों के आने पर भी बैठक के बारे में कोई बात नहीं होती। वे आपस में एक–दूसरे पर छीटांकशी करते हैं तथा अनुपस्थित अध्यक्ष के चरित्र पर लांछन लगाते हुए बहस करते रहते हैं। चाय और मूंगफली का दौर चलता रहता है। अध्यक्ष की अनुपस्थिति में एक सदस्य कपूर को अध्यक्ष बनाकर बैठक आरंभ करने का

प्रयास किया जाता है। परन्तु उसके संबोधन – 'भाइयों और बहनों' को लेकर फिर से एक लंबी बहस चल पड़ती है। आखिरकार जब बैठक का सेक्रेटरी कार्यवाही आरंभ करने का प्रयास करता है, तो अन्य सदस्य उसके असंबद्ध और उबाऊ भाषण के बीच में रोक-टोक और टीका-टिप्पणी करते रहते हैं। ले-देकर जब प्रस्ताव पढ़ने की बारी आती है, तो उसे पता चलता है कि प्रस्ताव उसकी फाइल से गायब हो गया है। वह जगह-जगह ढूंढता है और अंततः वह कूड़े के ढेर में मिलता है। जैसे ही वह प्रस्ताव का आरंभ पढ़ता है – 'हम लोग लो ग्रेड वर्कर्स वेलफेयर के सभी सदस्य।' इसी पर संशोधन के रूप में दो आपत्तियाँ उपस्थित हो जाती हैं और इनका समर्थन भी दो सदस्य कर देते हैं। बाद में इन संशोधनों को स्वीकार करके प्रस्ताव आगे पढ़ा जाता है। प्रस्ताव में प्रयुक्त तीन स्थानों पर 'निम्न स्तर' शब्द को लेकर लंबी बहस छिड़ जाती है। बहस को लंबा खिंचते देख पक्ष-विपक्ष में मतदान की स्थिति में बहुत से सदस्य खिसक जाते हैं। अंततः पूरे सदस्यों के अभाव में अध्यक्ष द्वारा मीटिंग बर्खास्त कर दी जाती है और बैठक निरर्थक हो जाती है।

प्रश्न 4. 'मोहन राकेश के एकांकी नाटक का कथ्य या अंतर्वस्तु' पर संक्षेप में टिप्पणी लिखिए।

उत्तर— मोहन राकेश का एकांकी नाटक अपने अन्दर जीवन की वास्तविकता से हमें परिचित कराता है। इस एकांकी में लेखक ने निम्न वेतन-भोगी कर्मचारियों की मध्यवर्गीय, विशेष रूप से निम्न मध्यवर्गीय मनोवृत्ति का कई कोणों से विश्लेषण किया है। पूरे देश में इस प्रकार के कर्मचारी एकजुट होकर अपनी समस्याओं के समाधान के लिए कभी सामूहिक संघर्ष नहीं कर सकते। वे आपस में ही लड़ते-झगड़ते हुए एक-दूसरे पर कीचड़ उछालते हैं, दूसरों की त्रुटियों की छानबीन करते हैं, अपनी बड़ी-से-बड़ी त्रुटि पर पर्दा डालते हैं या उसका औचित्य सिद्ध करते हैं। इसे ही एकांकीकार ने अपना विषय बनाया है।

इस एकांकी की अंतर्वस्तु का एक दूसरा महत्वपूर्ण पक्ष है, आधुनिकतावादी भावबोध की अलगाव की भावना। प्रस्तुत एकांकी के सभी पात्र, राम भरोसे, श्याम भरोसे को छोड़कर अलग-अलग व्यक्ति हैं, जो एक दूसरे को अपना विरोधी मानते हैं। वे अपने-अपने हितों को भी एक दूसरे से अलग मानते हैं। परस्पर ईर्ष्या-द्वेष उन सभी की एक समान विशेषता है। अवसरवादिता, अस्थिरता और अनिर्णय की अपनी स्थिति के कारण इस तथाकथित संगठन के सभी पात्र वृहत्तर समाज रूपी मशीन के पुर्जे बनकर रह गए हैं। समाज की इस वास्तविकता को ही एकांकीकार ने 'बहुत बड़ा सवाल' शीर्षक एकांकी की अंतर्वस्तु के रूप में प्रस्तुत किया है। अतः अलगाव, निरर्थकताबोध आदि आधुनिकतावादी भावबोध को भी इस एकांकी का एक विषय कह सकते हैं। जी.पी.एच. की पुस्तकों का मुख्य उद्देश्य ज्ञान के साथ-साथ अच्छे नम्बर दिलाना है।

प्रश्न 5. 'बहुत बड़ा सवाल' के चरित्र–विधान को स्पष्ट कीजिए।

अथवा

'बहुत बड़ा सवाल' एकांकी के चरित्र–विधान की विशेषताओं का वर्णन कीजिए।

उत्तर– चरित्र–चित्रण एकांकी का एक महत्त्वपूर्ण तत्त्व माना जाता है क्योंकि उन्हीं के माध्यम से लेखक अपने मूल कथ्य को कहने में सक्षम हो पाता है। इस एकांकी में अनेक पात्र हैं, परन्तु कोई भी पात्र एकांकी का केन्द्रीय पात्र नहीं बन पाता। इसका कारण है कि एकांकी में घटनाओं का नितांत अभाव है। राम भरोसे और श्याम भरोसे को छोड़कर किसी भी पात्र में जीवंतता नहीं दिखाई देती। शर्मा के चरित्र में अहंवादी प्रभाव दिखाई देता है। वह केवल राम भरोसे व श्याम भरोसे के प्रति अपनी अनुदारता का परिचय देता है। मनोरमा और संतोष नामक पात्र भी छिछलेपन व अवसरवादी प्रकृति का बोध कराते हैं। एकांकी में केवल गुरप्रीत ही ऐसी पात्र है, जो एकांकी के अंत तक शालीनता एवं समझदारी का परिचय देती है। वह बैठक के प्रति गंभीर दिखाई देती है और अन्य सदस्यों द्वारा दूसरों की बुराइयों के प्रति असन्तुष्टता का भाव व्यक्त करती है। वह 'प्लीज! प्लीज!' और 'दिस इज टू मच' कह कर निरन्तर अपना विरोध प्रकट करती रहती है। अध्यक्ष की अनुपस्थिति में एक सदस्य कपूर मीटिंग की अध्यक्षता करता है। वह भी अपनी नीयत और प्रकृति का पूरा परिचय देता है। शेष पात्रों में प्रेम प्रकाश, दीन दयाल, रमेश, मोहन, सत्यपाल आदि सभी एक विशेष निम्न मध्यवर्गीय वर्ग को परिलक्षित करते हैं। एकांकी का आरम्भ तथा अंत राम भरोसे एवं श्याम भरोसे नामक पात्रों से होता है। अपनी असहायता एवं अभावग्रस्तता के बावजूद केवल यही पात्र है, जो जीवन के यथार्थ से परिचित दिखाई पड़ते हैं।

प्रश्न 6. एकांकी के परिवेश का वर्णन कीजिए।

अथवा

'बहुत बड़ा सवाल' में मोहन राकेश ने कौन–से परिवेश का वर्णन किया है?

उत्तर– इस एकांकी में भारतीय समाज और राजनीति के सातवें दशक खासकर इंदिरा सरकार के बनने के बाद के परिवेश के बारे में बताया गया है। इस काल का स्पष्ट उल्लेख सत्यपाल नामक पात्र द्वारा एकांकी में हुआ है। वस्तुतः स्वाधीनता के बाद भारतीय समाज में जायज–नाजायज सभी प्रकार की स्वतंत्रता की भावना को स्वच्छंदता के रूप में बढ़ावा मिला। साठ के बाद के दशक में यह प्रवृत्ति अत्यंत बलवती हुई। स्वाधीनता से पूर्व शिक्षित मध्यवर्ग के एक बड़े समुदाय में जो प्रगतिशीलता और जागरूकता की भावना थी, वह स्वाधीनता के बाद धीरे–धीरे कुंठित होने लगी। साठ के बाद उसमें और अधिक गिरावट आई। सरकारी नौकरियों में कार्यरत मध्यवर्ग, विशेष रूप से शिक्षित निम्न मध्यवर्ग में एक विशेष प्रकार की मानसिकता का विकास हुआ। वह निम्न वर्ग के साथ अपना तालमेल बैठा

नहीं सकता था और उच्च मध्यवर्ग की तरह उच्च वर्ग में प्रवेश करने की महत्त्वाकांक्षा को भी पाल नहीं सकता था। अतः वह नीचे और ऊपर दोनों तरफ से कट कर अंतर्मुखी अर्थात् अपने-आप में सीमित और बंद होने लगा। एक औपचारिकता की पूर्ति के लिए उसने बहुत ही सीमित क्षेत्र के कल्याणकारी संगठनों का निर्माण भी किया, लेकिन सामूहिक एकता, व्यापक सरोकार और दायित्वहीनता के कारण इस प्रकार के संगठन प्रायः निर्जीव ही बने रहे। ऐसे परिवेश के शिक्षित निम्नमध्यवर्ग के एक छोटे से तबके या समुदाय को चुन कर मोहन राकेश ने उसे अपने एकांकी 'बहुत बड़ा सवाल' का विषय बनाया है।

अपने युगीन परिवेश के साथ किसी रचना में लेखक की अपनी मानसिकता का भी विशेष योगदान होता है। 1924 में जन्मे मोहन राकेश और 1925 में जन्मे हरिशंकर परसाई समकालीन रहे हैं। लेकिन अपने युगीन परिवेश के संदर्भ दोनों की मानसिक प्रतिक्रियाओं में पर्याप्त अंतर मिलेगा। परसाई में एक गहन राजनीतिक चेतना, व्यवस्था के विरोध का तीखा स्वर और सामाजिक प्रतिबद्धता मिलेगी, उसके दर्शन मोहन राकेश में नहीं होते। अतः अपनी सीमित, व्यक्ति केंद्रित, मानसिकता के कारण उनके एकांकी 'बहुत बड़ा सवाल' के अधिकांश पात्र अलग-थलग, आत्मबद्ध, एक-दूसरे के प्रति ईर्ष्या से ओत-प्रोत होकर कर्मचारी संगठन जैसी सार्थक संस्था को हास्यास्पद बना देते हैं। उसकी बैठकों को अपनी भड़ास निकालने का एक माध्यम बनाना अपने परिवेश के प्रति लेख के नितांत तटस्थ और उदासीन दृष्टिकोण का परिचायक है। अतः इस एकांकी के परिवेश पर गंभीरता से विचार कर इसका वर्णन किया गया है।

प्रश्न 7. 'बहुत बड़ा सवाल' के शीर्षक की सार्थकता पर विचार कीजिए।

उत्तर— एकांकी के संदर्भ में 'बहुत बड़ा सवाल' शीर्षक की सार्थकता पर विचार किया जा रहा है। वस्तुतः यह शीर्षक भी व्यंग्यात्मक है, जो एकांकी की अंतर्वस्तु को व्यंग्यमूलक बनाते हुए रचना के प्रतिपाद्य के साथ अत्यंत कुशलतापूर्वक जोड़ा गया है। अधिकांश पाठक और प्रायः आलोचक भी, 'बहुत बड़ा सवाल' शीर्षक को कर्मचारियों के हित से संबंध रखने वाले बड़े-बड़े सवालों या देश के सामने उपस्थित बड़े-बड़े मुद्दों से जोड़कर देखते हैं। इस एकांकी में निम्न वेतन भोगी कर्मचारियों की आवास-व्यवस्था का मुद्दा भी बैठक के प्रस्ताव का प्रमुख सवाल या मुद्दा ही है। बावजूद इसके, यह शीर्षक इस तरह के सवालों के महत्त्व को रेखांकित नहीं करता।

वस्तुतः इस एकांकी में सबसे बड़े सवाल के रूप में निम्न वेतन भोगी कर्मचारियों के माध्यम से शिक्षित निम्न मध्यवर्गीय मानसिकता पर कटाक्ष किया गया है। इनके बीच एकता का अभाव, अपने सामूहिक हितों के प्रति उदासीनता, अनुत्तरदायित्व पूर्ण वाद-विवाद, एक दूसरे को नीचा और हीन दिखाने की प्रवृत्ति, संगठित संघर्ष की अक्षमता आदि को इस

एकांकी में 'बहुत बड़ा सवाल' शीर्षक के द्वारा रेखांकित किया गया है। यही वह बहुत बड़ा सवाल है, जो आवास से संबंधित मुद्दे पर होने वाली बैठक को निरर्थक बना देता है। यहाँ सवाल अपने व्यंग्यार्थक आशय में निम्न मध्यवर्गीय चरित्र को ही अधिक रेखांकित करता है।

प्रश्न 8. 'बहुत बड़ा सवाल' एकांकी की संरचना–शिल्प पर प्रकाश डालिए।

अथवा

'बहुत बड़ा सवाल' एकांकी की संरचना–शिल्प की विशेषताओं का वर्णन कीजिए।

अथवा

'बहुत बड़ा सवाल' एकांकी की रंगमंचीयता पर विचार व्यक्त कीजिए।

अथवा

'बहुत बड़ा सवाल' एकांकी की संवाद योजना की विशेषताएँ बताइए।

उत्तर— इस एकांकी में संवादों का महत्त्व पर्याप्त गौण है जबकि एक दृश्य और विशेष रूप से रंगमंचीय विधा होने के कारण इसके लिए संवाद बहुत अधिक महत्त्व रखते हैं। नाटक और एकांकी की पूरी संरचना ही संवादों पर निर्भर करती है। इसलिए एकांकी के संरचना–शिल्प को भाषा और शैली के दो अलग–अलग भागों में बाँट कर समुचित ढंग से विवेचित–विश्लेषित नहीं किया जा सकता। रचना के ये दोनों उपकरण एकांकी में संवादों का अंग बन कर आते हैं, अतः इसकी भाषा और शैली के स्वरूप में काफी अंतर आ जाता है। नाटकीय संवादों की भाषा में पद–रचना, वाक्य–रचना के संदर्भ में व्याकरण के नियमों की पर्याप्त उपेक्षा मिलेगी। इसके साथ ही अनुतान (लहजा), बलाघात, दो शब्दों के बीच का अंतराल, विराम–चिह्नों, मनोभाव सूचक चिह्नों आदि के प्रयोग से भाषा में अभिव्यक्ति को अधिक प्रभावशाली बनाया जाता है।

एकांकी के संरचना–शिल्प की दूसरी महत्त्वपूर्ण विशेषता उसकी रंगमंचीयता है। एकांकी की रचना रंगमंच पर दिखाए जाने के उद्देश्य से होती है। इसलिए कुशल और सचेत एकांकीकार को अपनी ओर से कोष्ठकों में वातावरण, ध्वनि, छाया, प्रकाश, मंच–सज्जा, पात्रों की मनोदशा तथा आंगिक चेष्टाओं के संबंध में कुछ सुझाव, संकेत भी देने पड़ते हैं, जिन्हें पारिभाषिक शब्दावली में रंग–निर्देश कहा जाता है। अतः उपर्युक्त तथ्यों को ध्यान में रखकर रंगमंचीयता और संवाद–कौशल की दृष्टि से 'बहुत बड़ा सवाल' शीर्षक एकांकी के संरचना शिल्प पर विचार करना हमारे लिए अधिक उपयोगी और सार्थक होगा।

(1) रंगमंचीयता— एकांकी की प्रथम और मूलभूत विशेषता उसकी रंगमंचीयता है। इस संबंध में मोहन राकेश की मान्यता है कि 'लिखा गया नाटक एक हड्डियों के ढाँचे की तरह है, जिसे रंगमंच का वातावरण ही मांसलता प्रदान करता है।' इस एकांकी का रंगमंच अत्यंत सादा, सहज और स्वाभाविक है, जिसके लिए किसी साज–सज्जा के ताम–झाम की जरूरत

नहीं है। मंच के रूप में स्कूल का एक कमरा है, जिसमें ब्लैक बोर्ड को कोने में रखकर मीटिंग के लिए जगह तैयार की गई है। अध्यक्ष के लिए मास्टर की कुर्सी–मेज और सदस्यों के लिए बच्चों के डेस्क को झाड़–पोंछ कर तैयार कर दिया गया है। सामने दीवार पर संसार का एक बहुत बड़ा नक्शा लटक रहा है। कमरे में आने–जाने के लिए दोनों तरफ दरवाजे हैं। इससे स्पष्ट है कि रंगमंच तैयार करने के लिए किसी विशेष प्रयास की आवश्यकता नहीं है।

पात्रों के चयन के प्रश्न में, इनमें राम भरोसे और श्याम भरोसे दोनों स्कूल के पुराने कर्मचारी हैं। सरकारी कर्मचारी समुदाय से तीन स्त्री और सात पुरुष पात्र हैं, जिन्हें भारत के किसी भी छोटे–बड़े शहर में आसानी से जुटाया जा सकता है। स्थान और समय की एकता की दृष्टि से देखें तो पूरा एकांकी डेढ़–दो घंटे में एक कमरे के अंदर आसानी से प्रस्तुत किया जा सकता है। एक रंग–शिल्पी के रूप में मोहन राकेश ने ध्वनि, छाया प्रकाश आदि अनेक युक्तियों के योग द्वारा हिन्दी रंगमंच के क्षेत्र में अनेक प्रयोग किए हैं। लेकिन इस एकांकी में इन युक्तियों या उपायों का भी सहारा नहीं लिया गया है। अतः इसमें किसी बहुत कुशल, प्रशिक्षित निर्देशक की भी आवश्यकता नहीं है। दृश्य–योजना या दृश्य परिवर्तन के अभाव में इस नाटक का मंचन या उसे रंगमंच पर प्रस्तुत करना और भी आसान हो गया है। समय या काल तथा स्थान की एकता के साथ ही कार्य की एकता अर्थात् मात्र एक निश्चित मुद्दे पर बातचीत से संकलन त्रय की दृष्टि से भी यह एकांकी रंगमंचीयता की शर्त को पूरी करता है। यह बात दूसरी है कि जिस सवाल या मुद्दे पर विचार–विमर्श द्वारा एक निर्णय लेने के लिए मीटिंग का आयोजन किया गया है, उस पर गंभीर बातचीत न होकर दूसरे विषयों पर ही बातचीत अधिक होती है। यह विषयांतर एकांकी की अंतर्वस्तु और उसके प्रतिपाद्य से जुड़कर अत्यंत प्रासंगिक बन गया है। 'बहुत बड़ा सवाल' के रूप में लेखक ने इसे रेखांकित करना चाहा है। आपसी नोक–झोंक, छींटाकाशी, पारस्परिक ईर्ष्या–द्वेष एक–दूसरे से अलग–थलग रहकर निरर्थक कार्यों में लगे रहने की निम्न मध्यवर्गीय प्रवृत्ति का उद्‌घाटन इस विषयांतर से अच्छी तरह व्यक्त हो जाता है। इस प्रकार यह एकांकी रंगमंचीयता की सभी शर्तों को अच्छी तरह पूरी करने के कारण एक अत्यंत सफल एकांकी माना जा सकता है।

(2) संवाद–योजना—एकांकी में सहज–स्वाभाविक संवादों की योजना, इसका प्राण माना जाता है। इस एकांकी में मोहन राकेश ने अपनी आजमाई हुई तमाम सारी रंगमंचीय युक्तियों को छोड़कर अपने संवाद–कौशल का चरमोत्कर्ष प्रकट किया है। नाटक या एकांकी के संवाद अत्यंत चुस्त–दुरुस्त और छोटे होने चाहिए, जिनसे पात्रों की मनोदशा भी अच्छी तरह व्यक्त हो सके। इसके साथ ही रंगशाला (थिएटर) में उपस्थित दर्शकों पर भी उनका पूरा प्रभाव पड़ना चाहिए। वे यह न समझें कि नाटक देख रहे हैं। जीवन में साक्षात उपस्थित वास्तविक क्रिया–कलाप की सच्ची अनुभूति दर्शक कर सकें – यह महत्त्वपूर्ण कार्य संवादों के माध्यम से ही पूरा हो पाता है। लेखक ने इस कौशल का परिचय एकांकी के आरंभ में इस प्रकार दिया है—

'परदा उठने पर राम भरोसे और श्याम भरोसे डेस्कों से धूल झाड़ रहे हैं।'

श्याम भरोसे	:	(हाथ रोककर) राम भरोसे!
		राम भरोसे बिना सुने धूल झाड़ता रहता है।
	:	ए राम भरोसे!
राम भरोसे	:	(बिना हाथ रोके) क्या है?
श्याम भरोसे	:	इतनी धूल क्यों झाड़ता है? आहिस्ता से नहीं झाड़ा जाता? रोज-रोज की धूल से फेफड़े पहले ही खाए हुए हैं।
राम भरोसे	:	तो रोता क्यों है? जान पाँच बरस में नहीं जाएगी, चार बरस में चली जाएगी।

इन संवादों की सहजता दर्शक को पूरी तरह अपनी ओर आकृष्ट करने में सक्षम है। यह अशिक्षित कर्मचारियों की आपसी बातचीत है। मीटिंग में भाग लेने वाले शिक्षित पात्रों के संवाद उनके चरित्र को भी दर्शकों के सामने उद्घाटित कर देते हैं। इससे संबद्ध एक आरंभिक उदाहरण है–

"राम भरोसे और श्याम भरोसे दोनों दायीं तरफ के दरवाजे के बाहर बैठे हैं। राम भरोसे हाथ पर सुरती मलने लगता है। श्याम भरोसे ऊँघने की मुद्रा में टेक लगा लेता है। मनोरमा, संतोष और गुरप्रीत उसी दरवाजे से आती हैं। राम भरोसे आँखें उठाकर चिढ़ते हुए भाव से उन्हें आते देखता है।"

मनोरमा	:	क्या बात है, शर्मा? पहरा क्यों बिठा रखा है बाहर? मीटिंग में मारधाड़ तो नहीं होने वाली है।
शर्मा	:	(उठता हुआ) साढ़े पाँच बज गए आप लोगों के?
मनोरमा	:	अभी कोई भी तो नहीं आया, सिवाय हमारे।
शर्मा	:	साढ़े छह तक आराम से आएँगे लोग। वक्त की पाबंदी तो सिर्फ एक आदमी पर है। क्योंकि वह कम्बख्त सेक्रेटरी है।
संतोष	:	मैंने इसीलिए अपना नाम वापस ले लिया था। मुफ्त की सिरदर्दी।
मनोरमा	:	तूने इसीलिए नाम वापस ले लिया था कि शर्मा के खिलाफ तुझे तीन वोट भी नहीं मिलते! अवर शर्मा इज ग्रेट।
संतोष	:	लांग लिव शर्मा!
मनोरमा	:	(गुरप्रीत से) तू इतनी गुप-चुप क्यों है?
संतोष	:	शर्मा के सामने यह हमेशा गुप-चुप हो जाती है।
गुरप्रीत	:	प्लीज!

मंच पर उपस्थित होते ही यहाँ चारों पात्रों की नीयत और उनके चरित्र का पूर्वाभास दर्शक को हो जाता है, जो उनके विषय में अंत तक बरकरार रहता है। शिक्षित समुदाय में प्रचलित व्यवहार की भाषा में 'अवर शर्मा इज ग्रेट', 'लांग लिव शर्मा', 'प्लीज' आदि अंग्रेजी के शब्द अत्यंत स्वाभाविक हैं। मनोरमा और शर्मा के आरंभिक वाक्यों में हिंदी के वाक्य गठन, लहजे और प्रश्न के उत्तर में प्रश्न संवाद की भाषा को अधिक व्यंजक बनाता है। इसके साथ ही कमरे के बाहर का यथार्थ वातावरण पूरे दृश्य को प्रामाणिक बनाने में सहायक है। इसका दर्शक पर अत्यंत अनुकूल असर पड़ेगा।

आगे चलकर प्रेमप्रकाश, दीनदयाल, मोहन, रमेश, और सत्यपाल भी मंच पर उपस्थित होते हुए ही अपने संवाद या कार्यों द्वारा अपनी–अपनी नीयत और चरित्र का पूर्वाभास दर्शकों के सामने दे देते हैं। पूरे एकांकी में एकांकीकार ने अपने इस आरंभिक संकेत का कुशलतापूर्वक निर्वाह किया है। अतः हम कह सकते हैं कि 'बहुत बड़ा सवाल' शीर्षक एकांकी अपने संवाद–कौशल के कारण अत्यंत महत्त्वपूर्ण है। अपने सामाजिक–राजनीतिक परिवेश के प्रति लेखक की मानसिकता का स्वरूप चाहे जैसा हो, जीवन के प्रति उसकी दृष्टि, रूख–रुझान चाहे जैसी हो, लेकिन उसकी रंगमंचीय समझ और उसके संवाद–कौशल की दृष्टि से 'बहुत बड़ा सवाल' एक सफल एकांकी है। जी.पी.एच. की पुस्तकों का मुख्य उद्देश्य ज्ञान के साथ–साथ अच्छे नम्बर दिलाना है।

प्रश्न 9. मोहन राकेश की एकांकी 'बहुत बड़ा सवाल' के प्रतिपाद्य पर प्रकाश डालिए।

उत्तर– इस एकांकी का मूल प्रतिपाद्य है–निम्न मध्यवर्गीय मानसिकता को उजागर करना तथा उनकी विडम्बनाओं का चित्रण करना। इस समूह की प्रकृति के रूप में लेखक ने बताया है कि यह वर्ग स्वयं अपनी समस्याओं का समाधान गम्भीरता से नहीं करता, इसलिए यह वर्ग सदा पीड़ित एवं शोषित ही बना रहता है। इस प्रक्रिया में हमने देखा था कि शिक्षित निम्न मध्यवर्ग के सामने उपस्थित बड़े–बड़े सवाल लेखक के सामने उतने महत्त्वपूर्ण नहीं हैं, जितना बड़ा सवाल उस वर्ग का स्वयं का चरित्र है। इस चरित्र का उद्‌घाटन ही एकांकी का मूल प्रतिपाद्य है, जिसे एकांकीकार ने शिक्षित निम्न मध्यवर्गीय पात्रों की वार्ता के माध्यम से सम्पन्न किया है।

मोहन राकेश ने इस एकांकी में 'लो पेड वर्कर्स वेलफेयर सोसाइटी' की एक मीटिंग के संदर्भ में रोजगार शुदा शिक्षित निम्न मध्यवर्ग की एक विशेष मानसिकता को अपना विषय बनाया है। यह वर्ग कभी एकजुट होकर किसी बड़े और सामूहिक कार्य के लिए संघर्ष नहीं कर सकता। परस्पर एक–दूसरे पर कीचड़ उछालना, एक–दूसरे की निंदा करना, दूसरों पर छींटाकाशी करना ही जैसे उसका उद्देश्य बन गया है। सामाजिक और संगठन के कार्यक्रमों में

भी एक–दूसरे की टाँग खींचना, सार्थक कार्यों में बाधा उपस्थित करना, अपने व्यक्तिगत स्वार्थ और संकीर्ण विचारधारा को अधिक महत्त्व देना, अपने मन की गलाजत या क्षुद्रता को प्रदर्शित करना ही उसकी प्रकृति बन गई है। इस वर्ग–समुदाय से कुछ चुने हुए पात्रों के माध्यम से इस एकांकी में लेखक ने एक समूचे वर्ग के जीवन की कटु, विसंगत, कृत्रिम, पाखंडपूर्ण, क्षुद्र मनोवृत्ति का कलात्मक उद्‌घाटन किया है। यही इस रचना का प्रतिपाद्य है, जिसे रंगमंचीय कौशल के माध्यम से अत्यधिक प्रभावपूर्ण बनाकर दर्शकों के समक्ष प्रस्तुत किया गया है।

हमारे सामने किसी रचना के प्रतिपाद्य पर विचार करते हुए उसके समुचित मूल्यांकन का भी प्रश्न आता है। किसी रचना की प्रभावोत्पादकता मूल्यांकन के लिए कोई ऐसी कसौटी नहीं बन सकती, जो प्रतिपाद्य में व्यक्त लेखक की मूल्य–दृष्टि या जीवन–दृष्टि का औचित्य सिद्ध कर सके। इसलिए प्रतिपाद्य का मूल्यांकन करते हुए हमारे लिए यह भी देखना जरूरी हो जाता है कि उसके माध्यम से लेखक ने दर्शक और पाठक के सामने क्या संदेश प्रस्तुत किया है। इस दृष्टि से देखें तो ऐसा लगता है कि निम्न मध्यवर्ग की मानसिकता पर व्यंग्य करते हुए लेखक ने उसकी निरर्थकता के साथ ही संगठन की निरर्थकता को भी रेखांति कर दिया है। सामाजिक विकास के लिए समाज में परिवर्तन के लिए सामाजिक–वर्गीय संगठनों की महत्त्वपूर्ण भूमिका से इंकार नहीं किया जा सकता। यह सही है कि मध्यवर्ग अपनी दो मुँही प्रवृत्ति और ढुलमुल नीति के कारण किसी भी प्रकार के संगठन के प्रति अपने दायित्व का समुचित निर्वाह कर सकने में प्रायः असमर्थ रहा है। इस दृष्टि से एकांकी का प्रतिपाद्य एक वास्तविकता को सही ढंग से रेखांकित करने के कारण उचित माना जा सकता है, लेकिन अपने आग्रह–अनुरोध या संदेश में वह आशंका की गुंजाइश भी पैदा कर देता है। इससे दर्शक–पाठक के मध्य संगठन–विरोध की भावना को बल मिल सकता है। 'लो पेड वर्कर्स वेलफेयर सोसाइटी' जैसे संगठन की निरर्थकता और अराजकता इस ओर एक स्पष्ट संकेत है और यही इस एकांकी का प्रतिपाद्य भी है।

अध्याय 4

निबंध : जीने की कला
(महादेवी वर्मा)

भूमिका

निबंध गद्य लेखन की एक विधा है। लेकिन इस शब्द का प्रयोग किसी विषय की तार्किक और बौद्धिक विवेचना करने वाले लेखों के लिए भी किया जाता है। निबंध के पर्याय रूप में संदर्भ, रचना और प्रस्ताव का भी उल्लेख किया जाता है। लेकिन साहित्यिक आलोचना में सर्वाधिक प्रचलित शब्द निबंध ही हैं। सारी दुनिया की भाषाओं में निबंध को साहित्य की सृजनात्मक विधा के रूप में मान्यता आधुनिक युग में ही मिली है। आधुनिक युग में ही मध्ययुगीन धार्मिक, सामाजिक रूढ़ियों से मुक्ति का द्वार दिखाई पड़ा है। इस मुक्ति से निबंध का गहरा संबंध है। इस अध्याय में महादेवी वर्मा के निबंध 'जीने की कला' के बारे में बताया गया है। यह निबंध 'शृंखला का कड़ियाँ' शीर्षक संग्रह का अंतिम निबंध है। इस संग्रह में भारतीय नारी की लगभग सभी प्रमुख समस्याओं को विस्तार से विवेचित–विश्लेषित किया है।

प्रश्न 1. महादेवी वर्मा का संक्षिप्त जीवन–परिचय दीजिए।

उत्तर– महादेवी वर्मा का जन्म सन् 1907 ई. में एक शिक्षित परिवार में हुआ था। मात्र नौ वर्ष की आयु में उनका विवाह हो गया था। विवाह के पश्चात् वे इलाहाबाद आ गईं। यहाँ उन्होंने प्रयाग विश्वविद्यालय से संस्कृत में एम.ए. किया और प्रयाग महिला विद्यापीठ में काफी समय तक कार्य किया। पति की असामयिक मृत्यु के कारण इन्हें विधवा का जीवन व्यतीत करना पड़ा। अपने साहित्यिक जीवन में इन्हें 1956 में 'पदम् भूषण' और 1982 में हिन्दी साहित्य का सर्वोच्च 'ज्ञानपीठ पुरस्कार' से सम्मानित किया गया। उन्होंने साहित्य को अनेक विधाओं में लिखा है, परन्तु उनका मन काव्य में अधिक रमा है। उनकी कविताओं में विरह–वेदना, मिलनाकांक्षा और रहस्यमय आलौकिक प्रेम की अनुभूति दिखाई देती है। महादेवी का व्यक्तित्व उनके गद्य में अधिक व्यक्त हुआ हैं। गद्य में उन्होंने पशु–पक्षियों तथा शोषित व उत्पीड़ित जनजीवन के प्रति अपनी गहरी संवेदना व्यक्त की है। उनकी गद्य रचनाओं में प्रमुख हैं, 'अतीत के चलचित्र', 'क्षणदा', 'मेरा परिवार' आदि। उनका पूरा गद्य साहित्य मूलतः समाज पर आधारित है, जबकि उनका काव्य साहित्य पूरी तरह आत्मकेन्दित है। उनके गद्य व पद्य के अन्तर का यदि संक्षेप में कहा जाए, तो वे दो परस्पर भिन्न किन्तु अत्यन्त कुशल व्यक्तियों की रचनाएँ लग सकती हैं। 'जीने की कला' निबन्ध 'शृंखला की कड़ियाँ' नामक संग्रह से लिया गया है, जिसमें उन्होंने नारी समस्या को मुख्य विषय बनाया है। अतः यह कहा जा सकता है कि अपने सम्पूर्ण साहित्यिक जीवन में महादेवी एक कर्मनिष्ठ, संवेदनशील, सामाजिक कुरीतियों की विरोधी के रूप में दिखाई देती हैं।

प्रश्न 2. 'निबंधः जीने की कला' को अपने शब्दों में लिखिए।

अथवा

'जीने की कला' निबंध में किस प्रकार नारी–दुर्दशा के लिए एक सीमा तक नारियों को भी जिम्मेदार बताया गया है। वर्णन कीजिए।

अथवा

'जीने की कला' निबंध के सार का उल्लेख कीजिए।

उत्तर– 'जीने की कला' निबंध 'शृंखला की कड़ियाँ' शीर्षक संग्रह का अंतिम निबंध है। इस पूरे संग्रह में महादेवी ने नारी समस्या के अनेक पहलुओं पर विस्तार से विचार किया है। प्रस्तुत निबंध में जीने की कला को केंद्र में रखकर भारतीय नारी की दुर्दशा के मूलभूत कारणों को अत्यंत तर्कसंगत ढंग से प्रस्तुत करने का प्रयास किया गया है।

सबसे पहले महादेवी जी ने जीने की कला के लिए जीवन के उच्च सिद्धांतों और उनकी सही व्यवहार को अनिवार्य सिद्ध किया है। ये दोनों एक–दूसरे पर पूर्णतः निर्भर है। व्यवहार–विहीन सिद्धांतों का बोझ ढोने वाला मनुष्य उस पशु के समान है, जिसे बिना जाने ही शास्त्रों और

धर्मग्रंथों का भारवाहक बनना पड़ता है। उनकी स्पष्ट मान्यता है कि सत्य, अहिंसा, क्षमा आदि मानवी गुणों को हम सिद्धांत रूप में जानकर भी न समाज का उपकार कर सकते हैं और न ही अपना भला। परिस्थिति, स्थान, काल–विशेष में इनके वास्तविक अर्थ और यथार्थ को समझकर ही हम इन्हें उपयोगी और मानवीय बना सकते हैं। एक निर्दोष व्यक्ति के प्राणों की रक्षा के लिए बोला गया असत्य और की गई हिंसा सत्य और अहिंसा से श्रेष्ठ माना जाएगा। इसी तरह एक क्रूर अत्याचारी के क्षमा करने वाले क्रोधजित (क्रोध पर काबू पाने वाले) से दण्ड देने वाला क्रोधी लोगों के लिए आदर्श बन सकता है।

इस निबंध में सिद्धांतों का विरोध किया गया है। इस संबंध में महादेवी की स्पष्ट मान्यता है कि जीवन के सिद्धांत जीवनयापन के मार्ग–निर्देशक आदर्श हैं, उनके प्रकाश में ही हम जीवन का सही लक्ष्य प्राप्त कर सकते हैं। लेकिन हमने जीवन को उचित कार्य से विमुख कर उसके व्यवस्थापक नियमों या सिद्धांतों को ही अपने पैर की बेड़ियाँ बना ली, फलस्वरूप लक्ष्य तक पहुँचने की इच्छा भी भूल गए। निबंधकार ने भारतीय नारी की दुर्दशा के सामाजिक–आर्थिक और सांस्कृतिक–धार्मिक कारणों को विस्तार से विवेचित–विश्लेषित किया है। भारतीय नारी के शोषण की समस्या पर विचार करते हुए महादेवी जी ने यह स्वीकार किया है कि उसमें वे सभी गुण विद्यमान हैं, जिनसे किसी अन्य देश की नारी देवी बन सकती है। उसमें सहन–शक्ति, त्याग, आत्म–बलिदान, पवित्रता आदि की पराकाष्ठा दिखायी देती है। अपने इन गुणों के कारण भारतीय नारी में हमारी संस्कृति का वह कोष सुरक्षित है, जिसकी रक्षा किसी अन्य के द्वारा संभव नहीं थी। आज भी वह त्यागमयी माता, पतिव्रता पत्नी, स्नेहमयी बहन और आज्ञाकारिणी पुत्री है, जबकि अत्यंत विकसित देशों की स्त्रियाँ अपने भौतिक सुखों के लोभ में अपनी युगों पुरानी संस्कृति का परित्याग कर चुकी हैं। भारतीय नारी को त्याग, बलिदान और स्नेह के नाम पर सब कुछ न्योछावर करना आता है।

विधवा–समस्या और बाल–विवाह पर अत्यंत भावुक ढंग से विचार करते हुए महादेवी जी ने नारी का एक अत्यंत करूण चित्र प्रस्तुत किया है। 'हिंदू गृहस्थ की दुधमुँही बालिका से शापमयी युवती में परिवर्तित होती हुई विधवा' एक अज्ञात व्यक्ति के लिए अपने हृदय की तमाम इच्छाओं को निर्ममतापूर्वक कुचल देती है। सतीत्व और संयम के नाम पर तमाम सारी यंत्रणाएँ झेलते हुए भी वह दूसरों के अमंगल के भय से दो बूंद आँसू और आह भी नहीं निकाल सकती।

भारतीय आचार संहिता में नारी के लिए अत्यंत उच्च आदर्श और सिद्धांत प्रतिष्ठित हैं। महादेवी जी ने लिखा है कि एक ओर उसे अर्धांगिनी (पुरुष का आधा अंग) के उपहास का भार ढोना पड़ता है तो दूसरी ओर सीता–सावित्री के अलौकिक तथा पवित्र आदर्श से उसे दबा दिया जाता है। इन उच्चादर्शों से दबी–कुचली वह एक खरीदी गई सेविका की भाँति अपने शराबी, दुराचारी तथा जानवर से भी नीचे गिरे स्वामी (पति) की सेवा में लगी रहती है।

पति के अमानुषिक दुर्व्यवहार को सहन करने के बावजूद देवताओं से अगले जन्म में भी उसी का संग पाने का वरदान मांगने वाली पत्नी सभी को आश्चर्य में डाल देती है। पिता के एक इशारे पर अपने सारे रंगीन स्वप्नों को दफनाकर बिना आह भरे अयोग्य-से-अयोग्य पुरुष की पत्नी बनने को तैयार पुत्री नारी जीवन के अभिशाप को साकार करती है। पिता की सम्पत्ति और वैभव का उपभोग करने वाले भाई की कलाई पर रखी बांधने वाली दरिद्र बहन का स्नेह देखकर चकित रह जाना पड़ता है। दायित्वहीन अपने अनेक पुत्रों द्वारा उपेक्षित और निरादृत माँ का चोट खाया हुआ हृदय जब पुत्रों की कल्याण-कामना करता है तो स्त्री-स्वभाव की गरिमा साकार हो जाती है। लेखिका ने नारी की इन कमजोरियों के कारण उसे निस्पंद शव कहा है। वे उसकी निष्क्रियता की प्रशंसा करने में अपने को असमर्थ पाती है। क्योंकि अपनी सहनशीलता, त्याग और बलिदान की प्रशंसा सुनते-सुनते वह इसे अपने धर्म का अंग मान बैठी है। लेखिका इस जड़ता से उसकी मुक्ति चाहती है।

आज के वैज्ञानिक और युत्र-युग में दासता के इस पुराने किंतु दृढ़ यंत्र के निर्माण-कौशल पर महादेवी ने आश्चर्य प्रकट करते हुए लिखा है कि 'इसमें मूक यंत्रणा सहने वाला व्यक्ति ही सहायता देने वाले के कार्य में बाधा डालता रहा है।' बाल्यावस्था से ही लड़की अपने आपको पराये घर की वस्तु मानने लगती है, जिसमें न जाने की इच्छा भी उसके लिए पाप है।

इस संबंध में उनकी स्पष्ट मान्यता है कि अपने स्वार्थ के कारण पुरुष समाज का कलंक है और नारी अपनी अज्ञानमय सहिष्णुता के कारण पाषाण की तरह उपलेक्षणीय। दोनों के मनुषत्व-युक्त मनुष्य हो जाने पर ही जीने की कला का विकास होगा। इसके बाद ही सहनशीलता, सक्रियता, सहानुभूति, त्याग, स्नेह आदि गुण व्यापक रूप से मानव-समाज के विकास में सहायक होंगे। जीवन को सुंदर और उपयोगी रूप प्रदान करने वालों को सिद्धान्तों से संबंध रखने वाली अंतर्मुखी शक्तियों को पूरे विकास की सुविधाएँ देनी ही पड़ेंगी। जब तक आंतरिक तथा बाहरी विकास एक-दूसरे पर निर्भर होकर एक-दूसरे के साथ जुड़कर आगे नहीं बढ़ जाते, तब तक हम जीने की कला नहीं जान सकते।

प्रश्न 3. 'जीने की कला' निबन्ध की अंतर्वस्तु पर प्रकाश डालिए।

अथवा

भावों और विचारों के आपसी संबंध को स्पष्ट कीजिए।

उत्तर– इस निबन्ध में महादेवी जी ने 'जीने की कला' को अपना विषय बनाया है। परन्तु निबंध में कला की बारीकियों के विवेचन-विश्लेषण को अंतर्वस्तु न बनाकर भारतीय समाज में नारी के शोषण और उसकी दुर्दशा के सामाजिक, धार्मिक तथा आचारशास्त्रीय कारणों पर प्रकाश डाला है। अतः इसमें सामाजिक विचार ही अधिक प्रकट हुआ है। अतः निबंध की अंतर्वस्तु समाजशास्त्रीय रूप ग्रहण कर लेती है। 'शृंखला की कड़ियाँ' शीर्षक संग्रह

की भूमिका में महादेवी जी ने लिखा है कि 'विचार के क्षणों में मुझे गद्य लिखना ही अच्छा लगता रहा है, क्योंकि उसमें अपनी अनुभूति ही नहीं बाह्य परिस्थितियों के विश्लेषण के लिए भी पर्याप्त अवकाश रहता है।' लेकिन इस संबंध में आपको ध्यान रखना पड़ेगा कि महादेवी एक भावुक कवयित्री भी रही हैं। इसलिए निबंध में स्थान-स्थान पर अपनी निजी भावनाओं को अत्यंत भावुकतापूर्वक उन्होंने प्रतिपादित किया है। विचारों के साथ इसमें उनकी भावना का भी समुचित योगदान है। अतः यहाँ अंतर्वस्तु की दृष्टि से उनके विचार पक्ष और भाव पक्ष – दोनों का अलग-अलग विवेचन किया गया है—

(1) **विचार पक्ष**—'जीने की कला' निबंध 'शृंखला की कड़ियाँ' संग्रह का अंतिम निबंध है। इस संग्रह को महादेवी जी ने भारतीय नारी को समर्पित करते हुए लिखा है – 'जन्म से अभिशप्त, जीवन से संतप्त, किंतु अक्षय वात्सल्य-वरदानमयी भारतीय नारी को।' इससे स्पष्ट है कि संग्रह के अन्य निबंधों के साथ ही प्रस्तुत निबंध भी भारतीय नारी की समस्या से संबद्ध है। समस्या प्रधान होने के कारण इसे विचारधारात्मक निबंध भी कहा जा सकता है। इसमें महादेवी जी मुख्य रूप से एक चिंतक और विचारक के रूप में हमारे सामने उपस्थित होती हैं। समस्या के विश्लेषण में उन्होंने अपनी समाजशास्त्रीय सोच का पूर्ण परिचय दिया है।

महादेवी जी ने इस निबंध में अपनी नारी-विषयक चिंता को अत्यंत व्यापक सामाजिक संदर्भ दिया है। इस प्रक्रिया में उन्होंने सर्वप्रथम किसी कार्य के दो आवश्यक पक्षों को सामने रखा है – एक सिद्धांत पक्ष और दूसरा उसका क्रियात्मक या व्यवहार पक्ष। इन दोनों पक्षों के परस्पर सहयोग से ही किसी कार्य का समुचित संपादन संभव है। जिस तरह सिद्धांत के अभाव में कोई कार्य अंधे की छलांग मात्र बनकर रह जाता है, उसी प्रकार, उसके मानवोपयोगी व्यवहार के बिना सिद्धांत मंत्रोच्चारण करने वाले तोते की वाणी की तरह निरर्थक सिद्ध हो जाता है। इस तथ्य को महादेवी ने विस्तार के साथ, कई उदाहरणों से पुष्ट करते हुए, अत्यंत प्रभावशाली पृष्ठभूमि के रूप में उपस्थित किया है। इसके बाद वे अपनी मूल समस्या पर आती हैं।

महादेवी ने जीने को एक कला मानते हुए लिखा है कि 'आज तो जीने की कला न जानने का अभिशाप देश-व्यापक है, परंतु विशेष रूप से स्त्रियों ने इस अभिशाप के कारण जो सहा है, उसे सहकर जीवित रहने का अभिमान करने वाले विरले ही मिलेंगे।' संस्कार रूप में भारतीय नारी के पास वे सारे सिद्धांत और आदर्श मौजूद हैं, जिन्हें मानवीय गुणों की संज्ञा दी जाती है। वात्सल्य, ममता, स्नेह, पातिव्रत्य से लेकर आज्ञाकारिता, त्याग, सहनशीलता, सहिष्णुता, पवित्रता आदि के रूप में उसके पास भारतीय संस्कृति का एक अक्षय कोष है, जिसकी सुरक्षा किसी अन्य द्वारा संभव नहीं है। अपने इन गुणों के बावजूद वह उपेक्षित, अपमानित, प्रताड़ित, अधिकारविहीन, व्यक्तित्वहीन प्राणी बनकर रह गई है। इस स्थिति के लिए एक सीमा तक नारी को उत्तरदायी मानकर अपना आक्रोश व्यक्त करते हुए महादेवी जी

ने लिखा है कि वह जीने की कला नहीं जानती। इसलिए वह गुणों को चरम सत्य और निरपेक्ष मानकर उन्हीं के भार से निस्सहाय की तरह दबी रहती है। अपने त्याग, बलिदान, सहिष्णुता और पवित्रता की शक्ति को पहचान कर, उनकी उपयोगिता को समझकर वह प्रतिकार, प्रतिरोध और अपने अधिकार के लिए तत्पर नहीं हो पाती। वह नहीं समझती कि इन महान मानवीय गुणों में कर्त्तव्य के साथ ही अधिकार भी समाविष्ट है।

महादेवी जी ने इस निबंध में नारी-दुर्दशा का कारण स्वयं नारियों को ही न मानकर पुरुष प्रधान भारतीय समाज के विभिन्न हथकंडों को सबसे बड़ा कारण सिद्ध किया है। हिंदू समाज ने सीता, सती, सावित्री के आदर्श के साथ नारी-जीवन से जुड़े मानवीय गुणों का ऐसा मिश्रण तैयार किया है, जिसने नारी को अपनी प्राचीन गौरव-गाथा का प्रदर्शन मात्र बनाकर रख दिया है। पुरुष-निर्मित सारे शास्त्र, पुराण, आचार-संहिता आदि में पुरुष की अर्धांगिनी मानते हुए भी नारी को किसी प्रकार का अधिकार नहीं दिया गया है। अपने सहज संस्कार से नारी ने इसे अपनी मर्यादा स्वीकार कर ली है। लेकिन यह मर्यादा पुरुष प्रधान समाज द्वारा निर्धारित है, जिसे मानने के लिए उसे विवश किया गया है या विवश होना पड़ा है।

महादेवी ने इस पूँजीवादी युग में नारी-दुर्दशा के एक नए पक्ष पर भी विचार किया है। संपत्ति का उत्तराधिकारी होने के कारण पुरुष को धनोपार्जन का दायित्व संभाल लेने के बाद धन की सत्ता के साथ ही उसे अधिकार की सत्ता भी सहज ही प्राप्त हो गई। इसके साथ ही, धर्म और सामाजिक विधि-विधानों का निर्माता होने के कारण वह अपने-आपको अधिक स्वच्छंद रखने के साथ नारी को कठिन-से-कठिन बंधन में बाँधने में समर्थ हो सका है। अपने युग के संदर्भ में महादेवी जी ने इस तथ्य को विशेष रूप से रेखांकित किया है कि नारी को बाँध रखने का सामाजिक, धार्मिक तथा आर्थिक उपकरणों से बना हुआ यह यंत्र इतना पूर्ण और कारगर साबित हुआ है कि उसमें ढलकर स्त्री केवल सफल दासी के रूप में ही निकल सकी। उसकी योग्यता, कला, उसके सारे गुण – कोमलता, सौंदर्य, करुणा, त्याग, पवित्रता आदि उसके व्यक्तित्व के अंग और समाज-कल्याण के लिए न होकर केवल पुरुष (पति) को इच्छानुकूल बनाने वाले साधन मात्र बनकर रह गए। उसे पुरुष के मनोरंजन और उसकी वंश-वृद्धि का उपकरण मात्र बना दिया गया।

इस निबंध की अंतर्वस्तु को हम संक्षेप में प्रस्तुत करना चाहें तो कह सकते हैं कि नारी को न पुत्री के रूप में अधिकार है, न माता के रूप में, न पत्नी के रूप में और न बहन के रूप में ही। विधवा के रूप में तो उसकी जो दारूण स्थिति है, वह अवर्णनीय है। उपर्युक्त विवेचन से स्पष्ट है कि महादेवी के इस निबंध में उनके नारी विषयक सामाजिक चिंतन और विचारों की प्रधानता है।

(2) भाव पक्ष—महादेवी जी एक भावुक कवयित्री रही हैं। इस निबंध में भी उनकी निजी भावना लगातार चिंतन और विचारों पर अपना दबाव बनाए रखती है। इस संबंध में आपकी

जानकारी के लिए जो दूसरी आवश्यक बात है, वह यह कि भाव और विचार में परस्पर विरोध नहीं, वे एक–दूसरे के पूरक हैं। अनुभव ही विचारों का आधार होता है। अनुभव निजी संदर्भों तक सीमित रखने का भाव रहता है, लेकिन वही समाज के बाहरी संबंधों के बीच कट–छँट और सँवर कर विचार, बुद्धि और विवेक का रूप धारण कर लेता है। भाव के साथ हर स्थिति में कर्त्तव्य का भी एक हल्का बोध समाहित रहता है लेकिन वही जब विवेक–युक्त विचार का रूप धारण करता है, तो कर्त्तव्य–बोध अधिक व्यापक और तीव्र हो जाता है। महादेवी के संबंध में भी भाव और विचार की यही स्थिति है। इस संदर्भ में एक तीसरी बात भी आपको ध्यान में रखनी होगी। महादेवी एक स्त्री थीं, जिन्हें की अकाल मृत्यु के बाद लंबे समय तक विधवा का जीवन व्यतीत करना पड़ा था। जीवन में उन्होंने बहुत–सी उत्पीडित स्त्रियों और विधवाओं की सहायता भी की थी और संस्मरणों और रेखाचित्रों में उन्हें अमर भी बनाया है। इसलिए नारी–समस्या, विशेषकर की दुर्दशा के कारणों पर अत्यंत तर्कसंगत ढंग से विचार करते हुए भी मार्मिक स्थलों पर वे पर्याप्त भावुक हो जाती हैं। इसे अच्छी तरह समझने के लिए निबंध के कुछ भाव–विह्वल प्रसंगों पर विचार करना आवश्यक है 'जीर्ण–से–जीर्ण कुटीर में बसने वालों में भी कदाचित ही कोई ऐसा अभागा निर्धन होगा जिसके उजड़े आंगन में एक भी सहनशीला, त्यागमयी, ममतामयी स्त्री न हो।' वस्तुतः यहाँ चिंतन या विचार की अभिव्यक्ति न होकर आत्मानुभव आधारित भाव ही व्यक्त है। इसे स्त्री की गरिमा का तटस्थ विश्लेषण नहीं कहा जा सकता। इस संदर्भ में दूसरा उदाहरण है 'स्त्री किस प्रकार अपने हृदय को चूर–चूर कर पत्थर की देव–प्रतिमा बन सकती है यह देखना हो तो हिंदू गृहस्थ की दुधमुंही बालिका से शापमयी युवती में परिवर्तित होती हुई विधवा को देखना चाहिए, जो किसी अज्ञात व्यक्ति के लिए अपने हृदय के समान प्रिय इच्छाएँ कुचल–कुचल कर निर्मूल कर देती है, सतीत्व और संयम के नाम पर अपने शरीर और मन को आमानुषिक, यंत्रणाओं को सहने का अभ्यस्त बना लेती है। वस्तुतः यह एक बाल विधवा का (जिसने अपने पति को जाना–समझा भी नहीं) भावना–प्रसूत करुण चित्र है। हिंदू कन्या, हिंदू गृहणी, हिंदू माँ, हिंदू बहन आदि के ऐसे तमाम चित्र इस निबंध में हैं, जो अनुभव–प्रसूत भावना–प्रधान ही कहे जाएँगे। लेकिन इस प्रकार के भावात्मक स्थल निबंध के चिंतन और विचार–प्रधान स्वरूप को कहीं खंडित नहीं करते। इसके विपरीत, ऐसे स्थल विचार पक्ष की पुष्टि करते हुए उसे सरस, आकर्षक और पठनीय बनाते हैं।

प्रश्न 4. 'जीने की कला' निबंध के परिवेश के बारे में बताइए।

अथवा

निबंध के रचना–युगीन भारतीय परिवेश को ध्यान में रखकर सिद्ध करें कि महादेवी ने नारी समस्या का यथार्थ चित्रण किया है।

उत्तर– 'जीने की कला' निबंध को 1934 में लिखा गया था, जब भारत एक पराधीन देश था। उस समय का सामाजिक–राजनीतिक परिवेश बहुत अलग था। आज का परिवेश बहुत बदल गया है, इसलिए इस निबंध में व्यक्त स्त्री–विषयक मान्यताओं को लेकर लोगों के मन में आशंका हो सकती है। जहाँ एक ओर स्वाधीनता आंदोलन अपने चरमोत्कर्ष पर था, वहीं दूसरी ओर अछूतोद्धार आंदोलन, नारी–मुक्ति आंदोलन के साथ ही समाज–सुधार के बहुत से आंदोलन भी चल रहे थे। इसके साथ ही अनाथाश्रम, विधवाश्रम, सेवाश्रम, वेश्या–सुधार आश्रम के रूप में अनेक प्रकार के आश्रमों की स्थापना का देश–व्यापी प्रयास हो रहा था। उस काल में स्त्रियों की स्थिति काफी सोचनीय थी। पर्दा–प्रथा, बाल–विवाह, पुनर्विवाह, विधवा–विवाह आदि विषयों के पक्ष–विपक्ष में तमाम तरह की दलीलें दी जा रही थीं। स्त्री–शिक्षा के साथ ही राजनीति और नौकरियों में उसके प्रवेश को लेकर भी काफी विवाद की स्थिति थी। 'चाँद', 'माया' आदि जैसी पत्रिकाएँ इसके लिए खुला मंच बनी हुई थीं। ऐसे वातावरण में 'चाँद' में प्रकाशित नारी विषयक महादेवी की टिप्पणियाँ पर्याप्त महत्त्व रखती हैं। यह निबंध भी उन टिप्पणियों की ही एक कड़ी है। उस समय तक शिक्षा, सामाजिक कार्य, राजनीतिक आंदोलन, सरकारी नौकरियों आदि में नारी के लिए कोई स्थान नहीं था। परिवार और समाज में वह पूर्ण रूप से उपेक्षित थी।

स्वाधीनता के पश्चात्, विशेष रूप से भारतीय संविधान के निर्माण के बाद उसे सभी क्षेत्रों में पुरुषों के बराबर अधिकार की गारंटी की गई। इसके बावजूद व्यवहार में उसके साथ प्रायः भेद बरता जाता रहा। शोषण, उत्पीड़न और प्रताड़ना की परंपरा अब काफी शिथिल हुई है, फिर भी महादेवी ने जिन समस्याओं को उठाया है, वे अव भी प्रासंगिक है। सिद्धांत और व्यवहार की जिस अभेद्य खाईं का उन्होने प्रतिपादन किया है, वह आज भी पर्याप्त मात्रा में वर्तमान है। शिक्षा, सार्वजनिक और निजी क्षेत्रों की नौकरियों में उनकी भागीदारी बढ़ी है। आर्थिक क्षेत्र में भागीदारी के बावजूद वे परंपरागत संस्कारों के पंजे से पूरी तरह मुक्त नहीं हुई हैं। उसकी योग्यता, कला, शिक्षा आदि अब भी अधिकांशतः पति की प्रतिष्ठा का उपकरण बना हुआ है। बावजूद इसके नारी की स्थिति अब वैसी नहीं है, जैसी महादेवी के इस निबंध के रचनाकाल में थी। 'श्रृंखला की कड़ियाँ' शीर्षक संग्रह की भूमिका में महादेवी ने स्वयं इस प्रकार का विश्वास प्रकट किया है, 'भारतीय नारी भी जिस दिन अपने संपूर्ण प्राणवेग से जाग सके उस दिन उसकी गति रोकना किसी के लिए संभव नहीं।..... समस्या का समाधान समस्या के ज्ञान पर निर्भर है और यह ज्ञान ज्ञाता की अपेक्षा रखता है। अतः अधिकार के इच्छुक व्यक्ति को अधिकारी भी होना चाहिए।' महादेवी की यह मान्यता आज भी उनकी नारी–विषयक मान्यता की प्रासंगिकता है। महादेवी जी ने इस निबंध के माध्यम से आज के नारी–मुक्ति आंदोलन के लिए एक ठोस जमीन प्रस्तुत की है।

आज भी पुरुष के कंधे–से–कंधा मिलाकर समान अधिकार का उपयोग करने वाली नारियों की संख्या बहुत कम है। क्योंकि पूँजीवादी सामाजिक व्यवस्था का ढाँचा आज भी इतना दृढ़ है कि वह आसानी से नारी को मुक्ति की सांस नहीं लेने देगा। लोकसभा में उनके लिए 30 प्रतिशत आरक्षण का मामला इसका ज्वलंत उदाहरण है, जो अनेक अवरोधों का सामना कर रहा है। इस प्रकार, निबंध के युगीन सामाजिक परिवेश की वर्तमान युग के सामाजिक–राजनीतिक परिवेश से तुलना करें तो हम महादेवी जी के आग्रह–अनुरोधों से अब भी प्रेरणा ले सकते हैं।

प्रश्न 5. 'जीने की कला' निबंध में 'महादेवी वर्मा के व्यक्तित्व की अभिव्यक्ति हुई है।' टिप्पणी कीजिए।

अथवा

महादेवी के व्यक्तित्व की प्रमुख विशेषताओं का वर्णन कीजिए।

उत्तर— महादेवी वर्मा की जीवन–शैली की अनेक विशेषताएँ, इस निबंध में उजागर हुई हैं—उदारता, सहानुभूति, करूणा, सेवा–भाव तथा परदुखकातरता। महादेवी जी के व्यक्तित्व की एक अन्य विशेषता है नारी–सुलभ, कोमल हृदय और कवि–सुलभ भावुकता। इन दोनों गुणों को उन्होंने बड़े प्रभावशाली ढंग से व्यक्त किया है। भारतीय नारी का दुराचारी और पशु से भी गिरे हुए पति के प्रति समर्पण का भाव, सम्पन्न भाइयों की कलाई पर राखी बांधने वाली दुखियारी बहन का चरित्र, अपने अनेक कुपुत्रों के अपमान व उपेक्षा को भूलकर एक ममतामयी माँ को उनकी कल्याण–कामना करते देख महादेवी वर्मा का नारी हृदय विह्वल हो जाता है।

अन्याय के प्रति विरोध करना भी महादेवी वर्मा के व्यक्तित्व का एक हिस्सा रहा है। पुरुष प्रधान समाज में भी वह नारी की समस्याओं का वर्णन करने में सकुचाती नहीं है। उन्होंने जीवन में अनेक कष्टों का सामना किया है। पति की असमय मृत्यु के कारण उनका जीवन वैधव्य में व्यतीत हुआ है। अतः वे नारी की पीड़ा को बड़े करीब से समझ सकती है। वे चाहती हैं कि नारी अपने परम्परागत ढाँचे को तोड़कर स्वयं भी जीने की कला को समझे।

महादेवी जी का व्यक्तित्व अत्यंत संयत और संतुलित है। उनकी यह विशेषता उनकी रचना शैली के माध्यम से व्यक्त हुई है। अपने प्रतिरोध–प्रतिकार, स्वीकृति–अस्वीकृति, आग्रह–अनुरोध, विधि–निषेध को वे इतने संयत, संतुलित ढंग से प्रस्तुत करती हैं कि उनके कहने का प्रभाव अपने आत्मीय जन द्वारा कही गई बात की तरह जान पड़ता है। प्राचीन साहित्यकारों ने इसे 'कांता सम्मति उपदेश' की संज्ञा दी है। इसका उदाहरण निबंध में देखा जा सकता है, जब सिद्धांत के पुजारी तथा रूढ़िवादी लोगों की आलोचना करते हुए वे लिखती हैं—"यदि हम बिना सिद्धांत समझे उनको अनुपयुक्त करते रहें, तो हमारी क्रिया बिना अर्थ समझे मंत्रपाठी शुक की तरह निरर्थक हो उठेगी।"

वह स्त्रियों को दयनीय स्थिति के लिए कुछ हद तक स्त्रियों को जिम्मेदार मानती हैं, क्योंकि वह मानवीय गुणों के बारे में तो सब जानती हैं, परन्तु उन्हें जीने की कला नहीं आती, जिसके अभाव में उनका जीवन कष्टकारी बन जाता है। इस प्रकार निबंध में आदि से अंत तक महादेवी वर्मा अपने व्यक्तित्व की छाप छोड़ती हैं।

प्रश्न 6. 'जीने की कला' निबंध के संरचना–शिल्प पर चर्चा कीजिए।

अथवा

'जीने की कला' निबंध की भाषा संबंधी विशेषताओं पर टिप्पणी कीजिए।

उत्तर— निबंध के संरचना–शिल्प में साहित्य की अन्य गद्य विधाओं जैसे कहानी, उपन्यास, नाटक आदि से काफी अंतर देखने को मिलता है। निबंध को गद्य की कसौटी माना जाता है। एक चुस्त–दुरुस्त और सुगठित विधा के कारण निबंध में भाषा और शैली, दोनों के विषय में लेखक को पर्याप्त सावधानी बरतनी पड़ती है। इस दृष्टि से रचनाकार अधिक स्वतंत्रता का उपयोग नहीं कर सकता। हरिशंकर परसाई ने अपनी व्यंग्यात्मकता के दबाव के कारण निबंध की भाषा–शैली के मान्य सिद्धांतों की अवहेलना करके भी अपने रचना–कौशल का पूर्ण परिचय दिया है, लेकिन निबंध के लिए प्रायः भाषा का मिश्रित और बोलचाल वाला रूप वर्जित है। महादेवी जी ने इस दृष्टि से आचार्य रामचन्द्र शुक्ल और आचार्य हजारी प्रसाद द्विवेदी के आदर्शों का समन्वित रूप प्रस्तुत किया है।

संरचना–शिल्प की दृष्टि से भाषा और शैली पर अलग–अलग विचार करके निबंध की विशेषताओं को समझा जा सकता है।

(1) भाषा—चूँकि निबंध को एक सुगठित और सुचिंतित रचना कहा जाता है, इसलिए इसमें भाषा के व्याकरण–सम्मत, स्तरीय और परिनिष्ठित रूप को स्वीकार करना पड़ता है। महादेवी ने हिंदी गद्य के तत्सम प्रधान संस्कृत–निष्ठ रूप का आग्रह छोड़कर हिंदी के अपने तद्भव-तत्सम युक्त स्तरीय रूप को स्वीकार किया है। इसे प्रसाद गुण (सरल) सम्पन्न साधु (सहज) भाषा की संज्ञा दी जा सकती है। इसको एक उदाहरण के माध्यम से आसानी से समझा जा सकता है—

'प्रत्येक कार्य के प्रतिपादन तथा प्रत्येक वस्तु के निर्माण में दो आवश्यक अंग हैं – तद्विषयक विज्ञान (विशेष ज्ञान) और उस विज्ञान का क्रियात्मक प्रयोग। बिना एक के दूसरा अंग अपूर्ण ही रहेगा, क्योंकि बिना प्रयोग के ज्ञान प्रमाणहीन है और बिना ज्ञान के प्रयोग आधारहीन।'

यहाँ प्रत्येक कार्य, प्रतिपादन, निर्माण, तद्विषयक, विज्ञान, प्रमाणहीन, आधारहीन जैसे संस्कृत के तत्सम शब्द बहुत सारे तद्भव शब्दों के साथ जुड़कर हिंदी की प्रकृति के अनुकूल सहज भाषा का स्वरूप प्रस्तुत करते हैं। यह सहजता ही महादेवी की भाषा को प्रवाहशील बनाती है, जिसमें शब्द–विन्यास का महत्त्वपूर्ण योगदान है।

आचार्य रामचंद्र शुक्ल ने निबंध को गद्य की कसौटी माना है तो संस्कृत के प्राचीन काव्यशास्त्रियों ने 'गद्यं कवीनां निकषं वदन्ति' कहकर गद्य को कवियों की कसौटी स्वीकार किया है। महादेवी या किसी भी कवि की सफल काव्य–भाषा का आधार उसकी गद्य–भाषा की प्रवीणता ही है। लेकिन एक कवि के गद्य में उसकी काव्यात्मक भाषा के योगदान को भी अस्वीकार नहीं किया जा सकता। महादेवी जब किसी मार्मिक प्रसंग का विश्लेषण करने लगती हैं, तो उनकी कवि–सुलभ भावुकता अत्यंत सहज रूप से काव्यात्मक प्रभाव से उसे सुशोभित कर देती है–

'स्त्री किस प्रकार अपने हृदय को चूर–चूर कर पत्थर की देव–प्रतिमा बन जाती है, यह देखना हो तो हिंदू गृहस्थ की दुधमुंही बालिका से शापमयी युवती में परिवर्तित होती हुई विधवा को देखना चाहिए..... जो सतीत्व और संयम के नाम पर अपने शरीर और मन को अमानुषिक यंत्रणाओं के सहने का अभ्यस्त बना लेती है और इसपर भी दूसरों के अमंगल के भय से आँखों में दो बूंद जल भी इच्छानुसार नहीं आने दे सकती।'

उपर्युक्त तथ्यों के आधार पर कहा जा सकता है कि महादेवी की गद्य–भाषा निबंध–रचना की सभी अपेक्षाओं को पूरी करने वाली व्याकरण–सम्मत, तद्भव–तत्सम शब्दों से युक्त अत्यंत सहज भाषा है। लेकिन जीवन के मार्मिक प्रसंगों में वह काव्यात्मकता का दामन भी थाम लेती है।

(2) शैली—महादेवी के इस निबंध का विषय समस्या–मूलक होने के कारण इसमें प्रमुख रूप से विवेचनात्मक शैली का ही प्रयोग किया गया है। विवेचनात्मक शैली की मूलभूत विशेषता है कि इसमें बुद्धि, विवेक और तर्क–वितर्क की प्रधानता होती है। विषय की व्याख्या, उसके विश्लेषण, उसके पक्ष–विपक्ष का खण्डन–मण्डन करते हुए प्रायः भावना या अनुभूति का सहारा नहीं लिया जाता या अपेक्षाकृत बहुत कम लिया जाता है। लेकिन इस निबंध की विवेचनात्मक शैली में हमें भावनात्मक आग्रह का स्वर स्थान–स्थान पर तीव्रता से प्रकट होता हुआ दिखाई देता है। वैसे 'जीने की कला' निबंध का आरंभ कला के सिद्धांत और व्यवहार पक्ष की परस्पर निर्भरता से होता है। इसे स्पष्ट करने के लिए महादेवी ने चित्रकला को उदाहरण के रूप में लिया है, और उसके माध्यम से अन्य कलाओं के लिए सिद्धांत और व्यवहार–दोनों की आवश्यकता को रेखांकित किया है। इसके बाद महादेवी जी 'जीने की कला' विषय पर आती हैं।

महादेवी जी ने 'जीने की कला' को कला सिद्ध करते हुए अन्य कलाओं की तरह उसमें भी सिद्धांत और व्यवहार पक्ष की अनिवार्यता पर जोर दिया है। विषय का विवेचन करते हुए उन्होंने स्पष्ट किया है कि जीवन के लिए निर्धारित सिद्धांत–उचित अवसर पर उपयुक्त प्रयोग के बिना निरर्थक होकर अनावश्यक बोझ बन जाते हैं। इस प्रक्रिया में अपनी मान्यताओं की पुष्टि के लिए उन्होंने कई उदाहरण भी दिए हैं। मंत्रोच्चार करने वाले तोते की वाणी की

निरर्थकता को रेखांकित करते हुए उन्होंने सिद्धांतों के सही अर्थ की जानकारी और कल्याणकारी प्रयोग के अभाव में उन्हें निरर्थक और अहितकारी बताया है। इसी तरह जीवन के लिए स्वीकृत कुछ प्रमुख सिद्धांतों – 'सत्य ब्रूयात', क्षमता, दया, स्वामिभक्ति आदि का भी उदाहरण के रूप में उपयोग किया है। लेकिन इनके उपयुक्त और कल्याणकारी प्रयोग के महत्त्व को रेखांकित करते हुए उन्होंने लिखा है कि किसी निर्दोष की प्राण–रक्षा के लिए बोला गया असत्य सत्य से श्रेष्ठ माना जाएगा। इसी तरह किसी अत्याचारी को क्षमा करने वाले व्यक्ति से उसे दण्ड देने वाला क्रोधी व्यक्ति संसार के लिए अधिक महत्वपूर्ण हो जाता है और एक क्रूर स्वामी की अन्यायपूर्ण आज्ञा का पालन करने वाले सेवक से उसका विरोध करने वाला सेवक अधिक स्वामिभक्त कहलाएगा। जीवन के लिए निर्धारित अन्य सिद्धांतों के संबंध में यही सत्य है और रहेगा भी।

महादेवी जी जीवन में सिद्धांत और व्यवहार की इस वास्तविकता का विवेचन–विश्लेषण करने के बाद नारी–जीवन के अभिशाप की मूल समस्या पर आती हैं। उन्होंने पूरे विवेचन विश्लेषण के साथ बताया है कि भारतीय नारी त्याग, तप, बलिदान, सहनशीलता, सहिष्णुता, पवित्रता, स्नेह, ममता आदि की प्रतिमूर्ति है। इन भारतीय मूल्यों और आदर्शों को निष्ठापूर्वक वहन करते हुए भी आज वह समाज में शोषित और प्रताड़ित हो रही है। क्योंकि वह इन मूल्यवान सिद्धांतों के वास्तविक महत्त्व और उनकी शक्ति से अनभिज्ञ है। इसलिए वह जीने की कला नहीं जानती। माँ के रूप में, पत्नी के रूप में, बहन और पुत्री के रूप में घर परिवार और बाहर – सभी जगह उसे यातना का शिकार बनना पड़ता है। इस वास्तविकता को उन्होंने तर्कसंगत ढंग से पूरे विवेचन–विश्लेषण के साथ प्रस्तुत किया है।

नारी समस्या की गंभीरता और उसके मूल कारणों की समाजशास्त्रीय व्याख्या के बावजूद वे अत्यंत मार्मिक स्थलों पर भाव–विह्वल होकर भावात्मक शैली का भी प्रयोग करने लगती हैं। पतिव्रता, सद्गृहिणी, आज्ञाकारी पुत्री, ममतामयी माँ, स्नेहिल बहन, सतीत्व और संयम के नाम पर यंत्रणा झेलने वाली बाल–विधवा आदि के प्रसगों में वे अत्यंत भावुक होकर प्रायः चित्रात्मक और भावात्मक शैली का प्रयोग करने लगती हैं। ऐसे प्रसंगों में वे 'कौन ऐसा कठोर होगा जिसकी आँखों में आँसू न आ जाएँ', 'किसका हृदय विदीर्ण नहीं हो जाएगा' आदि जैसे भावोच्छास–युक्त वाक्यों का प्रयोग करने से नहीं चूकतीं। पूरे निबंध में स्थान–स्थान पर प्रयुक्त होने वाली भावात्मक शैली और स्वानुभूत तथ्य विवेचनात्मक शैली के नीरस विवेचन–विश्लेषण में सरसता लाने के साथ ही निष्कर्षों को यथार्थ और अधिक प्रामाणिक भी बना देते हैं।

महादेवी की विवेचनात्मक शैली में सिद्धांत निरूपण या सिद्धांतों की पुनर्व्याख्या का विशेष प्रयास न होकर उनकी व्यवहारात्मकता पर ही अधिक जोर है। इसलिए तर्क–वितर्क और बौद्धिकता के स्थान पर उन्होंने स्वानुभूत अनुभवों का सहारा अधिक लिया है। अतः

नारी उत्पीड़न की समस्या की गंभीरता ही पाठक को अधिक आंदोलित करती है। यही उनका लक्ष्य भी रहा है, जिसमें उन्हें पूरी तरह सफलता प्राप्त हुई है। जी.पी.एच. की पुस्तकों का मुख्य उद्देश्य ज्ञान के साथ-साथ अच्छे नम्बर दिलाना है।

प्रश्न 7. 'जीने की कला' निबंध का शीर्षक और प्रतिपाद्य स्पष्ट कीजिए।
अथवा
'जीने की कला' निबंध के प्रतिपाद्य के सबसे महत्त्वपूर्ण पक्ष को समझाइए।

उत्तर— निबंध में शीर्षक को कोई विशेष महत्ता नहीं दी जाती। कभी-कभी तो उसे अपने विचारों के प्रतिपादन का बहाना मात्र बना लिया जाता है। लेकिन विषयनिष्ठ निबंधों के लिए शीर्षक के विषय में निबंधकार को पर्याप्त सावधानी बरतनी पड़ती है। ऊपर-ऊपर से देखने पर प्रतीत होता है कि शीर्षक से इस निबंध की अंतर्वस्तु तथा प्रतिपाद्य का कोई विशेष संबंध नहीं है। लेकिन इस निबंध का गहन अध्ययन करने के बाद आप समझ गए होंगे कि महादेवी जी ने 'जीने की कला' शीर्षक को प्रतिपाद्य के साथ किस कौशल से जोड़ा है। इस शीर्षक के संबंध में जो दूसरी महत्त्वपूर्ण बात है, वह यह है कि इस निबंध को इलाहाबाद से प्रकाशित होने वाली 'चाँद' पत्रिका की सम्पादकीय टिप्पणी के रूप में 1934 में लिखा गया था। ऐसी कई टिप्पणियों को एकत्र कर 'शृंखला की कड़ियाँ' शीर्षक से 1942 में उसे पुस्तकाकार रूप दिया गया। इस संग्रह के विभिन्न शीर्षकों को आप देखें तो पत्रकारिता और उसके युगीन दबाव का अनुभव आप स्वयं कर सकेंगे। 'हमारी शृंखला की कड़ियाँ', 'नारीत्व का अभिशाप', 'युद्ध और नारी', 'घर और बाहर', 'हिंदू स्त्री का पत्नीत्व : जीवन का व्यवसाय', 'स्त्री के अर्थ-स्वातंत्र्य का प्रश्न', 'समाज और व्यक्ति' तथा 'जीने की कला।' 1930-40 के मध्य स्वाधीनता आंदोलन के साथ ही नारी-मुक्ति आंदोलन का भी बोलबाला था। 'हिंदू स्त्री का पत्नीत्व', 'नारीत्व का अभिशाप' आदि विषयों पर महादेवी जी लिख चुकी थीं। इन रचनाओं में भी उन्होंने नारी के जीवन पर अनेक कोणों से प्रकाश डाला था। इस निबंधात्मक टिप्पणी को 'जीने की कला' शीर्षक देकर पत्रिका के पाठकों को आकृष्ट करने का प्रयास भी इसमें निहित है, जो पत्रकारिता की एक अनिवार्य आवश्यकता है। लेकिन कला को नारी-जीवन की शैली से जिस प्रकार महादेवी ने जोड़ा है, उससे शीर्षक प्रतिपाद्य के साथ सार्थक ढंग से जुड़ जाता है।

लेखक किसी एक निश्चित उद्देश्य से प्रेरित होकर ही कोई रचना करता है। वह उद्देश्य ही रचना का प्रतिपाद्य होता है। इस निबंध में भी महादेवी जी का एक निश्चित उद्देश्य रहा है, जिसे इसका प्रतिपाद्य कहा जा सकता है।

नारी जीवन के अभिशाप के लिए सबसे पहले नारी को ही जिम्मेदार सिद्ध करते हुए लेखिका ने पूरी सहानुभूति के साथ उसे सचेत और जागरूक बनाने का प्रयास किया है।

सतीत्व, पातिव्रत्य, त्याग, बलिदान, सहनशीलता, करुणा, स्नेह, ममता के ऊँचे आदर्शों के खूँटे से बंधकर जिस प्रकार उसने अपने–आपको असहाय बना दिया है, उसे छोड़कर वह इन आदर्शों के मानवीय महत्त्व और लक्ष्य को समझे। उपर्युक्त आदर्श कर्तव्य के बंधन मात्र न होकर अधिकार के भी साधन भी हैं। उसे इन सिद्धांतों या आदर्शों को अपने पैरों की बेड़ियाँ न बनाकर इन्हें अपने जीवन के विकास और उत्थान के लिए उपयोग में लाना चाहिए। इस तथ्य का प्रतिपादन निबंध में अनेक संदर्भों और उदाहरणों द्वारा किया गया है। इस निबंध के प्रतिपाद्य का एक दूसरा भी पक्ष है, जिसका संबंध पुरुष और पुरुष प्रधान समाज के विधि–निषेधों और उसके विभिन्न हथकण्डों से है। इस पक्ष का विवेचन–विश्लेषण करते हुए लेखिका ने पुरुष समुदाय को सावधान किया है कि वह अपनी हरकतों से बाज आए। इसमें पहला हथकण्डा है – सीता, सती, सावित्री आदि जैसी नारियों के आदर्श और महान मानवीय गुणों को नारियों से जोड़कर उसे अपनी प्राचीन गौरवगाथा का प्रदर्शन मात्र बना देना। इस गौरव के बोझ को नारी मूक और निरीह भाव से वहन करती आ रही है। पुरूष समुदाय के इस षडयंत्र का भी लेखिका ने पर्दाफाश किया है। इस संबंध में पुरूष समुदाय के जिस दूसरे हथकण्डे को लेखिका ने विशेष रूप से प्रतिपादित किया है, वह है पूँजीवादी युग में धन, अधिकार और धर्म की सत्ता का पुरूषों के हाथ में होना। धन और अधिकार के बल पर आज वह शास्त्र और समाज के नियमों का निर्माता बनकर अपने को अधिक–से–अधिक स्वच्छंद रखकर नारी को कठिन–से–कठिन बंधन में बांधने में समर्थ बन गया है। इस स्थिति का खुलासा कर महादेवी जी ने केवल पुरुष समुदाय को ही सावधान नहीं किया है वरन् नारी समुदाय को भी इस हथकण्डे के प्रति जागरूक बनाया है।

उपर्युक्त विवेचन–विश्लेषण से स्पष्ट हो जाता है कि निबंध का प्रतिपाद्य भारतीय नारी–जीवन के अभिशाप के विभिन्न पक्षों–पहलुओं का उद्घाटन करते हुए उनके कारणों से अवगत कराकर नारी समुदाय को जागरूक बनाना है। यहाँ लेखिका ने अपनी ओर से नारी समस्या के लिए कोई समाधान नहीं प्रस्तुत किया है। यह कमी आपको महसूस हो सकती है। लेकिन 'शृंखला की कड़ियाँ' शीर्षक संग्रह में 'अपनी बात' के अंतर्गत लेखिका ने इसे स्पष्ट करते हुए लिखा है कि 'समस्या का समाधान समस्या के ज्ञान पर निर्भर है और ज्ञान ज्ञाता की अपेक्षा रखता है। अतः अधिकार के इच्छुक व्यक्ति को अधिकारी भी होना चाहिए।' यह मान्यता आज से लगभग साठ वर्ष पहले व्यक्त की गई थी, जो आज ज्वलंत रूप से एक सच्चाई बनी हुई है और हम सबके लिए विचार का एक महत्त्वपूर्ण विषय है।

अध्याय
5

आत्मकथा : जूठन
(ओमप्रकाश वाल्मीकि)

भूमिका

साहित्य में आत्मकथा किसी लेखक द्वारा अपने ही जीवन का वर्णन करने वाली कथा को कहते हैं। यह संस्मरण से मिलती–जुलती लेकिन भिन्न है। जहाँ संस्मरण में लेखक अपने आसपास के समाज, परिस्थितियों व अन्य घटनाओं के बारे में लिखता है वहाँ आत्मकथा में केंद्र लेखक स्वयं होता है। आत्मकथा हमेशा व्यक्तिपरक होती है, यानि वह लेखक के दृष्टिकोण से लिखी जाती है। इस अध्याय में ओमप्रकाश वाल्मीकि की आत्मकथा 'जूठन' का वर्णन किया गया है। 'जूठन' दलित समाज और उनकी निम्नता का अहसास करवाता है। उसमें बताया गया है कि दलितों की परिस्थिति से जूझते हुए आगे बढ़ना बहुत साहस का काम है, जहाँ जीने के लिए भी हर पल कठिनाइयों का सामना करना पड़ता है। जहाँ हर पल अपमान और तिरस्कार मिलता हो, उसमें इसे अपनी नियति न मानकर आगे बढ़ने का हौसला रखना शायद दुनिया का सबसे कठिन काम होगा।

प्रश्न 1. ओमप्रकाश वाल्मीकि का जीवन परिचय दीजिए।

उत्तर– ओमप्रकाश वाल्मीकि का जन्म 30 जून, 1950 को उत्तर प्रदेश के मुजफ्फरनगर जनपद के वरला गाँव में एक अभावग्रस्त चूहड़े या भंगी परिवार में हुआ था। उन्होंने बाल्यावस्था से युवावस्था तक अनेक यातनापूर्ण परिस्थितियों का सामना किया। उन्होंने ऑर्डिनेंस फैक्ट्री के सम्मानित पद को प्राप्त के लिए अथक प्रयास किया। नौकरी के बावजूद उनकी साहित्य में विशेष रुचि है। इसलिए वे साहित्य के क्षेत्र में भी सक्रिय रहे हैं।

इनका एक कविता संग्रह और एक कहानी संग्रह 'सलाम' भी प्रकाशित हो चुका है। इन्होंने कविता और कहानी के अतिरिक्त आलोचनात्मक लेख एवं आत्मकथा भी लिखी, जिसमें इन्होंने दलित साहित्य का प्रतिनिधित्व सफलतापूर्वक किया है।

प्रश्न 2. "जूठन" निबन्ध का सार स्पष्ट कीजिए।

अथवा

अम्बेडकर साहित्य को पढ़ने के बाद लेखक ने महात्मा गाँधी के अछूतोद्धार के संदर्भ में अपनी क्या प्रतिक्रिया व्यक्त की थी?

उत्तर– इस आत्मकथा में वर्णित गाँव उस समय के भारतीय गाँव की स्थिति को स्पष्ट करता है। यह सारे गाँव वर्ण व्यवस्था पर आधारित हैं। नीची समझी जाने वाली जातियों जैसे – भंगियों, चमारों, धोबियों आदि जातियों के घर, ऊँची समझी जाने वाली जातियों से अलग बसे होते थे। ये बहुत ही गंदी बस्तियाँ होती थीं। उसके बाद लेखक ने ऊँची जातियों विशेषकर त्यागियों के बुरे व्यवहार की चर्चा भी की है कि वे किस प्रकार गाली–गलौज के साथ भंगी जाति के लोगों को प्रताड़ित करते थे। उनकी जिन्दगी कुत्ते–बिल्ली की जिन्दगी से भी बदतर बना दी गई थी। नीची जातियों के स्पर्श को भी पाप समझा जाता था। हालांकि स्वतंत्रता प्राप्ति के बाद अछूतों के लिए स्कूलों की व्यवस्था भी की गई, परन्तु वहाँ भी अध्यापकों द्वारा ऊँची जातियों के बीच भेद किया जाता था। लेखक को भी बड़ी मुश्किल से एक सरकारी स्कूल में प्रवेश मिला, परन्तु वहाँ का हेडमास्टर कलीराम लेखक को पढ़ने की बजाय स्कूल की सफाई का काम सौंप देते थे और जब लेखक ने इसका विरोध किया, तो उसे स्कूल से निकाल दिया गया। अपने पिता के प्रोत्साहनपूर्ण साहस के कारण वह अनेक यातनाओं को सहकर भी पाँचवीं कक्षा तक की शिक्षा प्राप्त करने में सक्षम हो जाता है। नीची जातियों द्वारा अधिक से अधिक काम कराना और उसके बदले में ऊँची जातियों द्वारा उन्हें सताये जाने की लेखक ने बेहद हृदयस्पर्शी तरीके से व्यक्त किया है। अपनी आत्मकथा में 'जूठन' शब्द की व्याख्या करते हुए वे बताते हैं कि जूठन कैसे एक अमानवीय प्रथा बन गई थी। शादी–विवाह के अवसरों पर मेहमानों द्वारा खाना खाने के बाद जूठी पत्तलों को दरवाजे के बाहर टोकरे लेकर बैठे चूहड़ों को दे दिया जाता था, जिन्हें घर ले जाकर वे कुछ जूठन खा

लेते थे और बची हुई जूठन को भविष्य के लिए सुखाकर सुरक्षित करके रख लेते थे। इस प्रसंग का जिक्र करते हुए लेखक ने बताया है कि उसकी माँ ने भी सुखदेव सिंह की लड़की की शादी में पंद्रह दिन तक कार्य किया और विवाह के बाद जब उसने अपने बच्चों के लिए जूठन की माँग की, तो सुखदेव सिंह ने उसे गाली-गलौज कर चलता होने को कहा। परन्तु लेखक की माँ ने हिम्मत नहीं हारी और बड़े साहस से चौधरी का विरोध किया और उसके बाद लेखक के परिवार ने कभी जूठन नहीं खाई। अंत में लेखक बताता है कि जब वह उच्च पद पा जाता है, तो पच्चीस-तीस वर्ष बाद सुखदेव सिंह अपने पोते के किसी इंटरव्यू के सिलसिले में उसके घर जाता है और सम्मानपूर्वक भोजन करता है। इस प्रकार लेखक ने पूरी आत्मकथा में अपने विद्यार्थी जीवन के अंशों का उल्लेख किया है।

प्रश्न 3. 'जूठन' की अंतर्वस्तु का विश्लेषण कीजिए।
अथवा
'जूठन' की अंतर्वस्तु की मुख्य विशेषताओं पर प्रकाश डालिए।

उत्तर— इस आत्मकथा में लेखक ने अपने जीवन की पीड़ा, यातना और पग-पग पर उपस्थित होने वाले विरोध भाव आदि दलित जीवन की यंत्रणा-मुक्ति के उद्देश्य से परिचालित हैं। अतः यह आत्मकथा स्वयं की व्यथा-कथा बन जाती है। इस आत्मकथा में आरंभ से अंत तक लेखक ने स्वयं के माध्यम से दलित जीवन की असहायता, विवशता और हर तरह के अत्याचारों के साथ सवर्णों या ऊँची जातियों द्वारा स्वीकृत वर्ण व्यवस्था, ब्राह्मण वर्चस्व, सामाजिक-राजनीतिक व्यवस्था, सामंती मानसिकता आदि के प्रति विद्रोह भावना के रूप में अपनी तीव्र मानसिक प्रतिक्रिया व्यक्त की है। इसलिए आत्मकथा की अंतर्वस्तु असमानतामूलक जाति पर आधारित भारतीय समाज-रचना की एक गंभीर समस्या अर्थात् दलित जीवन की त्रासदी मानी जा सकती है।

इस आत्मकथा में लेखक का सामाजिक चिंतन भी स्थान-स्थान पर उजागर हुआ है। लेकिन चिंतनगत निष्कर्ष के आधार उसके जीवनानुभव ही बने हैं। चिंतन के लिए चिंतन अर्थात् मुक्त चिंतन में उसका विश्वास नहीं है। उसने खुलकर अछूत और दलित जीवन की त्रुटियों को भी उजागर किया है। भूत-प्रेत, देवी-देवता, झाड़-फूँक, भगत-ओझा, टोना-टोटका में उसका विश्वास, कर्म-फल और भाग्य के प्रति उसकी आस्था आदि उसके जीवन के अभिशाप को और तीखा बनाती हैं। इसके लिए लेखक ने अशिक्षा और रूढ़िवादिता को कारण अवश्य बताया है, लेकिन शिक्षित और संपन्न होने के बावजूद अछूतों द्वारा अपने जातिसूचक 'सरनेम' को छिपाने के पीछे के मानसिक द्वंद्व को दर्शाता है तथा अलगाव के डर, जातिवादी मानसिकता के कारण अदलितों द्वारा दलितों के किए जाने वाले तिरस्कार और हेय दृष्टि से बचने का यह एक प्रयास भी है। जाति प्रथा से जूझने के लिए समानतामूलक

समाज की आवश्यकता को लेखक ने शिद्दत से महसूस किया है। सामाजिक बदलाव से ही इस समस्या का समाधान होने की संभावना और यही दलित जीवन के उद्धार का एकमेव मार्ग हो सकता है। लेखक को दलित मुक्ति का जो मार्ग अभिप्रेत है वही दलित जीवन में व्याप्त भयानक शोषण और उत्पीड़न को दूर करने का एकमात्र सही कदम है। ऊँची जातियों के स्तर तक पहुँचने की होड़ का भी उसने खुलकर चित्रण किया है। इससे लगता है कि मात्र शिक्षा और आर्थिक स्तर में सुधार के माध्यम से ही दलित जीवन का उद्धार वह संभव नहीं मानता। समस्या का जो भयावह रूप लेखक द्वारा उजागर किया गया है, वह कई स्तरों पर, कई कोणों से इससे मुक्ति पाने के लिए प्रेरित करता है।

प्रश्न 4. 'जूठन' आत्मकथा के रचनाकार के चरित्र–विश्लेषण की मूलभूत विशेषताओं को स्पष्ट कीजिए।

उत्तर– 'जूठन' आत्मकथा के माध्यम से ओमप्रकाश वाल्मीकि ने समाज की क्रूरता, जाति भेद, गरीबी, अशिक्षा, अत्याचार का वर्णन किया है। चरित्र–चित्रण का संबंध पात्रों से होता है। आत्मकथा या लेखन में आत्मकथाकार ही खुद प्रमुख पात्र होता है। आत्मकथा रचनाकार के चरित्र का एक प्रामाणिक दस्तावेज होती है। लेकिन इसके लिए एक आवश्यक शर्त है कि रचनाकार अपने बारे में पूरी ईमानदारी से लिखे। इस दृष्टि से जहाँ तक ओमप्रकाश वाल्मीकि का प्रश्न है इन्होंने प्रायः पूरी ईमानदारी का परिचय दिया है। बचपन, किशोरावस्था के विद्यार्थी जीवन से लेकर नौकरीपेशा में कार्यरत होने तक के अपने सारे अनुभवों और जीवन–यापन संबंधी घटनाओं, प्रसंगों, विषम स्थितियों अपनी आशाओं–आकांक्षाओं पर कहीं भी इन्होंने पर्दा नहीं डाला है। इनकी कमजोरियाँ, क्षमताएँ–अक्षमताएँ इस आत्मकथा में ईमानदारी से व्यक्त हुई हैं।

ओमप्रकाश वाल्मीकि जीवन–भर तरह–तरह की सामाजिक व सांस्कृतिक परेशनियों से जूझते रहे। अनेक विषम और विरोधी परिस्थितियों के बावजूद लेखक ने कभी हिम्मत नहीं छोड़ी। जीवन की दौड़ में एक सफल व्यक्ति बनने के बाद भी उसने अपनी इनसानियत को कायम रखा और इनसानी सरोकारों के प्रति समर्पित रहा है। एक साहित्यकार ही नहीं वरन् एक सांस्कृतिक–सामाजिक कार्यकर्त्ता के रूप में भी ओमप्रकाश वाल्मीकि ने अपनी सक्रियता का परिचय दिया है। जातीय विषमता से ग्रस्त भारतीय समाज में जो एक परोक्ष या प्रत्यक्ष संघर्ष की स्थिति है, उसे वर्ग–संघर्ष कहें या जातीय संघर्ष, उसमें इन्होंने खुलकर हिस्सा लिया है। इस उत्कट संघर्ष की भावना का बीज उनके गाँव के आरंभिक जीवन में पड़ गया था। अपने विषमताग्रस्त ग्रामीण माहौल का चित्र उपस्थित करने के बाद उन्होंने निष्कर्ष दिया है, 'अस्पृश्यता का ऐसा माहौल कि कुत्ते–बिल्ली, गाय–भैस को छूना बुरा नहीं था लेकिन यदि चूहड़े का स्पर्श हो जाए तो पाप लग जाता था। सामाजिक स्तर पर इनसानी दर्जा नहीं

था। वे (चूहड़े) जरूरत की वस्तु थे। काम पूरा होते ही उपयोग खत्म। इस्तेमाल करो, दूर फेंको।' इस उद्धरण में चित्रित स्थिति स्वाधीनता के बाद 1955–56 ई. की है, लेकिन प्रतिक्रिया 1995–96 की है। क्या चालीस वर्षों में इसमें कोई परिवर्तन नहीं हुआ? यह एक प्रश्न है, जिस पर विचार करना लेखक की ईमानदारी और उसके चरित्र का मूल्यांकन करने के लिए आवश्यक है। जब एक लंबे समय के बाद चौधरी सुखदेव सिंह का पोता सुरेंद्र लेखक के घर जाकर रात को ठहरता है और उसकी पत्नी के हाथों बने हुए भोजन की तारीफ करते हुए खाना खाता है तथा स्वयं चौधरी का लेखक के घर जाकर भोजन करना इस बात का संकेत करता है कि अस्पृश्यता का बंधन 35–40 वर्षों में काफी शिथिल पड़ा है। इस परिवर्तन को लेखक ने अपनी रचना में कहीं भी महत्त्व के साथ रेखांकित नहीं किया है। अतः कहीं–कहीं उसका क्रोध या आक्रोश ईर्ष्या का रूप भी लेते हुए दिखाई देता है।

उपर्युक्त तथ्य के बावजूद आज भी भारतीय समाज में अछूत और दलित की अपमानजनक स्थिति से इनकार नहीं किया जा सकता। इस पिछड़े हुए समुदाय के प्रति लेखक की असीम सहानुभूति उसके उदार चरित्र को हमारे सामने प्रस्तुत करती है। उससे प्रेरणा ग्रहण कर हम इस दलित समस्या के प्रति सक्रिय नहीं तो कम–से–कम अपना बौद्धिक और भावनात्मक समर्थन देने के लिए विवश हो जाते हैं। इस प्रकार, 'जूठन' आत्मकथा के द्वारा लेखक के चरित्र की सार्थकता स्पष्ट की जा सकती है।

प्रश्न 5. आत्मकथा 'जूठन' के परिवेश को संक्षेप में प्रस्तुत कीजिए।

उत्तर– इस आत्मकथा में लेखक ने स्वाधीनता के आठ वर्षों के बाद की भारतीय जातीय व्यवस्था पर प्रकाश डाला है। आत्मकथा में प्रयुक्त घटनाएँ लगभग 1955–56 के बाद की हैं। भारतीय समाज–व्यवस्था वर्ण–व्यवस्था से विघटित होते–होते जाति व्यवस्था में बदल गई। पहले सभी जातियाँ एक–दूसरे पर निर्भर थीं। किसी को किसी से कम नहीं आँका जाता था। वे एक दूसरे के सहयोग से ही आगे बढ़ते थे। लेकिन धीरे–धीरे वह जातिगत तंत्र इतना कठोर हो गया कि ऊँची और नीची जातियों के विरुद्ध कभी न भर सकने वाली खाई बनती चली गई। उच्च जातियों के घर अलग जगह पर होते थे और नीची जातियों के अलग। जाति व्यवस्था के नियमों का पालन दलितों के लिए आवश्यक बना दिया गया और इस व्यवस्था को तोड़ने वाले के लिए मृत्युदंड तक का प्रावधान कया गया। गाँधी जी ने दलितों को समाज की नजर में ऊँचा उठाने के लिए इन्हें 'हरिजन' का नाम दिया लेकिन दलितों ने ही इस शब्द का विरोध किया, क्योंकि सवर्णों ने हरिजन शब्द का प्रयोग अवैध संतान के रूप में किया। अतः यह स्थिति दलितों के लिए और भी घृणास्पद बन गई। सवर्णों द्वारा इन्हें सभी प्रकार के अधिकारों से वंचित रखा गया चाहे वह आर्थिक हो, सामाजिक हो, धार्मिक हो या फिर सांस्कृतिक हो। सवर्णो के अत्याचार और झूठे हिन्दूपन से मुक्त होने के लिए उन्होंने कई

बार धर्मान्तरण भी किया, परन्तु इनकी स्थिति नहीं सुधरी, क्योंकि जाति व्यवस्था के आधार ये शूद्र से संबंधित थे। अतः गाँव में उनका शोषण चलता ही रहा। ओम प्रकाश वाल्मीकि भी एक दलित जाति से संबंधित थे, इसीलिए उन्होंने अपनी जाति के ऊपर होने वाले अत्याचारों को बड़े ही मार्मिक ढंग से अपनी आत्मकथा में व्यक्त किया है।

प्रश्न 6. 'जूठन' आत्मकथा के संरचना शिल्प का उल्लेख कीजिए।

अथवा

'जूठन' आत्मकथा की भाषा की प्रमुख विशेषताओं के बारे में बताइए।

अथवा

'जूठन' की वर्णनात्मक शैली को लेखक ने किस प्रकार कलात्मक और प्रभावोत्पादक बनाया है? स्पष्ट कीजिए।

उत्तर— 'जूठन' हिंदी भाषा के लेखक ओमप्रकाश वाल्मीकि द्वारा लिखित आत्मकथा है। साहित्य की एक विधा के रूप में आत्मकथा के संरचना-शिल्प का कलात्मक होना एक अनिवार्य शर्त है। लेकिन इस कलात्मकता की कोई एक निश्चित कसौटी नहीं है। इसे हम हरिशंकर परसाई और महादेवी के निबंधों के संरचना-शिल्प के अंतर को देखकर अच्छी तरह समझ सकते है। यहाँ एक दलित लेखक की आत्मकथा के संरचना-शिल्प पर विचार किया गया है। आत्मकथा में साहित्यिक कलात्मकता जितनी आवश्यक है, उससे कही अधिक आवश्यक उसकी प्रामाणिकता है, जो पाठक को अपने सहीपन की प्रतीति भी कराए। इस तथ्य को ध्यान में रखकर इस आत्मकथा की भाषा शैली पर अलग-अलग विचार कर संरचना-शिल्प की विशेषताओं को आसानी से समझा जा सकता है—

(1) भाषा—आत्मकथा की भाषा में भी वे सभी विशेषताएँ आ जाती हैं, जो कहानी, उपन्यास, नाटक, निबंध आदि विधाओं के लिए निर्धारित की गई हैं। परिवेश और वातावरण, पात्रानुकूलता, भावानुकूलता, विषयानुकूलता, पात्रों के संवाद आदि ऐसे तत्त्व हैं, जो आत्मकथा में भी उपेक्षणीय नहीं हैं। यह आत्मकथाकार पर निर्भर करता है कि वह भाषा के किस स्वरूप का कब और कैसे इस्तेमाल करे। यह भी संभव है कि आत्मकथा लेखक अपनी निश्चित और स्तरीय परिनिष्ठित भाषा का ही शुरू से अंत तक प्रयोग करे। लेकिन ओमप्रकाश वाल्मीकि ने भाषा के संबंध में वातावरण, परिवेश और पात्रानुकूलता के साथ ही अपनी निश्चित भाषा के भी कुशल प्रयोग का परिचय दिया है।

अपने गाँव के वातावरण के चित्रण में वाल्मीकि ने घेर (पुरुषों की बैठक और पशुशाला), तगा (त्यागी जाति), चूहड़ा (भंगी), बगड़ (बस्ती), जोहड़ी (बावड़ी) आदि ठेठ स्थानीय बोली के शब्दों का प्रयोग किया है। अपने बचपन से लेकर स्कूली जीवन के चित्रण में उन्होंने विभिन्न पात्रों के संवादों की भाषा को भी ज्यों-का-त्यों आंचलिक लहजे में प्रस्तुत किया है।

गाँव के त्यागियों की प्रतिक्रिया व्यक्त करने के लिए, त्यागियों की सामंती मानसिकता के चित्रण में लेखक ने उनके कथनों को ज्यों–का–त्यों प्रस्तुत किया है। 'कौवा बी (भी) कबी (कभी) हंस बण सके,' 'अरे! चूहड़े के जाकत (बच्चा, बेटा) कू (को) झाड़ू लगाणे कू कह दिया तो कोण सा जुल्म हो गया!' इससे ग्रामीण परिवेश और अभिजात मानसिकता – दोनों का समुचित प्रभावांकन हुआ है। इस तरह के कई प्रसंगों में लेखक ने बोली के स्थानीय रूप का अविकल प्रयोग कर स्थिति को जीवंत बनाया है। सुखदेव सिंह त्यागी और अपनी माँ के बीच होने वाली नोंक–झोंक को लेखक ने इस प्रकार प्रस्तुत किया है – 'चौधरी जी, ईब (अब) तो सब खाणा खाके चले गए...म्हारे (हमारे) जाकतों (बच्चों) कू भी एक पत्तल पर धर के कुछ दे दो। वो बी तो इस दिन का इंतजार कर रे ते (कर रहे थे)।' इस पर चौधरी की क्रूरता भरी वाणी है, 'टोकरा भर तो जूठन ले जा रही है......ऊपर से जाकतों के लिए खाणा माँग री है? अपनी औकात में रह चूहड़ी।' यह सुनकर टोकरा बिखेरते हुए माँ का जवाब है, 'इसे ठाके (उठाकर) अपने घर में धर ले। कल तड़के बरातियों को नास्ते में खिला देणा।' भाषा के ऐसे प्रयोगों द्वारा लेखक ने यथार्थ को अधिक प्रामाणिक बनाने के कौशल का परिचय दिया है।

लेखक ने संवादों में स्थानीय रंगत के समावेश के साथ ही अछूत जातियों के रूढ़िवादी संस्कारों, दवा–दारू और उचित उपचार की जगह बीमारी में प्रेत–बाधा के ढोंग को उजागर करने के लिए झाड़–फूंक, टोने–टोटके, ताबीज, भभूत की निरर्थकता को सिद्ध करते हुए उनसे सम्बद्ध पारिभाषिक शब्दावली का भी प्रयोग किया है। भगत, पुच्छा, पौन, ओपरा (भूत की लपेट), बादी देतवा आदि शब्द और इनसे सम्बद्ध मान्यताएँ अछूतों में ही अधिक प्रचलित थीं, जो अछूतों के जीवन को और पीछे घसीट रही थीं।

लेखक ने आत्मकथा में अन्य सामान्य प्रसंगों के वर्ण–विवरण, विवेचन–विश्लेषण में हिंदी की स्तरीय भाषा के मान्य शब्दों का ही प्रयोग किया है। सब मिलाकर इस आत्मकथा की भाषा प्रसंगानुकूल, अभिव्यक्ति के लिए सक्षम और प्रभावांकन के लिए अत्यंत उपयुक्त है।

(2) शैली—आत्मकथा की अपेक्षाओं के अनुकूल 'जूठन' की शैली वर्णनात्मक ही है। स्थान–स्थान पर स्थितियों और घटनाओं का विवरण देते हुए आत्मकथा की शैली में चित्रात्मकता भी दिखाई देती है। गंभीर स्थितियों के वर्णन के बाद लेखन को कहीं–कहीं एक तर्कसंगत निष्कर्ष पर पहुँचने के लिए विवेचन–विश्लेषण का भी सहारा लेना पड़ता है। लेकिन इससे वर्णनात्मक शैली में किसी प्रकार का गुणात्मक अंतर नहीं आने पाया है। ओमप्रकाश वाल्मीकि ने अपनी आत्मकथा की वर्णनात्मक शैली को नीरस विवरणों से बचाने का हमेशा ध्यान रखा है। इसके लिए उन्होंने स्थान–स्थान पर संवादों की योजना करके उसे जीवंत और सरस बनाने का प्रयास किया है।

ओमप्रकाश वाल्मीकि ने एक कुशल कहानीकार और कवि होने के नाते कई प्रकार से अपनी वर्णन–शैली को रोचक और गंभीर बनाया है। वर्णनों के बीच जगह–जगह पर शिक्षकों

की भूमिका, पाठ्यक्रमों की निरर्थकता, वर्ण–व्यवस्था की क्रूरता, तथाकथित समाज–सुधारकों और सत्ता हथियाने के चक्कर में पड़े नेताओं के हथकंडों पर की गई लेखक की टिप्पणियाँ उसकी विश्लेषण–क्षमता को भी रेखांकित करती हैं। दलित जाति के तीव्र अहसास की पीड़ा उसे प्रायः भावुक बना देती हैं। जाति–व्यवस्था की विकृतियों और धर्मशास्त्रों द्वारा उनकी पुष्टि से खिन्न लेखक का आक्रोश वर्णनात्मक शैली की सीमा का उल्लंघन कर भावात्मकता में प्रवेश कर जाता है। इसके लिए एक उदाहरण इस प्रकार है–

'तरह–तरह के मिथक रचे गए – वीरता के, आदर्शों के, कुल मिलाकर क्या परिणाम निकले? पराजय, निराशा, निर्धनता, संकीर्णता, कूपमंडूकता, धार्मिक जड़ता, पुरोहितवाद के चंगुल में फँसा, कर्मकांड में उलझा समाज, जो टुकड़ों में बँटकर कभी यूनानियों से हारा, कभी शकों से। कभी हूणों से, कभी अफगानों से, कभी मुगलों, फ्रांसीसियों और अंग्रेजों से हारा, फिर भी अपनी वीरता और महानता के नाम पर कमजोर और असहायों को पीटते रहे। घर जलाते रहे। औरतों को अपमानित कर उनकी इज्जत से खेलते रहे। आत्मश्लाघा में डूबकर सच्चाई से मुँह मोड़ लेना, इतिहास से सबक न लेना, आखिर किस राष्ट्र के निर्माण की कल्पना है।' आक्रोश और भावावेश के नाम पर उपर्युक्त उद्धरण में व्यक्त सच्चाई से इनकार नहीं किया जा सकता। इस तरह की भावात्मक शैली के माध्यम से वाल्मीकि ने अपने पाठकों को जाति–पाँत और छुआ–छूत के मुद्दों पर गंभीरता से सोचने के लिए विवश किया है। अपनी वर्णनात्मक शैली में इस प्रकार की भावोत्तेजक विधि का प्रयोग कर उन्होंने अपनी शैली को कलात्मक ही नहीं प्रभावोत्पादक भी बनाया है। अतः कलात्मकता और प्रभावोत्पादकता – दोनों ही दृष्टियों से इस आत्मकथा की शैली सार्थक और सफल मानी जा सकती है। इस प्रकार यह कहा जा सकता है कि आत्मकथा में भाषा शैली का अपना एक महत्त्वपूर्ण स्थान होता है। संप्रेषणीयता के लिए भाषा शैली का अच्छा होना बहुत जरूरी है।

प्रश्न 7. 'जूठन' शीर्षक की सार्थकता को स्पष्ट कीजिए।

उत्तर– 'जूठन' का भारतीय साहित्य में अपना एक विशेष स्थान है और दलित साहित्य में यह एक अग्रदूत रचना मानी जाती है। एक साहित्य–विधा के रूप में आत्मकथा के लिए भी शीर्षक का चुनाव अत्यंत महत्त्वपूर्ण होता है। इस रचना के लिए 'जूठन' शीर्षक की सार्थकता पर विचार करने के पूर्व भारतीय समाज की एक अत्यंत अमानवीय प्रथा का संक्षिप्त परिचय उपयोगी होगा। लगभग पूरे भारत में यह प्रथा रही है कि सवर्ण एवं संपन्न परिवारों द्वारा आयोजित उत्सवों, शादी विवाह, मृत्यु–भोज आदि के अवसरों पर आमंत्रित लोगों के खाने के बाद उनकी थाली या पत्तलों पर बची हुई जूठन को अछूतों को उनके द्वारा किए गए काम के मेहनताने के रूप में दिया जाता रहा है। उनके लिए शादी–विवाह का महत्त्व इस 'जूठन' (जूठे अन्न) की मात्रा पर निर्भर करता था। महीनों और कभी–कभी जीवन पर्यन्त बेगार का उनके

लिए यह तोहफा मान लिया गया था। इसका जिक्र बड़े विस्तार से लेखक ने आत्मकथा में किया है, 'शादी ब्याह के मौकों पर जब मेहमान या बाराती खाना खा रहे होते थे तो चूहड़े दरवाजों के बाहर बड़े-बड़े टोकरे लेकर बैठे रहते थे। बारात के खाना खा चुकने पर जूठी पत्तलें उन टोकरों में डाल दी जाती थी, जिन्हें घर ले जाकर वे जूठन इकट्ठी कर लेते थे। पूरी के बचे-खुचे टुकड़े, एक आधा मिठाई का टुकड़ा या थोड़ी-बहुत सब्जी पत्तल पर पाकर बाछें खिल जाती थीं। जूठन चटखारे लेकर खाई जाती थी। जिस बारात की पत्तलों से जूठन कम उतरती थी कहा जाता था कि भुक्खड़ (भूखे) लोग आ गए हैं बारात में, जिन्हें कभी खाने को नहीं मिला। सारा चट कर गए। अक्सर ऐसे मौकों पर बड़े-बूढ़े ऐसी बारातों का जिक्र बहुत ही रोमांचक लहजे में सुनाया करते थे कि उस बारात से इतनी जूठन आई थी कि महीनों तक खाते रहे थे।' जूठन को सुखाकर किस प्रकार सुरक्षित किया जाता था और उसे गाढ़े समय में किस तरह भिगोकर उबाला जाता था — चटखारे लेकर खाया जाता था, इसका भी वर्णन लेखक ने किया है। जूठन एकत्र करने के प्रसंग में लेखक की माँ और चौधरी सुखदेव सिंह त्यागी के बीच हुई नोंक-झोंक के बाद उसके परिवार से जूठन का सिलसिला खत्म हो गया था।

वैसे देखा जाए तो यही आधार है, जिससे आत्मकथा का शीर्षक 'जूठन' रखा गया है। लेकिन पूरी आत्मकथा को पढ़ने के बाद लगेगा कि यह शीर्षक अत्यंत व्यापक और सांकेतिक भी है। यह शीर्षक इस तथ्य को भी संकेतित करता है कि शूद्र समुदाय सवर्णों के लिए जूठन के समान था, हिंदू समाज की तलछट था, जिसे कूड़ा समझा जाता था। बेगार उनका धर्म मान लिया गया था और गाली-गलौज से लेकर घोर प्रताड़ना तक को उनका अधिकार।

उनका नाम लेकर पुकारने की जरूरत नहीं समझी जाती थी, जिसका जिक्र करते हुए लेखक ने लिखा है, 'उम्र में बड़ा हो तो' 'ओ चूहड़े; बराबर, या उम्र में छोटा हो तो 'अबे चहड़े के' यही तरीका था संबोधन का। अस्पृश्यता का ऐसा माहौल कि कुत्ते-बिल्ली, गाय बैल को छूना बुरा नहीं था लेकिन जब चूहड़े का स्पर्श हो जाए तो पाप लगता था। सामाजिक स्तर पर इनसानी दर्जा नहीं था। वे सिर्फ जरूरत की वस्तु थे। काम पूरा होते ही उपयोग खत्म। इस्तेमाल करो, दूर फेंको।' वस्तुतः ये सारे तथ्य जूठन शीर्षक द्वारा संकेतित हुए हैं। जूठन के प्रति समाज की यह मानसिकता लेखक को आत्मकथा के अंत तक झेलनी पड़ती है। अतः 'जूठन' शीर्षक इस आत्मकथा के लिए अत्यंत उपयुक्त और सार्थक है। यह शीर्षक आत्मकथा के प्रतिपाद्य को भी अत्यंत कलात्मक ढंग से संकेतित करता है। इसके अतिरिक्त यह शीर्षक दलित समाज की अस्मिता या उसकी पहचान के संकट पर भी प्रकाश डालता है।

प्रश्न 8. 'जूठन' के प्रतिपाद्य को स्पष्ट कीजिए।

उत्तर— कहानी, उपन्यास, कविता, निबंध आदि की तरह आत्मकथा का भी एक निश्चित उद्देश्य होता है। यह उद्देश्य ही उसका प्रतिपाद्य माना गया है। यह बात अपनी जगह

सही है कि इस रचना में लेखक की अपनी कथा है, जो स्वयं उसकी ही कलम से लिपिबद्ध हुई है। लेकिन इसे लेखक के जीवन का रोजनामचा मात्र नहीं कहा जा सकता। अपने पूरे जीवन के विस्तार में लेखक को जिन प्रिय-अप्रिय स्थितियों का सामना करना पड़ा है, जिन व्यक्तियों, जिन घटनाओं ने उसे प्रभावित किया है, जिनके माध्यम से उसकी दृष्टि का निर्माण हुआ है, वे सभी आत्मकथा में आई हैं। अपने जीवन-यापन के दौरान होने वाले अनुभव, व्यक्तिगत और सामाजिक क्रियाएँ, उसकी मूल्य-दृष्टि का निर्माण करती हैं। यही वह मूल्य दृष्टि है, जिसके आधार पर वह अपना, अपने जैसे लोगों का और पूरे समाज का मूल्यांकन करता है। यह मूल्यांकन-दृष्टि चूँकि पूरे सामाजिक संदर्भ में विकसित या अर्जित होती है, अतः इसे सामाजिक दृष्टि भी कहा जा सकता है। इस सामाजिक दृष्टि के प्रकाश में ही वह अपनी व्यक्ति-स्थिति और समाज-स्थिति का निरीक्षण-परीक्षण करता है। इसके बाद ही उसका निजी जीवन आत्मकथा का विषय बन पाता है।

इस आत्मकथा में लेखक के जीवन में उसके अछूत होने के सामाजिक अभिशाप की पीड़ा ही विषय बनी है। लेकिन मात्र अपनी निजी पीड़ा से अभिभूत होकर ओमप्रकाश वाल्मीकि ने उसे दूसरों के सामने प्रकट करने के उद्देश्य से आत्मकथा की रचना नहीं की है। यदि अपने निजी स्वार्थ की पूर्ति को वे महत्त्व देते तो अपना 'सरनेम' हटाकर उसे पूरा कर सकते थे और तब आत्मकथा लिखने की जरूरत ही नहीं पड़ती। उसके आधार पर यह आसानी से कहा जा सकता है कि रचना का मूल और प्रथम प्रतिपाद्य भारतीय समाज के एक काफी बड़े समुदाय की, जिन्हें अछूत मान लिया गया है, मुक्ति का प्रयास है। इसके लिए लेखक ने अपनी आत्मकथा में जगह-जगह जाति-पाँति पर आधारित समाज-व्यवस्था, उसके लिए जिम्मेदार वर्ण-व्यवस्था, आभिजात्यवादी सामंती मानसिकता आदि का तीव्र विरोध किया है। इस प्रक्रिया में उसने जाति-व्यवस्था के झूठ, उसकी कृत्रिमता और सवर्ण समुदाय के सचेत षड्यंत्र का भी पर्दाफाश किया है। अपने व्यक्तिगत अनुभव के दंश से पीड़ित होकर उसने लिखा है, 'भारतीय समाज में 'जाति' एक महत्त्वपूर्ण घटक है। 'जाति' पैदा होते ही व्यक्ति की नियति तय कर देती है। पैदा होना व्यक्ति के अधिकार में नहीं होता। यदि होता तो मैं भंगी के घर पैदा क्यों होता? जो स्वयं को इस देश की महान सांस्कृतिक धरोहर का अलमबरदार कहते हैं क्या वे अपनी मर्जी से उन घरों में पैदा हुए हैं? हाँ, इसे जस्टी-फाई करने के लिए अनेक धर्मशास्त्रों का सहारा वे जरूर लेते हैं। वे धर्मशास्त्र, जो समता, स्वतंत्रता की हिमायत नहीं करते, बल्कि सामंती प्रवृत्तियों को स्थापित करते हैं।' इससे स्पष्ट है कि जाति व्यवस्था की अतार्किकता, उसकी कृत्रिमता ही नहीं, उसे पुष्ट करने वाले धर्मशास्त्रों की निरर्थकता और अप्रासंगिकता को भी लेखक ने उद्घाटित किया है।

ओमप्रकाश वाल्मीकि ने अपने मूल उद्देश्य के प्रतिपादन में केवल सवर्णों की सामंती मानसिकता पर ही चोट नहीं की है। उन्होंने अछूतों और नीची जातियों में प्रचलित अशिक्षाजन्य

अंधविश्वास पर आधारित रूढ़ियों, कुसंस्कारों, झाड़-फूँक, टोना-टोटका, भूत-प्रेत आदि से संबंध मान्यताओं की आलोचना कर उनमें व्यापक जागृति की अनिवार्यता को भी रेखांकित किया है। यह उनके प्रतिपाद्य का एक दूसरा पक्ष है, जो अछूतोद्धार के मार्ग में बाधक है।

इस दृष्टि से एक तीसरे पक्ष की ओर भी वाल्मीकि की दृष्टि गई है। अछूत कही जाने वाली जातियों में ऐसे बहुत सारे लोगों का उल्लेख वाल्मीकि ने किया है, जो पढ़-लिखकर अच्छी स्थिति में हो गए हैं और अपनी जाति पर परदा डालने की कोशिश करते हैं। इनमें उनके कई रिश्तेदार, उनकी भतीजी, हमसफर मित्र और मोहनदास नैमिशराय जैसे दलित कवि-लेखक भी सम्मिलित हैं। इससे आहत होकर उन्होंने लिखा है, 'दलित आंदोलन से जुड़े रचनाकारों, बुद्धिजीवियों, कार्यकर्त्ताओं को अपने अंतर्द्वंद्वों से लगातार जूझना पड़ रहा है।' इसका और अधिक खुलासा करते हुए उन्होंने लिखा है, 'इस 'सरनेम' (वाल्मीकि) के कारण मुझे जो दंश मिले हैं, उनको बयान करना कठिन है। परायों की बात तो छोड़िए, अपनों ने जो पीड़ा दी है, वह अकथनीय है। परायों से लड़ना जितना आसान है, अपनों से लड़ना उतना ही दुष्कर।' यह तथ्य भी अछूत अथवा दलित जीवन की समस्या की गंभीरता को ही रेखांकित करता है, जिसमें बेटा भी अपने बाप को पहचानने से इन्कार कर सकता है।

इस प्रकार 'जूठन' शीर्षक आत्मकथा दलित और अछूत समझी जाने वाली जातियों के एक प्रतिनिधि रचनाकार की आत्मकथा है, जिसमें अछूतों के उद्धार की आवश्यकता को एक गंभीर सामाजिक समस्या के रूप में प्रतिपादित करने की हरसंभव कोशिश की गई है। जी.पी.एच. की पुस्तकों का मुख्य उद्देश्य ज्ञान के साथ-साथ अच्छे नम्बर दिलाना है।

☐☐

'गुल्लीबाबा' नाम क्यों?

'गुल्लीबाबा' दो महत्त्वपूर्ण शब्दों के मेल से बना है – 'गुल्ली' तथा 'बाबा'। 'गुल्ली' शब्द प्राचीन भारतीय खेल गुल्ली-डंडा से आया है। यह खेल 'एकाग्रता' तथा 'फिटनेस' का एक अच्छा प्रतीक है। 'बाबा' शब्द 'आदर' और 'सम्मान' को बताता है।

'एकाग्रता', 'फिटनेस' और 'दूसरों के प्रति सम्मान' जीवन में सफलता की ऊँचाइयों को छूने के लिए आवश्यक हैं। अतः शिक्षा के क्षेत्र में अच्छी उपलब्धि प्राप्त कराने तथा सबको आदर और सम्मान देने के लिए ही 'गुल्लीबाबा' नाम रखा गया है।

और अधिक जानकारी के लिए देखें:

GullyBaba.com/why-name-gullybaba.html

अध्याय 6

कविताएँ

भूमिका

आरंभ से ही कविता साहित्य की महत्त्वपूर्ण विधा रही है। कविता के माध्यम से कवि अपने भावों और विचारों को व्यक्त करता है। कविता पद्यबद्ध होती है, लेकिन गद्य और पद्य किस बिंदु पर अलग–अलग होते हैं, यह कहना मुश्किल है। लय को पद्य का मूल तत्त्व माना जाता है किंतु लयबद्ध होने से ही कोई रचना कविता नहीं हो जाती। फिर भी इतना तो कहा ही जा सकता है कि किसी भी रचना में भावावेग, कल्पना और लालित्य (सौंदर्य) हो तो उसे कविता कहा जा सकता है। कविता का विषय छंदोबद्ध या छंदमुक्त हो सकता है। वस्तुतः कविता की विषय–वस्तु और रचना–विधान उस युग की आवश्यकताओं से तय होते हैं। इस अध्याय में सूरदास, तुलसीदास, मैथिलीशरण गुप्त, सूर्यकांत त्रिपाठी 'निराला' और महादेवी वर्मा की कविताओं का वर्णन किया गया है। इन कविताओं के माध्यम से हिंदी की भक्तिपरक और आधुनिक कविताओं का संक्षिप्त परिचय दिया गया है। इसमें सूरदास और तुलसीदास की भक्ति–काव्य और काव्यगत विशेषताओं के बारे में बताया गया है।

प्रश्न 1. सूरदास के जीवन परिचय का विवरण दीजिए।

उत्तर– सूरदास जी का जन्म सन् 1478 में व मृत्यु सन् 1583 में हुई। उनके जन्म स्थान के बारे में कई मत प्रचलित हैं। कुछ विद्वानों का मत है कि उनका जन्म आगरा के पास रुनकता जगह पर हुआ था, परन्तु कुछ विद्वान कहते हैं कि बल्लभगढ़ के सीही ग्राम में उनका जन्म हुआ। वे जाति के ब्राह्मण थे। गऊघाट पर उनकी भेंट वल्लभाचार्य जी से हुई, जिन्होंने उनको वल्लभ सम्प्रदाय में दीक्षित किया और कृष्ण की लीलाओं का गान करने की आज्ञा दी। वे जन्म से अन्धे थे – इस बारे में भी अलग–अलग विचार हैं। उनके नाम से तो यह ज्ञात होता है कि वे जन्म से अन्धे थे। परन्तु कृष्ण के बाल–वर्णन को पढ़कर हम यह कह सकते हैं कि इतना सूक्ष्म वर्णन किया गया है, जिसको कोई व्यक्ति अपनी आँखों से देखे बिना नहीं कर सकता। तब ऐसा लगता है जैसे उनकी ज्योति बाद में छिन गयी हो। सूरदास जी ने श्रीमद्भागवत गीता को आधार बनाया और 'सूरसागर' की रचना की। इसके अतिरिक्त 'सूरसारावली' व 'साहित्य लहरी' भी उनकी रचनायें मानी जाती हैं। सूरदास ने सभी रसों का प्रयोग अपने ग्रन्थों में किया है। परन्तु वात्सल्य व श्रृंगार रस उनके प्रमुख रस रहे हैं। कृष्ण का बाल–लीला वर्णन उनकी चंचलता व स्वाभाविक क्रीड़ाओं का वर्णन वात्सल्य रस का प्रतीक है। उन्होंने श्रृंगार रस के अनेक पक्षों की रचना की है। श्रृंगार रस में संयोग व वियोग दोनों पक्षों को प्रस्तुत किया है। सूरसागर में विनय व भक्ति के पद भी प्रस्तुत किये गये हैं। पदों में लोकविश्वासों को भी प्रस्तुत किया है। सूरदास भक्ति आन्दोलन के कवि थे। उस समय वीर व श्रृंगार रचना का कम महत्त्व था, बल्कि ईश्वरभक्ति से प्रेरित होकर जो रचनायें की जाती थीं उनका महत्त्व अधिक था। पहले वे दैव भक्ति की ओर झुके, परन्तु बाद में कृष्ण की लीलाओं का गायन ही उन्होंने प्रमुख मान लिया था। सूरदास ने अपने काव्यों की रचना सरल व मधुर ब्रज भाषा में की। संस्कृत के तत्सम शब्दों का अधिक प्रयोग किया गया है। इसके अलावा तद्भव व देशज शब्दों से भी वे दूर नहीं भागे हैं। राग–रागनियों का प्रयोग होने के कारण उनका काव्य गीतिकाव्य से मिलता–जुलता है। मुहावरों–लोकोक्तियों का प्रयोग प्रचुर भाषा में पाया जाता है। उत्प्रेक्षा व रूपक अलंकारों ने उनकी भाषा को काफी सुन्दरता व रोचकता प्रदान की है।

प्रश्न 2. सूरदास व कृष्ण भक्ति काव्य की विशेषताओं का वर्णन कीजिए।

उत्तर– कृष्ण भक्ति शाखा भक्तिकाल की प्रमुख शाखा मानी जाती है। इसको चलाने वाले वल्लभाचार्य माने जाते हैं। इन्हीं के शिष्य सूरदास थे, जो इस शाखा के प्रमुख कवि माने जाते हैं। इसके अलावा नन्ददास, परमानंददास, कृष्णदास, मीरा व रसखान आदि कृष्णधारा के कवि हैं। इस शाखा के सभी कवियों ने भगवान के सगुण व साकार रूप की उपासना की है। निराकार व निर्गुण भगवान को वे नहीं मानते थे। इन कवियों ने ईश्वर के निर्गुण रूप का

खण्डन करके केवल ईश्वर के सगुण रूप की स्थापना बहुत सुंदर ढंग से की है। इस काव्य में वात्सल्य, सख्य, माधुर्य और दास्य भाव की प्रधानता पाई जाती है। कृष्ण की बाल लीलाओं के वर्णन, माँ यशोदा के मन की झाँकी मिलती है। सख्य भाव के अन्तर्गत ग्वालों व कृष्ण की सरस लीलाओं का वर्णन है।

माधुर्य भाव के अन्तर्गत गोपलीला प्रमुख है। वात्सल्य रस का बड़ा अनुपम वर्णन मिलता है। जैसे–''मैया कबहुँ बढ़ेगी चोटी। किती बार मोहि दूध पियत भई अजहूँ है यह छोटी।''

शृंगार रस में संयोग व वियोग दोनों पक्षों को लिया गया है। राधा–कृष्ण के रूप–चित्रण में नख–शिख वर्णन तथा श्रृंगारिक संबंध चित्रण में नायक–नायिका भेद के वर्णन का भी चित्रण हुआ है। कृष्ण काव्य में संगीतात्मकता के भी दर्शन होते हैं। संगीत की राग–रागनियों का प्रयोग सभी कवियों ने किया है। सूरदास के भजनों को आज भी सारे समाज में बड़ी सरसता से गाया जाता है।

इनके काव्य में ब्रज भाषा का प्रयोग है, जिसमें स्वाभाविक कोमलता पाई जाती है। संस्कृत के तत्सम शब्दों का प्रयोग भी पाया जाता है। परन्तु सूरदास की भाषा में लोक तत्त्व सुरक्षित मिलता है। उपमा, रूपक, उत्प्रेक्षा अलंकारों का प्रयोग भी किया गया है। सम्पूर्ण साहित्य मुक्तक शैली में पाया जाता है। अधिकांश रचना गेय पदों के रूप में है। सवैया, घनाक्षरी व अन्य छंदों का भी प्रयोग मिलता है। जी.पी.एच. की पुस्तकों का मुख्य उद्देश्य ज्ञान के साथ–साथ अच्छे नम्बर दिलाना है।

प्रश्न 3. सूरदास के भाव पक्ष पर प्रकाश डालिए।

अथवा

दैन्य भाव की भक्ति का क्या तात्पर्य है?

उत्तर– भाव पक्ष की दृष्टि से सूरदास की कविता को मुख्यतः तीनों भागों में विभाजित किया जा सकता है–

- **दैन्य भाव**–सूरदास ने विनय के पदों में अपनी दीनता और ईश्वर की महत्ता तथा उदारता का वर्णन किया है। चरण कमल बंदौ हरि राई में भगवान की महत्ता का पूरा उद्घाटन हुआ है। अपने विनय के पदों में सूरदास ने प्रायः 'हौं हरि सब पतितन को नायक', 'प्रभु मैं सब पतितन को टीको', 'अब के नाथ मोहिं लेहु उधारि' आदि जैसे दीनतासूचक भावों के साथ भगवान की परम दयालुता का भाव व्यक्त किया है। इस प्रकार के पदों में कवि ने एक परम भक्त के रूप में अपनी मुक्ति की याचना की है। अपने आरंभिक जीवन में ही सूरदास ने दैन्यभक्ति से परिपूर्ण पदों की रचना की थी। महाप्रभु वल्लभाचार्य की प्रेरणा से वे सख्य उपासक बन गए। सख्य

भाव का अर्थ है, सखा या मित्र भाव। इस भाव से सूरदास ने कृष्ण-लीला का विस्तार से गायन किया है।

- **लीला गायन**—सूरदास ने कृष्ण की लीलाओं के गायन में भागवत पुराण की कथा को ही आधार बनाया है। लेकिन इसे भागवत का अनुवाद नहीं कहा जा सकता। इसमें कवि ने अपनी मौलिक प्रतिभा का पूर्ण परिचय दिया है। लीला-गायन को भी अध्ययन की सुविधा के लिए तीन भागों में विभाजित कर सकते हैं। इनमें पहला है कृष्ण के बाल सौंदर्य और उनकी शिशु-क्रीड़ाओं का वर्णन, दूसरा है, किशोर कृष्ण का नटखटपन और तीसरा है, ग्वाल-बाल और गोपियों के साथ नोंक-झोंक और छेड़-छाड़ का वर्णन।

सूरदास ने कृष्ण के बाल रूप का चित्रण करते हुए उनके पालने (झूले) से लेकर आँगन में विचरने, घर की देहरी लाँघने तक की क्रीड़ाओं का अत्यंत विशद और विस्तृत वर्णन किया है। बाल जीवन की जितनी मनोदशाएँ हो सकती हैं, उसकी जितनी आकर्षक क्रियाएँ हो सकती हैं, सबका अत्यंत सहज-स्वभाविक चित्र प्रस्तुत करने में सूरदास को अद्भुत सफलता मिली है। इन वर्णनों की मार्मिकता को देखकर बाद के काव्यशास्त्रियों ने वात्सल्य को (बच्चों के प्रति प्रेम भाव को) एक नया रस स्वीकार किया है। कृष्ण की किशोरावस्था के चित्रण में सूरदास ने उनके गाय चराने, ग्वाल-बालों के साथ खेलने, उनसे झगड़ने, माँ यशोदा से उनकी शिकायत करने से लेकर मक्खन, दही आदि की चोरी का अत्यंत विस्तार से वर्णन किया है। इसी क्रम में राधा और ब्रज की गोपियों के साथ उनकी ताक-झाँक, नोक-झोंक और तकरार भी आरंभ हो जाती है, जो आगे चलकर प्रगाढ़ प्रेम में बदल जाती है। इन सबका अत्यंत विस्तृत चित्रण सूरदास ने अत्यंत कौशल के साथ किया है।

- **शृंगार चित्रण**—कृष्ण और गोपियों के बीच गहन परिचय आगे चलकर प्रेम में परिवर्तित हो जाता है। वस्तुतः सूरदास का शृंगार चित्रण भी एक प्रकार से कृष्ण लीला का ही एक विशिष्ट अंग है। इसमें यमुना-स्नान में चीरहरण, वंशी-वादन, दान-लीला, मान-लीला, रास-लीला आदि के माध्यम से कृष्ण का राधा और गोपियों के प्रति प्रेम का चित्रण हुआ है। यह प्रेम लोक-लाज और पारिवारिक मर्यादा की अवहेलना करते हुए स्वच्छंदता का परिचय देता है। इसमें मिलन के अत्यंत स्पष्ट वास्तविक रूपों के बावजूद कहीं माँसलता और अश्लीलता का भाव पाठक में नहीं आने पाता है। अलौकिक प्रेम के रूप में इसको सूरदास ने एक नई मर्यादा प्रदान की है।

शृंगार के संयोग पक्ष के चित्रण की भाँति ही उसके वियोग पक्ष के चित्रण में भी सूरदास को पूरी सफलता मिली है। इसके लिए उन्होंने भ्रमरगीर प्रसंग का आयोजन किया है, जो हिंदी साहित्य की एक विशिष्ट उपलब्धि मानी है। वियोग–वर्णन की दृष्टि से 'भ्रमरगीत' की मार्मिकता का उद्‌घाटन करते हुए आचार्य रामचंद्र शुक्ल ने लिखा है कि 'वियोग की जितनी अंतर्दशाएँ हो सकती हैं, जितने ढंगों से उन दशाओं का साहित्य में वर्णन हुआ है और सामान्यतः हो सकता है, वे सब सूरदास के काव्य में मौजूद हैं।' (त्रिवेणी, 59) वियोग की इस गंभीरता का वास्तविक कारण है, एक लम्बा साहचर्यजन्य प्रेम। एक लम्बे समय की जान–पहचान से उत्पन्न प्रेम जिस प्रकार संयोग काल में हर सीमा को तोड़ देता है, उसी प्रकार वियोग–काल में प्राणान्तक भी सिद्ध होता है। इस दशा को सूरदास ने अत्यंत मार्मिक ढंग से चित्रित किया है।

वियोग–वर्णन के साथ ही सूरदास के 'भ्रमरगीत' का एक दूसरा भी महत्त्वपूर्ण पक्ष है। इसके माध्यम से सूरदास ने उद्धव को निर्गुण ज्ञानमार्ग का प्रतिनिधि बनाकर निर्गुण का खंडन और सगुण का मंडन भी कुशलतापूर्वक किया है। गोपियों के पास पहुँच कर जब उद्धव ज्ञान का संदेश देना शुरू करते हैं तभी एक भँवरा वहाँ मंडराता हुआ आता है। गोपियाँ उस भँवरे को संबोधित कर उद्धव पर टीका–टिप्पणी करती हैं। इस प्रक्रिया में वे ज्ञान को निर्गुण और निराधार बताते हुए अपने लिए निरर्थक और व्यर्थ सिद्ध करती हैं। गोपियों के हृदय का निश्छल प्रेम उसकी ग्रामीण सहज प्रकृति के साथ मिलकर एक तरफ गंभीरता का परिचय देता है, तो दूसरी तरफ अपने चुटीले व्यंग्य के कारण हास्य और विनोद की सृष्टि भी करती है। उनका सहज–सरल तर्क है कि 'लरिकाई को प्रेम कहौ अलि कैसे छूटै' जो उद्धव को निरुत्तर कर उनके ज्ञान–गर्व को चूर कर देता है। इससे स्पष्ट है कि भ्रमरगीत प्रसंग की योजना के माध्यम से सूरदास ने एक ओर गोपियों की विरह–व्यथा का मार्मिक चित्र प्रस्तुत किया है तो दूसरी ओर कबीर आदि के निर्गुण ज्ञान मार्ग का खंडन करते हुए अपने सगुणोपासना के मार्ग का औचित्य भी सिद्ध किया है। उपर्युक्त विवेचन–विश्लेषण से यह स्पष्ट है कि सूरदास सख्य भाव के उपासक थे, जिसके लिए उन्होंने कृष्ण लीला का गायन किया है। कृष्ण के वात्सल्य और शृंगार के चित्रण में भी वे अपने सख्य भाव की उपासना का ही परिचय देते हैं।

प्रश्न 4. सूरदास के काव्य की संरचना एवं शिल्प पर संक्षिप्त में प्रकाश डालिए।

अथवा

सूरदास की काव्य–भाषा की विशेषताओं का वर्णन कीजिए।

अथवा

सूरदास की शैली संबंधी विशेषताओं का उल्लेख कीजिए।

उत्तर– 'सूरसागर' सूरदास का प्रमुख ग्रन्थ माना जाता है। जिसमें शुरू से अन्त तक कृष्ण की लीलाओं का वर्णन मिलता है। यह एक प्रबन्धकाव्य नहीं है, क्योंकि इसमें केवल लीलाओं का वर्णन किया है और सभी पद स्वतन्त्र हैं इसलिए उन्हें हम गीत कह सकते हैं।

(1) भाषा–सूरदास की संपूर्ण काव्य–रचना ब्रजभाषा में हुई है। ब्रजभाषा की स्वाभाविक कोमलता में उन्होंने तद्भव शब्दों के साथ तत्सम शब्दों के समुचित मिश्रण द्वारा और अधिक वृद्धि की है। ग्राम संस्कृति में प्रचलित शब्दों, मुहावरों, लोकोक्तियों आदि के कुशल प्रयोग द्वारा उन्होंने ब्रज के जीवन की लोकोन्मुख संस्कृति को अत्यंत कुशलता से चित्रित किया है। अभिधा के साथ ही उसकी लक्षणा और व्यंजना जैसी शब्द–शक्तियों का सहज प्रयोग कर ब्रजभाषा जैसी एक सीमित क्षेत्र में बोली जाने वाली बोली को उन्होंने आने वाली कवि पीढ़ियों के लिए काव्य–भाषा का गौरव प्रदान किया। सूर के बाद तुलसीदास को छोड़कर लगभग चार सौ वर्षों तक बिहार, उत्तर प्रदेश, पंजाब, राजस्थान, मध्य प्रदेश आदि में प्रायः ब्रजभाषा को ही काव्य–भाषा के रूप में स्वीकार किया गया। भाषा की दृष्टि से हिंदी कविता के लिए सूरदास का यह महत्त्वपूर्ण योगदान माना जा सकता है।

(2) शैली–काव्य–रूप की दृष्टि से समस्त सूर–काव्य गीति–शैली में लिखा गया है। उनके अधिकांश पद भारत में प्रचलित विभिन्न राग–रागनियों पर आधारित हैं। लय, तुक और टेक के सहारे सूरदास ने कुशल शब्द–विन्यास और कोमलकांत मधुर शब्दावली द्वारा अपने पदों में अद्भुत गेयता का समावेश किया है। फलस्वरूप भारत के शास्त्रीय संगीत में सूर–संगीत को आज सर्वाधिक प्रतिष्ठा प्राप्त हुई है।

सूरदास ने संगीतात्मकता के साथ ही वाक् चातुर्य (वाणी का चतुराईपूर्ण प्रयोग) द्वारा अपनी शैली को अत्यंत प्रभावशाली बनाने का प्रयास किया है। इस प्रकार की कथन प्रणाली के माध्यम से बार–बार दोहराए जाने वाले प्रसंगों और भावों को उन्होंने नवीनता प्रदान की है। वाक् चातुर्य के साथ ही सूरदास का अलंकार विधान भी अत्यंत स्वाभाविक और उच्च कोटि का है। गंभीर मनोदशाओं, विशेष रूप से सौंदर्य के चित्रण में उन्होंने उपमा, रूपक, उत्प्रेक्षा, व्यतिरेक आदि अलंकारों का खुलकर प्रयोग किया है। सूरदास का अलंकार–विधान चमत्कार प्रदर्शन के लिए न होकर कथ्य को अधिक प्रभावशाली बनाने के लिए हुआ है।

सूरदास के संरचना–शिल्प की, उनकी भाषा और शैली की संपूर्ण विशेषताओं को अत्यंत संक्षेप में रेखांकित करते हुए आचार्य हजारी प्रसाद द्विवेदी ने लिखा है, 'सूरदास जब अपने प्रिय विषय का वर्णन शुरू करते हैं तो मानो अलंकारशास्त्र हाथ जोड़कर उनके पीछे–पीछे दौड़ता है। उपमाओं की बाढ़ आ जाती है, रूपकों की वर्षा होने लगती है। संगीत

के प्रवाह में कवि स्वयं बह जाता है। वह अपने को भूल जाता है। काव्य में इस तन्मयता के साथ इस शास्त्रीय पद्धति का निर्वाह विरल है। पद-पद पर मिलने वाले अलंकारों को देखकर भी कोई अनुमान नहीं लगा सकता कि कवि जान-बूझकर अलंकारों का प्रयोग कर रहा है। पन्ने-पर-पन्ने पढ़ जाइए, केवल उपमाओं और रूपकों की छटा, अन्योक्तियों की ठाट, लक्षणा और व्यंजना का चमत्कार — यहाँ तक कि एक ही चीज, दो-दो, चार-चार, दस-दस बार तक दुहराई जाती है, फिर भी स्वाभाविक और सहज प्रवाह कहीं आहत नहीं हुआ है।' (हिंदी साहित्य: उद्भव और विकास) इस प्रकार ब्रजभाषा के मध्यकालीन कवियों में काव्यगत संरचना-शिल्प की दृष्टि से सूरदास एक बेजोड़ कवि माने जाते हैं।

प्रश्न 5. सूरदास के काव्य का मुख्य प्रतिपाद्य बताइए।

उत्तर— सूरदास का उद्देश्य कृष्ण की लीलाओं का गायन कर अपनी भक्ति को व्यक्त करना था। उनके काव्य में कृष्ण का ऐसा रूप उभरता है जो अपनी लीलाओं से लोक-रंजन करता है। सूरदास भक्तिकाल की कृष्णोपासक सगुण काव्य-धारा के प्रतिनिधि भक्त कवि थे। अपनी सख्य भक्ति की भावना की अभिव्यक्ति के लिए उन्होंने कृष्ण-लीला के गायन को अपने काम का प्रमुख प्रतिपाद्य बनाया था। कृष्ण के सगुण-साकार रूप की प्रतिष्ठा के लिए उन्हें ब्रह्म के निर्गुण-निराकार रूप का खंडन भी करना पड़ा है। अतः ब्रह्म के स्वरूप-ज्ञान की अपेक्षा उन्होंने उससे प्रेम को अधिक महत्त्व दिया है। यह प्रेम भाव भक्त और भगवान के छोटे-बड़े या ऊँच-नीच की भावना पर आधारित न होकर सख्य भाव अर्थात् सखा या मित्र-भाव, बराबरी के भाव पर आधारित है। पूर्ण तल्लीनता के साथ इसे ही सूरदास ने अपने काव्य का प्रतिपाद्य बनाया है।

कृष्ण की विभिन्न लीलाओं को अपनी भक्ति भावना का प्रतिपाद्य बनाकर प्रत्यक्ष और परोक्ष — दोनों रूपों में कृष्ण भक्ति को लोकप्रिय बनाना भी सूरदास का उद्देश्य रहा है। फलस्वरूप कृष्ण के लोकरंजक रूप को लोगों के सामने प्रस्तुत कर कवि ने भारतीय जनता के बीच कृष्ण भक्ति का प्रचार-प्रसार भी किया है। कृष्ण से संबंधित दान-लीला, मान लीला, रास लीला, चीर हरण, कुंज मिलन आदि सरस प्रसंगों और झाँकियों द्वारा सूरदास ने समस्त उत्तर भारत के साथ ही बंगाल तक कृष्ण के लोकरंजनकारी रूप को व्यापक बनाया है। इस प्रकार सूरदास के काव्य में कृष्ण भक्ति को एक मुख्य प्रतिपाद्य के रूप में स्वीकार किया गया है।

प्रश्न 6. निम्नलिखित अंशों की संदर्भ सहित व्याख्या कीजिए।
(i) निरगुन कौन देस कौ बासी .... ठगो-सौ सूर सबै मति नासी।

उत्तर– संदर्भ–प्रस्तुत पद्यांश महाकवि सूरदास द्वारा रचित भ्रमरगीत सार से अवतरित है।

प्रसंग–जब कृष्ण जी मथुरा चले जाते हैं, तो गोपियाँ उनके विरह में व्याकुल होती हैं। तब कृष्ण उद्धव को गोपियों को समझाने के लिए भेजते हैं। उद्धव निर्गुण–निराकार ईश्वर का उपदेश देते हैं, परन्तु गोपियाँ उद्धव को भ्रमर कहकर संबोधित करती हैं।

व्याख्या–गोपियाँ कहती हैं कि हे उद्धव! आपका निर्गुण ब्राह्म किस देश का रहने वाला है? हे उद्धव! प्रसन्न होकर समझाइए। हम शपथपूर्वक वस्तुतः आपसे पूछती हैं, हँसी नहीं करतीं। आपके निर्गुण ब्रह्म का कौन पिता है, माता कौन है तथा स्त्री कौन है और सेविका कौन है, उसका कैसा वर्ण है तथा वह किस प्रकार का वेष धारण किए है और किस रस का अभिलाषी है। यदि आपने गठीली अर्थात् द्विविधात्मक बात कही तो आपको वैसा ही फल मिलेगा। यह सुनकर उद्धव चुप हो गये और ठगे हुए से स्तब्ध रह गये तथा उनकी समस्त बुद्धि नष्ट हो गई।

विशेष–(1) सूरदास का यह पद अत्यंत महत्त्वपूर्ण है। निर्गुण मत के विरुद्ध गोपियों का पक्ष यहाँ प्रस्तुत किया गया है। लेकिन गोपियों के तर्कों में बौद्धिक चतुराई और दार्शनिक जटिलता नहीं है। इन पंक्तियों से गोपियों की विनोद–वृत्ति, भोलापन, चपलता और सहज बुद्धि का पता चलता है।

(2) यह पद ब्रजभाषा में है। इसकी भाषा परिमार्जित, सहज और स्वाभाविक है। संस्कृत के तत्सम शब्दों के साथ देशज शब्दों (गाँसी, बूझति) का भी प्रयोग हुआ है। ठगा–सा रहना मुहावरा है। 'मधुकर' में श्लेष अलंकार है। श्लेष अलंकार वहाँ होता है जहाँ एक ही शब्द दो अर्थों में प्रयुक्त होता है। यहाँ मधुकर का एक अर्थ भँवरा है। दूसरा अर्थ उद्धव है, क्योंकि उद्धव भी काले थे इसलिए गोपियाँ उद्धव को मधुकर कह कर संबोधित करती हैं।

(3) इस पद में कबीर आदि के निर्गुण मत का खंडन और अपने सगुण मत का समर्थन भी अत्यंत कौशल के साथ व्यक्त हुआ है।

(ii) सोभित कर नवनीत लिये..............धन्य सूर एको पल इहिं सुख का सत कल्प जिये।।

उत्तर– संदर्भ–प्रस्तुत पंक्तियाँ कृष्ण की बाललीला से ली गई है जिनके रचयिता 'सूरदास' हैं। इनमें कृष्ण के बाल रूप का वर्णन किया गया है।

व्याख्या–सूरदास जी कहते हैं कि भगवान श्रीकृष्ण हाथ में माखन लिए हुए बहुत सुशोभित हो रहे हैं। वे घुटनों के बल चलते हैं। उनका सारा शरीर मिट्टी से सना हुआ है। उनके गाल लाल रंग के हैं, आँखे चंचल हैं और उनके माथे पर गोरोचन का तिलक लगा हुआ है। उनके मुख पर लटकी हुई काली–काली बालों की लट ऐसे प्रतीत होती है मानों भ्रमरों का

समूह मुख रूपी कमल के मस्त कर देने रस को पी रहा है। उनके गले में कठला है, जो शेर के कठोर नाखूनों का बना हुआ है और गले में बड़ा सुन्दर लगता है। सूरदास जी कहते हैं कि जो मनुष्य भगवान श्रीकृष्ण को इस रूप में एक पलभर के लिए देख लेता है, उसे युगों तक जीने की आवश्यकता नहीं रहती, अर्थात् जो सुख हम इस अवस्था के रूप से प्राप्त कर सकते हैं, वह युगों तक जीकर भी प्राप्त नहीं कर सकते।

विशेष–(1) श्रीकृष्ण के बालरूप व बाल चेष्टाओं का सजीव वर्णन किया गया है।

(2) स्वभावोक्ति अलंकार है।

प्रश्न 7. तुलसीदास का संक्षिप्त जीवन परिचय लिखिए।

उत्तर– तुलसीदास का जन्म सन् 1532 में हुआ था। कुछ विद्वानों का मत है कि इनका जन्म बाँदा जिले के राजापुर गाँव में हुआ था, परन्तु कुछ लोग सोरों को इनका जन्म स्थान मानते हैं। पिता का नाम आत्माराम व माता का नाम हुलसी था। बचपन में माता–पिता द्वारा त्याग दिये जाने के कारण उन्हें बड़े दुःखों का सामना करना पड़ा। तुलसी ने नरहरि के आश्रम में रहकर विद्या ग्रहण की एवं साधु संगति का लाभ प्राप्त किया। बचपन में ही इनकी शादी रत्नावली से कर दी गई और वे काशी में जाकर रहने लगे। यहाँ उनकी प्रतिष्ठा काफी बढ़ गई थी। राजा टोडरमल, रहीमव मानसिंह इनके मित्र थे। इनका देहावसान 1623 ई. में हुआ।

तुलसीदास ने अनेक ग्रन्थों की रचना की। रामचरितमानस, गीतावली, दोहावली व विनय पत्रिका आदि उनके प्रमुख ग्रन्थ माने जाते हैं। रामचरितमानस एक प्रबन्ध काव्य माना जाता है। इसकी भावना काव्य गुणों के साथ–साथ लोकमंगल की भी रही। इन्होंने राम, लक्ष्मण, भरत व अन्य पात्रों के द्वारा समाज में कुछ आदर्श उपस्थित किये, जिनको आज भी सारा संसार मान रहा है। तुलसीदास ने अपने ग्रन्थों में मानव समाज के सभी पक्षों का वर्णन किया है।

तुलसीदास समन्वयवादी कवि थे। काव्य की रचना के लिये उन्होंने अपने समय तक की सभी शैलियों को अपनाया है। दोहा, चौपाई, सवैया, छप्पय पद्धति व कृष्णभक्त कवियों की पद शैली को भी उन्होंने अपनाया है। तुलसीदास ने अपने काव्यों में ब्रज व अवधी भाषा को स्थान दिया है। काव्य में उन्होंने छंदों, अलंकारों का प्रयोग करके भाषा को सुन्दर व रोचक बनाया है।

तुलसीदास सगुण मार्गी कवि थे। उन्होंने राम को अपने काव्य का आधार बनाकर उनकी लीलाओं का गायन किया है। इनकी भक्ति दास्य भाव से ओतप्रोत थी। वे अपने को दास व राम को स्वामी मानते थे। उनका मत था कि संसार में जब–जब अत्याचार बढ़ते हैं, तब–तब भगवान राम पृथ्वी पर जन्म लेकर अपने कर्मों के द्वारा अत्याचारों का अन्त करके पृथ्वी के भार को उतारते हैं।

प्रश्न 8. तुलसीदास के भाव पक्ष का उल्लेख कीजिए।

उत्तर— गोस्वामी तुलसीदास जी की भक्ति भावना सीधी सरल एवं साध्य है। सभी रचनाओं में भावों की विविधता तुलसी जी की सबसे बड़ी विशेषता है। वे सभी रसों के प्रयोग में सिद्धहस्त थे। अवधी व ब्रजभाषा पर उनका समान अधिकार था। तुलसीदास जी सिर्फ कवि नहीं थे। वे काव्य की रचना का उद्देश्य मनोरंजन को नहीं समझते थे। उनके विचार में वही कविता श्रेष्ठ होती है जिससे राम के निर्मल चरित्र का गुणगान किया गया हो। उनकी दृष्टि से राम परंब्रह्म थे जिन्होंने धर्म की रक्षा और असुरों का नाश करने के लिए नर रूप में अवतार लिया था।

राम कथा का प्रणयन— तुलसीदास ने रामकथा का प्रणयन इसी भावना से किया है। उन्होंने राम के चरित्र को काव्य–ग्रंथों में प्रस्तुत किया है। रामचरित मानस महाकाव्य है, जिसमें राम के जन्म से राम–राज्य तक की कथा कही गई है। तुलसी के राम, भक्ति के आधार है। रामचरित मानस में तुलसीदास की लोक–मंगल की भावना भी व्यक्त हुई है। उत्तरकांड में उन्होंने राम–राज्य की परिकल्पना प्रस्तुत की है, जिसके अनुसार राम–राज्य में किसी को कोई शारीरिक, भौतिक और दैवीय कष्ट नहीं था। सभी अपने–अपने धर्म का पालन करते थे और सुख से रहते थे।

तुलसी के काव्योत्कर्ष का पता उन स्थलों पर लगता है, जो अत्यंत मर्मस्पर्शी हैं। आचार्य रामचन्द्र शुक्ल ने राम–कथा के निम्नलिखित मर्मस्पर्शी स्थल बताए हैं— राम का अयोध्या त्याग और पथिक के रूप में वनगमन, चित्रकूट में राम और भरत का मिलन, शबरी का आतिथ्य, लक्ष्मण को शक्ति लगने पर राम का विलाप, भरत की प्रतीक्षा। तुलसी ने इन प्रसंगों का अत्यंत भाव–प्रवण चित्रण किया है। विशेषतः 'गीतावली' और 'कवितावली' में ये प्रसंग अत्यंत सहृदयता के साथ प्रस्तुत हुए हैं।

तुलसी ने राम–कथा के माध्यम से पारिवारिक और सामाजिक संबंधों का आदर्श रूप भी प्रस्तुत किया है। उनके द्वारा चित्रित भाई–भाई, पिता–पुत्र, माता–पुत्र, राजा–प्रजा, स्वामी–सेवक आदि विभिन्न संबंधों के परिप्रेक्ष्य में मानवीय भावना और कर्त्तव्यों की उत्कृष्टता देखी जा सकती है। इस दृष्टि से तुलसी के राम स्नेह, शील, नीति और त्याग के मूर्तिमान रूप हैं। 'रामचरित मानस' में तुलसीदास ने अपनी लोक मंगल की भावना को अत्यंत प्रभावशाली ढंग से प्रस्तुत किया है।

विनय भावना— भक्ति का एक प्रमुख तत्त्व है — ईश्वर की सामर्थ्य शक्ति का अनुभव। भक्त यह मानता है कि ईश्वर सर्वशक्तिमान है, सामर्थ्यवान–दयालु है, करुणा का सागर है। दूसरी ओर, भक्त अपनी दीनता और लघुता का बोध भी करता है। वह इसी दैन्य भाव से प्रेरित होकर ईश्वर से अपनी मुक्ति की प्रार्थना करता है। तुलसी की 'विनय पत्रिका' में भक्ति की इन्हीं भावनाओं की तीव्र अभिव्यक्ति हुई है। तुलसीदास ने 'विनय पत्रिका' में राम के शील

सौंदर्य और शक्ति का भी चित्रण किया है। उन्होंने अत्यंत करुण स्वर में अपनी लघुता ओर दीनता को भी व्यक्त किया है तथा राम से प्रार्थना की है कि मुझे इस पाप सागर से उबार लें।

तू दयालु, दीन हौं, तू दानि, हौं भिखारी
हौं प्रसिद्ध पातकी, तू पापपुंजहारी
ब्रह्म तू, हौं जीवन, तू ठाकुर, हौं चेरो
तात मात सखा गुरु तू, सब विधि हितु मेरो

'विनय पत्रिका' की रचना तुलसीदास ने एक प्रार्थना–पत्र या अर्जी के रूप में की है। इसमें अपने दुखों के साथ ही उन्होंने समाज में व्याप्त दुखों को दूर करने के लिए भगवान से निवेदन किया है। इसीलिए इसमें तुलसीदास की भक्ति के साथ ही उनकी लोक–मंगल की कामना भी व्यक्त हुई है।

समन्वय की भावना—यद्यपि तुलसीदास राम के उपासक हैं परंतु उनकी समन्वय की भावना ने अन्य देवी–देवताओं की महत्ता को स्वीकार किया है। यथा वे शिव की महिमा को दर्शाने के लिए अपने उपासक राम के मुख से कहलवाते हैं—

"शिव द्रोही मम दास कहावा।
सो नर मोहि सपनेहु नहि पावा।।"

इस प्रकार उन्होंने अपने काव्य में निर्गुण–सगुण, वैष्णव–शक्ति, राजा–प्रजा, भक्ति और कर्म सभी में समन्वय स्थापित किया है।

प्रश्न 9. तुलसी काव्य की संरचना एवं शिल्प को स्पष्ट कीजिए।

अथवा

तुलसीदास की काव्य भाषा की विशेषताएँ बताइए।

उत्तर— तुलसीदास जैसी काव्य–प्रतिभा भक्त कवियों में शायद किसी में नहीं थी। उन्होंने उस समय प्रचलित काव्य भाषाओं, छंदों और काव्य–रूपों का सफलतापूर्वक प्रयोग किया था। भाषा और शैली, दोनों दृष्टियों से उनका काव्य अत्यंत उत्कृष्ट कोटि का है।

(1) काव्य–रूप और शैली—गोस्वामी तुलसीदास ने उस समय प्रचलित प्रायः सभी काव्य–रूपों का प्रयोग किया है। 'रामचरित मानस' की रचना उन्होंने दोहा–चौपाई छंद में की है, जिसमें जायसी ने 'पद्मावत' की रचना की थी। कबीर के दोहे और पद शैली में 'दोहावली' और 'विनय पत्रिका', सूरदास और विद्यापति की लीला–गान विषयक गीति शैली में 'गीतावली' और 'कृष्ण गीतावली', गंग आदि भाट कवियों की 'सवैया', 'कवित्त' शैली में 'कवितावली', रहीम की बरवै शैली में 'बरवै रामायण' की रचना कर तुलसीदास ने अपनी काव्य–रूप संबंधी निपुणता का परिचय दिया है। तुलसीदास ने शादी–विवाह आदि मंगल–अवसरों पर गाए जाने वाले लोकगीतों की शैली में 'जानकी मंगल', 'पार्वती मंगल'

और 'रामलला नहछू' की रचना भी की। उन्होंने उन दिनों जनता में प्रचलित सोहर, नहछू गीत, चांचर, बेली, बसंत आदि रागों का भी सफलतापूर्वक प्रयोग किया है।

(2) **काव्य भाषा**—तुलसीदास के युग में ब्रज और अवधी, दोनों का काव्य–रचना के लिए प्रयोग होता था। जायसी ने 'पदमावत' की रचना अवधि में की थी और सूरदास ने 'सूरसागर' ब्रजभाषा में लिखा था। तुलसी ने अवधी और ब्रज, दोनों भाषाओं का उपयोग किया। 'रामचरित मानस' की रचना उन्होंने अवधी में की थी। 'गीतावली' और 'कृष्ण गीतावली' की रचना उन्होंने ब्रजभाषा में की। 'कवितावली', 'दोहावली', 'जानकी मंगल', 'बरवै रामायण', 'रामलला नहछू' में ठेठ अवधी की मिठास है। 'विनय पत्रिका' की भाषा यद्यपि ब्रज है, लेकिन उस पर अवधी का भी असर है। तुलसी की भाषा की विशेषता यह है कि वह विषयानुकूल रूप धारण कर लेती है। 'रामचरित मानस' की भाषा प्रसंगों और चरित्रों के अनुसार परिवर्तित होती है। जहाँ आवश्यक होता है वहाँ वे तत्सम या तद्भव या लोकोक्ति मुहावरों आदि का प्रयोग करते हैं। तुलसीदास की भाषागत विशेषताओं को रेखांकित करने वाली एक मान्यता है—

तुलसी गंग दुवौ भये सुकबिन में सरदार।
जिनकी रचना में मिलै भाषा विविध प्रकार।।

अपनी रचनाओं में तुलसीदास ने अलंकारों का अत्यंत सधा हुआ प्रयोग किया है। उपमा, उत्प्रेक्षा, रूपक आदि साम्यमूलक अलंकारों के प्रयोग में उन्हें पर्याप्त सफलता मिली है। उन्हें रूपक–सम्राट के सम्मान से सम्मानित किया जाता है। सांगरूपकों के अत्यधिक लम्बे प्रयोग में पूरे हिंदी काव्य–जगत में तुलसीदास अद्वितीय हैं। 'रामचरित मानस' में कविता–सरिता, आश्रम–सागर, भक्ति चिंतामणि–ज्ञानदीपक जैसे लम्बे सांग रूपकों की सटीक और कुशल योजना पूरे भारतीय काव्य में अप्राप्य है। जी.पी.एच. की पुस्तकों का मुख्य उद्देश्य ज्ञान के साथ–साथ अच्छे नम्बर दिलाना है।

प्रश्न 10. तुलसीदास के काव्य का प्रतिपाद्य स्पष्ट कीजिए।

उत्तर— गोस्वामी तुलसीदास ने 'रामचरित मानस' में अपने प्रतिपाद्य का उल्लेख करते हुए लिखा है—

यहि मँह आदि मध्य अवसाना।
प्रभु प्रतिपाद्य राम भगवाना।।

अर्थात् तुलसीदास का उद्देश्य अपने प्रभु राम की भगवत्ता या उनके ब्रह्मत्व को प्रतिपादित करना था। अपनी समस्त रचनाओं में उन्होंने इस कार्य को अत्यंत सफलतापूर्वक संपादित किया है। लेकिन इस प्रतिपाद्य के पीछे उनकी लोकमंगल की प्रबल आकांक्षा निहित थी। 'रामचरित' के माध्यम से उन्होंने समाज और धर्म के क्षेत्र में फैली विषमताओं के बीच

समन्वय करने का प्रयास किया। उनकी समन्वय की विराट योजना के कारण आचार्य हजारी प्रसाद द्विवेदी ने उन्हें लोकनायक के पद से अलंकृत किया। अतः तुलसीदास द्वारा राम की भगवत्ता का प्रतिपादन राम–भक्ति के प्रचार–प्रसार के साथ ही लोकमंगल की भावना से प्रेरित है। इस महान लक्ष्य को ही उन्होंने अपना काव्यादर्श निर्धारित किया था–

कीरति भनिति भूति भल सोई। सुरसरि सम सब कहुँ हित होई।

अर्थात् यश (कीरति), कविता (भनिति), ऐश्वर्य (भूति) तभी अच्छा होता है जब वह गंगा (सुरसरि) के समान सबके लिए हितकारी हो। तुलसीदास के प्रतिपाद्य से ही उनका यह आदर्श जुड़ा हुआ है।

प्रश्न 11. निम्नलिखित अंशों की संदर्भ सहित व्याख्या कीजिए।

(i) "मनि मानिक मुक्ता छवि जैसी............................पहिरहि सज्जन विमल उर शोभा अनुराग।"

उत्तर– संदर्भ–उक्त पंक्तियां रामचरित मानस से ली गई हैं। इनके रचयिता गोस्वामी तुलसीदास हैं। इनमें वे देवी–देवताओं की प्रार्थना करते हैं।

व्याख्या–तुलसीदास जी कहते हैं कि कुछ वस्तुओं की शोभा अपने स्थान पर न होकर दूसरे स्थान पर अधिक होती है। जैसे मनि–मानिक व मुक्ता की शोभा क्रमशः सांप, पर्वत या हाथी के सिर पर नहीं होती, जितनी राजा के मुकुट व स्त्रियों के शृंगार में होती है। यहाँ पर इनकी सुन्दरता और अधिक बढ़ जाती है। इसी तरह से कवि कविता कहता है, परन्तु उसकी शोभा विद्वानों के मुख से वर्णन होने पर और भी अधिक बढ़ती है।

भक्तों की भक्ति के कारण सरस्वती देवी ब्रह्मा के घर को छोड़कर भक्तों के याद करने पर दौड़ी–दौड़ी चली आती है और भक्तों को शरण देकर राम रूपी सागर में स्नान कराया जाता है। सरस्वती देवी की वह थकान दूसरे किसी भी उपाय से दूर नहीं की जा सकती है। कवि व विद्वान लोग केवल इसी बात का विचार करके कलियुग रूपी मौत को हरने वाले भगवान के यश का गुणगान करते हैं। अगर कवि व विद्वान केवल राजा–महाराजाओं का गुणगान करने लग जायें, तो ज्ञान की देवी माँ सरस्वती रचनाकारों की बुद्धि पर अवश्य पश्चाताप करने लगेगी। इसी कारण तुलसीदास ने राजा–महाराजाओं को प्रसन्न करने के लिए काव्य की रचना नहीं की, बल्कि अपने–अपने कालों में भगवान का गुणगान किया है।

जिस प्रकार से सीप में स्वाति नक्षत्र की बूंद गिर कर मोती बन जाती है, उसी प्रकार से मानव हृदय रूपी समुद्र के बुद्धि रूपी सीप में ज्ञान रूपी बूँद बरसकर अनुपम काव्य का रूप धारण लेती है। विद्वान लोग अनेक उपायों के द्वारा इन मोतियों को धागे में पिरोकर अर्थात् माला बनाकर पहन लेते हैं। वही सज्जन लोगों के दिल में राम के प्रति प्रेम–भावना को जागृत करते हैं और शोभा बढ़ाते हैं।

विशेष—तुलसी की केवल राम के प्रति प्रेम–भावना का होना 'हृदय सिन्धु मति सीप समाना' पंक्तियों में रूपक अलंकार पाया जाता है।

(ii) कबहुँक हौं यहि रहनि रहौंगो.................................. अविचल हरि भक्ति लहौंगो।

उत्तर– संदर्भ—प्रस्तुत पंक्तियाँ 'विनय पत्रिका' से ली गयी हैं। तुलसीदास जी ने मुक्ति के लिये भगवान से विनय की है। वे ऐसे जीवन की कामना कर रहे हैं जिसमें राम भक्ति में डूब कर मनुष्य मोह–माया से मुक्त हो जाता है और सुख–दुःख समान रूप से सहन करता है।

व्याख्या—तुलसीदास कहते हैं कि क्या मैं कभी इस प्रकार के रहन–सहन में रहूँगा? क्या मैं कभी कृपालु राम की कृपा से सन्तों जैसे स्वभाव को प्राप्त कर सकूँगा – मुझे कुछ इच्छा नहीं, मैं दूसरों की भलाई करने में सदा लगा रहूँगा और मन, वचन, कर्म से इस परोपकार का पालन करता रहूँगा। कानों से कठोर व असहनीय वचन को सुनकर उसकी आग में नहीं जलूँगा। सम्मान जाने पर भी शीतल मन से रहूँगा। दूसरे के गुणों का वर्णन करूँगा, दोषों का नहीं। शारीरिक चिन्ताओं को त्याग दूँगा। सुख–दुख को समान भाव से सहन करूँगा। तुलसीदास जी कहते हैं कि हे नाथ! क्या मैं इस मार्ग पर चल कर अर्थात् सन्तों के स्वभाव का आचरण करके ईश्वर की अटल भक्ति प्राप्त कर सकूंगा?

भावार्थ—सन्तों के आचरण वाला व्यक्ति ही ईश्वर को प्राप्त कर सकता है।

विशेष—(1) सन्तों के स्वभाव का वर्णन किया गया है।

(2) अनुप्रास की छटा दिखाई देती है।

प्रश्न 12. मैथिलीशरण गुप्त के जीवन–चरित्र का संक्षेप में वर्णन कीजिए।

उत्तर– राष्ट्र कवि मैथिलीशरण गुप्त का जन्म उत्तर प्रदेश के झाँसी जिले में एक वैश्य परिवार में सन् 1886 ई. में हुआ था। इनके पिता सेठ रामचरण गुप्त निष्ठावान भक्त व कवि थे। माता भी एक भक्त महिला थीं। इनकी प्रारम्भिक शिक्षा चिरगाँव की पाठशाला में हुई। फिर ये झाँसी के एक स्कूल में भर्ती हुए। परन्तु वहाँ से जल्दी ही लौट आये और घर पर रहकर ही स्वाध्याय के द्वारा हिन्दी, संस्कृत और बंगला साहित्य का ज्ञान प्राप्त किया। इनका देहान्त सन् 1964 ई. में हुआ।

गुप्त जी में शुरू से ही राष्ट्रीय भावना की प्रबलता थी। इसके अलावा इनके काव्य में मानव–जीवन की सभी अवस्थाओं और परिस्थितियों का वर्णन हुआ है। गुप्त जी की पारिवारिक आत्मीयता, उनका वैष्णव हृदय, राष्ट्र और देश–प्रेम समन्वय, शीलता, मानवता, प्राचीन संस्कार और आदर्श भावना इनके काव्य को प्रभावित करते रहे हैं। बौद्ध, मुस्लिम, हिन्दू व

सिख सभी धर्मों को लेकर उन्होंने काव्य रचना की है। उनकी दृष्टि में धार्मिक भेदभाव की कोई स्थिति नहीं है। इनके काव्य में सभी रसों के उदाहरण मिलते हैं। प्राचीन युग से प्रचलित सभी काव्य-शैलियों का प्रयोग इनके काव्य में मिलता है। इन्होंने प्राचीन गौरव गान अत्यन्त ओजस्वी वाणी में किया है। इनके काव्य में खड़ी बोली का प्रयोग हुआ है। गुप्त जी के चरित्रों में विविधता है। उन्होंने राम-लक्ष्मण जैसे चरित्रों को भी प्रस्तुत किया है और सिद्धराज का भी। उनका आदर्श नारी चरित्र है। उन्होंने नारी चरित्रों को अधिक आदर्शमय दिखाया है। उनकी दृष्टि आदर्शवादी रही है। उनकी प्रकृति की अपनी विशेषता है। 'पंचवटी' प्रकृति चित्रण के मामले उच्च कोटि की कृति मानी जाती है। उन्होंने बाद में गीतात्मक प्रवृत्ति को अपनाया है। उर्मिला का विहर-वर्णन व यशोधरा के गीतों का नाद-सौंदर्य प्रशंसनीय है। गुप्त जी ने बहुत सी रचनायें की हैं—साकेत, यशोधरा, द्वापर, सिद्धराज, पंचवटी, जयद्रथ वध, भारत-भारती आदि। राष्ट्र उत्थान में भारत-भारती का योगदान अमिट है। हिन्दी साहित्य सम्मेलन प्रयाग द्वारा इन्हें साकेत पर मंगला प्रसाद पारितोषिक प्रदान किया गया तथा भारत सरकार ने इन्हें पद्म भूषण से अलंकृत किया गया था। वे बारह वर्षों तक राज्य सभा के मनोनीत सदस्य भी रहे।

प्रश्न 13. भाव पक्ष के आधार पर गुप्त जी की कृतियों का संक्षेप में वर्णन कीजिये।

अथवा

'साकेत' में उर्मिला के चरित्र को इतना महत्त्व क्यों दिया गया है?

उत्तर— गुप्त जी के रचना काल में देश गुलाम था और अंग्रेजी शासन ने यहाँ पर अत्याचार फैला रखे थे। जनता स्वतंत्रता आन्दोलन में भागीदार थी। इसी संघर्ष का प्रभाव गुप्त जी पर भी दिखायी देता है। उनकी पहली पुस्तक 'रंग में भंग' 1909 में निकली और 1912 में राष्ट्रीय भावना से प्रेरित होकर उन्होंने 'भारत भारती' जैसी अमर रचना की। यह रचना केवल राष्ट्रीय भावना से प्रेरित होकर नहीं लिखी गई थी, बल्कि इसके द्वारा गुप्त भी जनता में अपने देश की संस्कृति व परम्पराओं के प्रति गौरव की भावना जगाना चाहते थे। परन्तु वर्तमान दशा को ध्यान में रखते हुए राष्ट्रीय भावना के साथ-साथ वर्तमान दुर्दशा से छुटकारा पाने के लिए भावनाओं को जागृत करने का प्रयास भी किया है। गुप्त जी धर्मपरायण व्यक्ति थे, परन्तु उनका दृष्टिकोण मानवतावादी था। इसीलिए उन्होंने सभी चरित्रों को मानवता के धरातल पर रखा था। पौराणिक कथाओं को ही आधार बनाया। मानवीय दृष्टि के आधार पर ही उर्मिला, यशोधरा आदि की व्यथा को प्रस्तुत करके नारी के आदर्श रूप को प्रस्तुत किया है और यह दिखाया है कि उनकी सहानुभूति नारी के प्रति अधिक था। गुप्त जी आदर्शवादी कवि थे। उन्होंने सामाजिक व पारिवारिक संबंधों के चित्रण में समानता व त्याग

को सामने रखा है और साम्प्रदायिकता का विरोध किया है। वे आस्थावादी थे, परन्तु समाज में फैली बुराइयों के आलोचक भी थे। इन्हीं कारणों से वे राष्ट्र कवि के रूप में माने गये हैं। 'साकेत' की कथा भी राम की कथा है, परन्तु उन्होंने केवल उन प्रसंगों को लिया है, जिनमें केवल पारिवारिक सम्बन्धों का पक्ष उजागर होता है। राम-रावण के संघर्ष के अलावा पारिवारिक संबंध अधिक दिखाये गये हैं। इसमें नारी के सम्मान को विशेष रूप से दिखाया गया है। उर्मिला के त्याग को उन्होंने सीता के त्याग से ज्यादा दिखाया है, क्योंकि सीता तो राम के साथ रही, परन्तु उर्मिला ने अपने सभी सुखों को त्याग दिया था। 'साकेत' में उन्होंने लोकोन्मुख जीवन के चित्र प्रस्तुत किये हैं।

प्रश्न 14. मैथिलीशरण गुप्त के काव्य की संरचना-शिल्प का विश्लेषण कीजिए।

अथवा

मैथिलीशरण गुप्त के काव्य की संरचना-शिल्प की विशेषताओं का वर्णन कीजिए।

अथवा

गुप्तजी की काव्य-भाषा की विशेषताएँ बताइए।

उत्तर— हिंदी का प्रथम राष्ट्रकवि होने का गौरव मैथिलीशरण गुप्त जी को प्राप्त है। उन्होंने खड़ी बोली को उस समय काव्य-भाषा के रूप में प्रयुक्त किया जब हिंदी कविता में ब्रजभाषा का ही जोर था। गुप्त जी का प्रमुख योगदान यह था कि उन्होंने गद्य की भाषा को काव्य की भाषा बनाने का सफल प्रयास किया। हिंदी की सहजता और स्वाभाविकता उनकी काव्य-भाषा की प्रमुख विशेषता है, यद्यपि कहीं-कहीं उनमें गद्यात्मकता की झलक दिखाई दे जाती है। उन्होंने बोलचाल की भाषा का ही प्रयोग किया है, किंतु तत्सम शब्दों का प्रयोग भी पर्याप्त है। उनका मुख्य झुकाव वस्तु के मूर्त चित्रण की ओर रहा है। द्विवेदी-युगीन व्यावहारिक भाषा के दबाव के कारण उनकी भाषा में वह कलात्मक सौंदर्य नहीं दिखाई देता जो बाद में छायावादी काव्य की विशेषता बनी।

गुप्तजी की प्रवृत्ति प्रबंध काव्य की ओर रही है। 'साकेत' और 'यशोधरा' महाकाव्यात्मक प्रबंध काव्य हैं। लेकिन महाकाव्यों में जो उदात्तता, संघर्ष और वीरोचित नायकत्व होता है, वह उनके महाकाव्यों में नहीं है। प्रबंध काव्य में भी उनकी प्रवृत्ति गीतात्मकता की ओर रही है। उनकी रुचि जीवन के सहज और भाव-प्रवण प्रसंगों की ओर ज्यादा रही है। ऐसे प्रसंगों में जीवन-संघर्ष का गहन गांभीर्य कम होता है, जो महाकाव्यात्मकता के प्रतिकूल है। गुप्तजी ने काव्य में उन्हीं छंदों का प्रयोग किया जो खड़ी बोली हिंदी की प्रकृति के अनुकूल थे। उनके काव्य में रीतिवादी कवियों की तरह अलंकारों के प्रति विशेष आग्रह नहीं है, न ही उन्होंने काव्य में चमत्कार पैदा करने की कोशिश की है। इस दृष्टि से भी उनके काव्य में सहजता दिखाई देती है।

प्रश्न 15. गुप्त जी के काव्यों के प्रतिपाद्य को संक्षेप में प्रस्तुत कीजिए।

उत्तर— गुप्त जी राष्ट्रवादी कवि थे। इनके काव्य में राष्ट्रीय उत्थान की भावना प्रेरणा रूप में दिखाई देती है। गुप्त जी ने अपने काव्य में धर्म की बजाय मानव को केन्द्र बनाया है। मानव की सांस्कृतिक चेतना को वे काव्य में उतारना चाहते थे। गुप्त जी ने पौराणिक कथाओं से चरित्रों को उठाया और उनके द्वारा मानवीय संबंधों को दिखाने का प्रयास किया है। उन्होंने नारी चरित्रों को आदर्श रूप में प्रस्तुत किया है। उर्मिला, यशोधरा, आदि के चरित्रों को लक्ष्मण सिद्धराज व गौतम की अपेक्षा अधिक सफलता से प्रस्तुत किया गया है। सिद्धराज जैसे चरित्र हिन्दी के लिए नया है। वह पराई स्त्री को प्राप्त करने के लिए युद्ध करता है। उन्होंने राम जैसे चरित्र को मानवीय धरातल पर उतार कर पारिवारिक संबंधों का आदर्श प्रस्तुत किया है। उन्होंने अतीत को ही अपने काव्य का आधार बनाया है। परन्तु अपनी दृष्टि को आदर्शेन्मुखी रखा है। भारत के उज्जवल भविष्य पर उनका गहरा विश्वास था।

प्रश्न 16. निम्नलिखित अंशों की संदर्भ सहित व्याख्या कीजिए।

(i) सखि पतंग भी.................... प्रेम पलता है।

उत्तर— संदर्भ—प्रस्तुत पंक्तियाँ, राष्ट्र कवि मैथिलीशरण गुप्त द्वारा रचित 'साकेत' महाकाव्य के नवम् सर्ग से ली गई है। लक्ष्मण के विरह से उर्मिला भावुक हो जाती है। उसकी वेदना गीत का रूप ले लेती है।

व्याख्या—उर्मिला अपनी सखी से कहती है कि प्रेम में दोनों पक्षों में एक–दूसरे के प्रति समर्पण की भावना रहती है। दीपक जलता है। उसका प्रेमी पतंगें की भांति पीड़ा की सहानुभूति में जल जाता है। दीपक की जलती लौ में दीपक के मस्तक की कल्पना करते हुए उर्मिला कहती है कि दीपक पतंगें को समझाता है कि प्रिय बंधु, तू व्यर्थ में क्यों जलता है? परन्तु पतंगा फिर भी उसकी लौ में कूद पड़ता है। क्योंकि उसके दिल में दीपक के प्रति अपार प्रेम उमड़ रहा है। दोनों में कितना लगाव है? प्रेम के प्रति कितनी समर्पण की भावना है?

(ii) बचकर .... प्रेम पलता है।

उत्तर— प्रसंग—गीत की ये भावपूर्ण पंक्तियाँ राष्ट्रकवि मैथिलीशरण गुप्त द्वारा विरचित महाकाव्य 'साकेत' के 'नवम सर्ग' से उद्धृत हैं। दीपक और पतंगें – दोनों में प्रेम की कल्पना करती हुई उर्मिला अपनी सखी से कहती है—

व्याख्या—विरहिणी उर्मिला सोचती है कि दीपक की लौ में जल जाने के अतिरिक्त शलभ के लिए और कोई चारा भी नहीं है, क्योंकि यदि वह बच भी जाए तो उसका यह जीवन मृत्यु के समान ही है। प्रेम की मर्यादा को छोड़कर प्राण बचाए रखना प्रेम के लिए कलंक है।

इस स्थिति में उस विवश दीपक का जलना ही श्रेयस्कर है। अतः दीपक की लौ में उसका जलना उसकी असफलता नहीं, वरन् उसकी सफलता है।

विशेष–(1) पतंगें के जलने की विवशता की कल्पना अत्यन्त भावपूर्ण है।

(2) अपने प्रेम–पात्र को जलता देखकर पतंगें का जीवित रहना प्रेम का अपमान है।

प्रश्न 17. निराला जी का संक्षिप्त जीवन–परिचय लिखिए।

उत्तर– निराला जी का जन्म बंगाल के मेदिनीपुर जिले में सन् 1896 में हुआ था। उनके पिता आजीविका के लिए अपनी जन्मभूमि उन्नाव को छोड़कर मेदिनीपुर में आ बसे थे। प्रारम्भिक शिक्षा प्राप्त करने के बाद इनके सामने कुछ पारिवारिक उलझनें आ गई थीं, जिसके कारण स्वाध्याय से ही इन्होंने हिन्दी, संस्कृत, बंगला व अंग्रेजी की शिक्षा प्राप्त की। निराला जी की रूचि साहित्य के साथ–साथ दर्शनशास्त्र व संगीत में भी थी। सन् 1961 में इनका देहान्त हो गया।

निराला जी ने 1915–16 के आसपास काव्य रचना शुरू की। सूर्यकान्त जी ने अपना उपनाम 'निराला' रखा, जो आज तक प्रसिद्ध है। उन्होंने एक बार अपने बारे में कहा था कि देखते नहीं मेरे पास एक कवि की वाणी, कलाकार के हाथ, पहलवान की छाती और दार्शनिक के पैर हैं। उनके काव्य में एक ओर विद्रोह का स्वर दिखाई देता है, तो दूसरी और दलित जन की पीड़ा के प्रति मानवता व सहानुभूति दिखाई देती है।

निराला जी ने छायावादी काव्य की रचना की। छायावादी काव्य भी राष्ट्रीय मुक्ति आन्दोलन से प्रेरित था। छायावादी कवियों की उन्मुक्त चेतना प्रकृति से प्रभावित थी। छायावादी कवियों के काव्य में मनुष्य ही केन्द्र था, परन्तु इनका ध्यान गरीब, पद–दलित और शोषित लोगों की ओर भी रहा। परन्तु कविताओं में कुछ जगहों पर रहस्यवाद व प्रगतिवाद के तत्व भी मिलते हैं। भाव क्षेत्र में नवीनता लाने में अग्रणी होते हुए भी वे प्राचीन भारतीय संस्कृति के उपासक थे।

निराला जी की प्रथम कविता 'जूही की कली' थी। शुरू में वे पत्रकारिता की तरफ झुके, परन्तु बाद में गद्य लेखक के रूप में उन्होंने ख्याति प्राप्त की। उनकी प्रमुख कविताओं में 'राम की शक्ति पूजा, सरोज स्मृति, बाद रंग, वह तोड़ती पत्थर, भिक्षुक जागो फिर एक बार' आदि प्रसिद्ध है। इन्होंने कहानी, उपन्यास और निबन्ध भी लिखे। 'परमिल, अनामिका, गीतिका, नये पत्ते, बेला' आदि उनके प्रसिद्ध काव्य–संग्रह है। सारा जीवन कठिनाइयों का सामना करने पर भी उन्होंने साहित्य सृजन को नहीं छोड़ा।

इनकी भाषा संस्कृतनिष्ठ रही है। ये छन्द की रूढिबद्धता से मुक्त थे। छायावादी कवियों ने खड़ी बोली को ही अपनी भाषा का आधार बनाया। समासयुक्त पदावली और प्रतीक शैली का स्वच्छन्द प्रयोग किया। छंदोबद्ध काव्य, छंदमुक्त काव्य और गीति काव्य की रचना उन्होंने

एक जैसी सफलता के साथ की है। उन्होंने शब्दों का प्रयोग बड़ी कुशलता से किया है। इनकी भाषा आम बोलचाल की रही। उन्होंने अपने काव्य में जीवन के प्रत्येक बिम्ब को प्रस्तुत किया है। इसीलिये निराला के काव्य को संघर्षमय जीवन का प्रतिबिम्ब कहा जाता है।

प्रश्न 18. निराला जी की कविताओं के भाव पक्ष को उल्लेखित कीजिए।

उत्तर— निराला जी को बचपन में बड़ी कठिनाइयों का सामना करना पड़ा, इसलिये उनके जीवन का संघर्ष उनकी काव्य रचना में दिखाई पड़ता है। उनकी जीवन दृष्टि व कला दृष्टि दोनों का निर्माण इसी संघर्ष के बीच हुआ। निराला जी सामाजिक, आर्थिक शोषण व रूढ़िगत मान्यताओं का विरोध करते रहे। यही कारण है कि जितने भी छायावादी कवि हुए हैं, उनमें निराला के काव्य में विद्रोह का स्वर अधिक मिलता है। निराला जी ने अपने काव्य के द्वारा जीवन के प्रत्येक रंग को प्रस्तुत किया है। वे मूलभूत परिवर्तन के पक्षधर रहे। शोषक वर्ग के प्रति वे अधिक कटु होते चले गये। उन्होंने 'बादल राग' शीर्षक कविता में उत्पीड़क वर्ग पर आघात किया था और किसान को क्रान्ति का दूत कहा था। 'बेला व पत्ते' कविताओं में यह स्वर व्यंग्य के रूप में सामने आया।

निराला जी ने नारी सौन्दर्य के चित्र खीचे हैं। प्रकृति का मनोरम अंकन किया है। वे छायावादी कवियों की चेतना प्रकृति से अत्यन्त प्रभावित हैं। उन्हें प्रकृति की उन्मुक्तता में अपने हृदय की उन्मुकतता नजर आती है। सामाजिक क्रान्ति का स्वर उनकी कविता में दिखाई देता है। 'वह तोड़ती पत्थर' कविता में इसी बात को दिखाया गया है। इस कविता में समाज में व्यक्त आर्थिक विषमता को दिखाया गया है। इस कविता को उनकी प्रमुख कविता माना जाता है, जिसमें उन्होंने दोनों पक्षों को दिखाया है कि एक तरफ मजदूर स्त्री धूप में पत्थर तोड़ रही हैं और दूसरी तरफ ऊँची–ऊँची अ्टटालिकाएँ व वृक्षों की कतारें खड़ी हैं। इनसे यह लगता है कि वह पत्थर नहीं तोड़ रही हैं, बल्कि आर्थिक व सामाजिक विषमताओं को तोड़ रही हैं।

प्रश्न 19. निराला के काव्यों के संरचना शिल्प को स्पष्ट कीजिए।

अथवा

निराला के काव्य शिल्प की विशेषताएँ बताइए।

उत्तर— सूर्यकांत त्रिपाठी निराला की प्रगतिशील भाषा सामान्य जन की रही है। भावानुरूप भाषा के सिद्धांत मर्म को जानने वाले निराला के लिए यह स्वाभाविक ही था कि वे हास्य–व्यंग्य विनोद शैली को अपनाते हुए अपनी बात कह देते हैं। जैसे—

"अबे सुन बे गुलाब, भूल मत, अगर पाई खुशबू, रंगों आब,
खून चूसा, खाद का तूने अशिष्ट डाल कर इतना रहा कैपिटलिस्ट"

निराला का कला–बोध भी विविधता लिए हुए है। भाषा के जितने रूप उनके यहाँ मिलते हैं, उतने किसी अन्य कवि के यहाँ नहीं। उनकी आरंभिक कविताओं में संस्कृतनिष्ठ और समास–प्रधान भाषा दिखाई देती है, जिसका सर्वोत्तम उदाहरण उनकी पहली कविता 'जूही की कली' के साथ ही 'राम की शक्ति पूजा' है। लेकिन बाद में उनमें बोलचाल की भाषा का रंग नजर आने लगता है। बोलचाल की भाषा में भी वे कई तरह के प्रयोग करते हैं। 'तोड़ती पत्थर' की भाषा यद्यपि बिल्कुल बोलचाल की नहीं है, लेकिन उसमें शब्दों का प्रयोग अत्यंत कुशलता से किया गया है। शब्दों में व्यक्त कठोरता जीवन की कठोरता को प्रतिबिंबित करने लगती है। 'श्याम तन, भर बँधा यौवन' में पत्थर तोड़ती मजदूरिन का अत्यंत कर्मरत और जीवंत व्यक्तित्व साकार हुआ है।

निराला हिंदी के पहले कवि हैं जिन्होंने काव्य–शिल्प की चली आती रूढ़ियों से पूरी तरह मुक्त होने का प्रयास किया। उन्होंने हिंदी कविता को छंद के बंधन से मुक्त किया। इसका अर्थ यह नहीं है कि उन्होंने छंदबद्ध कविता नहीं लिखी वरन् सच्चाई यह है कि परंपरागत छंदों में नए प्रयोग करके उन्हें नया निखार दिया और कई नए छंदों का निर्माण भी किया। अपनी मुक्त छंद की कविता में भी उन्होंने लय और संगीत का समुचित समावेश किया।

निराला के अपने शब्दों में कहा जाए तो उन्होंने भावों के साथ ही भाषा और छंद के प्रयोग में उल्टी गंगा बहाई है। कहने का तात्पर्य यह कि भाव–योजना के साथ ही संरचना शिल्प के परंपरागत मानदंडों का परित्याग कर कविता में उन्होंने सर्वाधिक प्रयोग किए हैं। इस प्रक्रिया में उन्होंने जीवन के प्रत्येक क्षेत्र को प्रायः बिंबों के माध्यम से व्यक्त करने का प्रयास किया है। यह बिंबात्मकता ही उनके शिल्प की दूसरी सबसे महत्त्वपूर्ण विशेषता मानी जाती है।

प्रश्न 20. निराला जी के काव्य का प्रतिपाद्य स्पष्ट कीजिए।

उत्तर– निराला जी की काव्य–रचना में जो आर्थिक व सामाजिक विषमताएँ दिखाई देती हैं, वे उनके जीवन की देन हैं, क्योंकि उन्होंने इन्हीं विषमताओं में अपने शुरू के जीवन को बिताया है। उन्होंने समाज की सभी कठिनाइयों को सहन किया है। इसी कारण उनकी कविता में अन्याय व आर्थिक भेदभाव के प्रति स्वर तेज हो गया है।

निराला जी हमेशा समाज के प्रति सजग रहे हैं। समाज में हो रहे अत्याचार, अन्याय व भेदभाव के प्रति उन्होंने आवाज उठाई है। 'बादल राग' जैसी कविताओं में शोषण करने वालों के प्रति उनकी आवाज तेज ही नहीं हुई, बल्कि एक व्यंग्य का रूप धारण कर गई है। किसान को क्रांति का दूत बताया गया है।

निराला जी सौन्दर्य व प्रेम के कवि भी रहे हैं। ऐसी कविताओं का अपना अलग ही सौन्दर्य होता है। उन पर स्वामी विवेकानन्द का प्रभाव था। इस कारण दर्शन के क्षेत्र में वे अद्वैतवाद की तरफ झुके रहे। उन्होंने धर्म में आई रूढ़िवादिता का विरोध किया और

साम्प्रदायिकता को अपनी कविता में स्थान नहीं दिया। उनका दृष्टिकोण मानवतावादी रहा। वे हमेशा मानव-समाज के कल्याण की भावना को लेकर चलते थे और उन्हें अन्याय व शोषण से बचाने के लिए प्रयत्नशील रहे। इस प्रकार से हम उनकी कविताओं में सामाजिक जीवन के प्रत्येक रंग को देखते हैं। गरीब जनता के प्रति सहानुभूति व शोषक वर्ग की कटु आलोचना को हम उनके काव्य में पाते हैं।

प्रश्न 21. निम्नलिखित अंश की संदर्भ सहित व्याख्या कीजिए।
वह तोड़ती पत्थर........... लीन होते कर्म में फिर ज्यों कहा – 'बढ़ती वह तोड़ती पत्थर'।

उत्तर– संदर्भ–प्रस्तुत कविता निराला जी द्वारा रचित 'अनामिका' काव्य-संग्रह से ली गई है। इस कविता में कवि ने एक मजदूर औरत का चित्रण किया है। इस कविता में उन्होंने दिखाया है कि हमारे समाज में कितनी आर्थिक विषमता है कि एक तरफ एक स्त्री धूप में कार्य कर रही है, जबकि दूसरी तरफ धूप स्वप्न में भी नहीं दिखाई देती।

व्याख्या–कवि निराला जी कहते हैं कि मैंने इलाहाबाद के रास्ते में एक स्त्री को सड़क पर पत्थर तोड़ते हुए देखा, जो अपने पत्थर तोड़ने के कार्य में लगी हुई थी। गरीबी क्या-क्या कार्य करवा देती है, क्योंकि स्त्री का स्वरूप ऐसे काम करने का नहीं है। परन्तु आर्थिक विषमता के कारण उसे यह कार्य भी करना पड़ रहा है। वहाँ कोई छायादार पेड़ नहीं था। जहाँ वह काम कर रही थी, उस जगह धूप थी। वह रूप में सांवले रंग की थी और यौवन से भरपूर थी। अर्थात् उसका शारीरिक सौन्दर्य अच्छा था। उसका मन अपने कार्य में इतना लीन था, जिसके कारण उसकी आँखें भी नीचे झुकी हुई थी। उसके हाथ में एक भारी हथौड़ा था, जिससे वह बार-बार पत्थरों पर चोट कर रही थी। परन्तु दूसरी तरफ उसी के सामने बड़ी-बड़ी अट्टालिकायें, महल व ऊँची-ऊँची दीवारें व पेड़ों की कतारें खड़ी हुई थीं। कवि इन पंक्तियों में यह बताना चाहता है कि हमारे देश में मजदूर प्रमुख हैं। सारे कार्य उन्हीं के परिश्रम से होते हैं। सभी भवनों को वे ही बनाकर तैयार करते हैं, परन्तु उनको बैठने तक के लिये जगह नहीं मिलती। वे बेचारे धूप में ही कार्य करते हैं। यह चित्रण समाज में व्याप्त आर्थिक विषमता को दिखाता है। उस समय सूर्य काफी चढ़ चुका था। गर्मियों के दिन थे और धूप तेजी से पड़ रही थी। सूर्य अपने पूरे जोश के साथ चमक रहा था। लू चल रही थी, जो गर्मी व धूप के कारण शरीर को जला रही थी। सूर्य इतना तेज था कि धूप से पृथ्वी भी जलती दिखाई दे रही थी। दोपहर का समय था। जो धूल फैली हुई थी, वह भी गर्मी के कारण चिनगारी बन गई थी और सभी चीजों को जला रही थी। कवि के कहने का तात्पर्य यह है कि उस समय धूप में बैठकर कार्य करने का मौसम नहीं था। गर्मी पूरे जोर से पड़ रही थी, जो आग के समान शरीर को जला रही थी, परन्तु फिर भी सामाजिक व आर्थिक भेदभाव ने उस

स्त्री को काम करने को विवश कर दिया था। कवि कहता है कि मैं उस स्त्री की तरफ देख रहा था। उसी समय उसने भी एक बार मेरी तरफ देखा और फिर वह उन ऊँचे-ऊँचे महलों की तरफ देखने लगी। इस बीच में थोड़ी देर के लिए उसका कार्य रुक गया अर्थात् उसका मन मेरी ओर व भवनों की तरफ गया और उसका ध्यान अपने प्रिय कार्य से टूट गया। जब उसने यह देखा कि मेरे चारों तरफ कोई दूसरा व्यक्ति नहीं है तो उसने मुझे ऐसी दृष्टि से देखा जैसे किसी को बहुत मार पड़ी हो, परन्तु वह रो भी न सका हो। कवि यहां पर गरीबी की उस पराकष्ठा पर पहुँच गया है, जहाँ मनुष्य आर्थिक अन्तर्द्वन्द्व को समझता तो है, परन्तु कुछ कर नहीं सकता। उसे यह पता है कि ये महल तेरे ही परिश्रम से बने हैं, परन्तु ये तेरे लिए नहीं हैं। निराल जी कहते हैं कि उस समय मैंने एक ऐसी आवाज को सुना, जिसे पहले कभी नहीं सुना था। थोड़ी देर के बाद उसके शरीर में कंपन-सी हुई और उसके माथे से पसीने की बूँदे गिरने लगीं और फिर वह अपने कार्य में लीन हो गयी अर्थात् पत्थर तोड़ने लगी। मुझे ऐसे लगा है जैसे वह कह रही हो कि मैं तो एक पत्थर तोड़ने वाली मजदूर औरत हूँ।

विशेष—निराला जी ने इस कविता में मजदूर औरत का चित्रण किया है। उन्होंने यह बताया है कि आर्थिक भेदभाव के कारण मनुष्य को वे कार्य भी करने पड़ते हैं, जो उसकी ताकत से बाहर होते हैं।

प्रश्न 22.भाव पक्ष के आधार पर महादेवी वर्मा के काव्य का वर्णन कीजिए।

उत्तर— महादेवी वर्मा जी छायावादी कवियों की श्रेणी में आती हैं, परन्तु उनका काव्य उससे कुछ हटकर था, क्योंकि उसमें उनका निजी संसार ज्यादा व्यक्त हुआ है। वे अपने मन की पीड़ा व वेदना को ही व्यक्त करती है। इसके लिए उन्होंने प्रकृति का सहारा लिया है और इन्हें प्रतीक रूप में प्रस्तुत किया है। उन्होंने प्रकृति के चित्रों द्वारा अपने मनोभावों को व्यक्त किया है। उनकी कविताओं में रहस्यवाद का आभास मिलता है, क्योंकि उन्होंने लौकिक भावनाओं को ऐसे शब्दों में प्रस्तुत किया है, जिनसे उनमें आध्यात्मिकता का आभास होने लगता है। स्त्री होने के कारण बाहरी दबावों में जीना पड़ता है। इसी कारण उनकी कविताओं में अकेलेपन व वेदना की अभिव्यक्ति अधिक मिलती है। प्रेम के प्रति चाह, मिलन की इच्छा व न मिलन पाने की पीड़ा महादेवी की कविता का सार है। परन्तु प्रिय कौन है, इसको कहीं भी स्पष्ट नहीं किया है। महादेवी जी की कविता में नारी ह्रदय की निजी पीड़ा अधिक व्यक्त हुई है। यह पीड़ा मिथ्या या रहस्यवादी नहीं है। उनमें अपने समय की सच्चाई है। स्वतन्त्रता आन्दोलन के दौर में नारी जाति में मुक्ति की जो छटपटाहट प्रगट हो रही थी, उसका स्पष्ट आभास हम महादेवी जी के गीतों में देख सकते हैं।

प्रश्न 23. महादेवी वर्मा के संरचना एवं शिल्प परिचय की व्याख्या कीजिए।

उत्तर— महादेवी वर्मा के काव्य में शिल्पगत विविधता बहुत कम है। उनका झुकाव गीतों की ओर ही रहा। उनकी प्रवृत्ति अर्न्तमुखी भावनाओं को व्यक्त करने की ओर ही रही है, जो गीतों के द्वारा अच्छी प्रकार से व्यक्त हो सकती है। महादेवी के गीतों में वेदना की गहराई, अनुभूति की सघनता व ह्रदय की तरलता का आभास मिलता है। गीतों में प्रकृति चित्रण करते हुए भी कहीं नारी ह्रदय की सुकुमारता व विरहजन्य वेदना का आभास धूमिल नहीं होता। महादेवी वर्मा जी की भाषा में मधुरता है। काव्य में प्रेम व विरह को व्यक्त करने वाले शब्दों का प्रयोग किया है और प्रेम व विरह को व्यक्त करने के लिए दीपक, शलभ, चातक, सन्ध्या, रजनी, बादल आदि प्रतीकों का प्रयोग किया है। प्रतीकों के द्वारा भाव आसानी से व्यक्त हुए हैं, इसलिए भाषा में जटिलता का अभाव है, परन्तु जब प्रतीकों को आध्यात्मिक चेतना से जोड़ती हैं तो भाषा जटिल हो जाती है। महादेवी वर्मा ने कविता को दो प्रकार से व्यक्त किया है–एक तो प्रकृति चित्रण के रूप में–रहस्य का आवरण डाल दिया है। जैसे 'क्रंदन में आहत विश्व हंसा' या 'मैं क्षितिज भृकुटि पर धर धूमिल' में रहस्य का आभास है। परन्तू दूसरी ओर 'विस्तृत नभ का कोई कोना मेरा न कभी होना' जैसे पंक्तियों में कवि को अपनी पीड़ा दिखायी पड़ती है। उनके गीतों में प्रकृति का वर्णन भी मिलता है, जिनमें सौन्दर्य व माधुर्य पाया जाता है, परन्तु निराला व पन्त की तरह अधिकता नहीं है। प्रकृति के मानवीकरण को प्रवृत्ति उनमें बहुत अधिक है। उनके गीत आधुनिक खड़ी बोली में विशेष महत्व रखते हैं। शब्द चयन की सतर्कता उनके गीतों में वाद–सौन्दर्य की अवतारणा करती है। उनके काव्य में अपह्नुति, उल्लेख, यथासख्य, यमक, समासोक्ति आदि अलंकारों का बड़ा सुन्दर प्रयोग हुआ है। वे एक कुशल चित्रकार भी थी। रेखा व शब्दों दोनों के माध्यम से भाव व्यक्त करने में वे कुशल थी।

प्रश्न 24. महादेवी वर्मा जी के काव्य का प्रतिपाद्य स्पष्ट कीजिए।

उत्तर— महादेवी वर्मा की कविता का संसार विस्तृत नहीं है। न ही उसमें विविधता है परंतु एक निश्चित उद्देश्य, एक निश्चित स्वप्न लेकर ये कविताएँ लिखी गई हैं। उनकी कविता में यद्यपि नारी ह्रदय की पीड़ा ही अधिक व्यक्त हुई है, लेकिन उसमें व्यक्त अनुभूति की सच्चाई और तीव्रता ने उसे अत्यंत संवेदनीय बना दिया है। महादेवी जी के गीतों में व्यक्त नारी ह्रदय की पीड़ा मिथ्या या रहस्यवादी नहीं है। उसमें अपने जीवन की सच्चाई है। बाह्य दबावों के बीच ह्रदय की मुक्ति की इच्छा को जिन प्रतीकों और रूपों में नारी व्यक्त करती है, शायद वही पद्धति महादेवी के गीतों में भी दिखाई देती है। स्वतंत्रता आंदोलन के दौर में नारी जाति में जो मुक्ति की छटपटाहट प्रकट हो रही थी, उसका आभास हम उनके गीतों में देख सकते हैं। महादेवी जी के गीतों को हमें इसी संदर्भ में समझने का प्रयास करना चाहिए। महादेवी वर्मा की कविताओं का केंद्र बिंदु दुःख है। उनमें जीवन, प्रेम और सौंदर्य के लिए

विह्वल आकांक्षा है। वह मार्ग की कठिनाइयों से विचलित नहीं होती बल्कि उनसे टकराने की प्रवृत्ति उनमें दिखाई देती है। यह विरहानुभूति निराशाजन्य नहीं वरन् आशा से पूर्ण है। उनके अनुसार मात्र आँसू कुछ नहीं कर सकते। आँसू तभी सार्थक हैं जब कुछ करने की प्रेरणा मन में हो।

प्रश्न 25. निम्नलिखित अंशों की संदर्भ सहित व्याख्या कीजिए–

(i) मैं नीर भरी .... निर्झरिणी मचली!

उत्तर– प्रसंग–प्रस्तुत पंक्तियाँ महादेवी वर्मा के प्रसिद्ध गीत 'मैं नीर भरी दुःख की बदली' से संकलित हैं। कवयित्री अपने जीवन की तुलना बदली से करती हुई कह रही हैं।

व्याख्या–मेरा जीवन दुःख की बदली के समान है। जिस प्रकार बदली में पानी भरा रहता है, उसी प्रकार मेरी आँखों में सदैव अश्रुजल भरा रहता है। बदली के माध्यम से अपनी विरह–वेदना को व्यक्त करती हुई वे कहती हैं कि जिस प्रकार बदली के कम्पन में चिर स्थिरता है, चिर जड़ता है, उसी प्रकार मेरे प्राणों के स्पंदन में भी चिर जड़ता समा गई है। जिस प्रकार बदली की गर्जना सुनकर ताप–संतप्त जगत प्रसन्न होता है, उसी प्रकार मेरे गीतों से दुःखी और संतप्त हुए संसार को सुख मिलता है। जिस प्रकार बदली में बिजली कौंधती है तथा उसके जल से नदियाँ प्रवाहित होती हैं, उसी प्रकार मेरे नेत्रों में भी विरह–वेदना दीपक के समान चमकती रहती है और मेरी पलकों में विरह–व्यथा के अश्रुओं की धारा सदैव बहती रहती है।

विशेष–(1) दुःख की बदली में रूपक, नयनों में दीपक से जलते में उपमा, पलकों में निर्झरिणी मचली में रूपकातिशयोक्ति तथा पूरे छन्द में सांगरूपक अलंकार है।

(2) विरह–वेदना की मार्मिक अभिव्यक्ति है।

(3) जीवन की बदली से अत्यधिक समता के आधार पर तुलना है।

(ii) मेरा पग–पग .... मलय–बयार पली!

उत्तर– प्रसंग–प्रस्तुत पंक्तियाँ पीड़ा और विरह की गायिका महादेवी वर्मा के प्रसिद्ध गीत 'मैं नीर भरी दुःख की बदली' से उद्धृत हैं। प्रस्तुत पंक्तियों में बदली से अपने जीवन की तुलना करती हुई महादेवी जी कहती हैं–

व्याख्या–जिस प्रकार वर्षा की धाराओं में संगीत भरा हुआ है, उसी प्रकार मेरा जीवन भी प्रेम–संगीतपूर्ण है और जिस प्रकार वर्षा ऋतु में सुगंधित पवन चलती है, उसी प्रकार मेरी साँसों में भी प्रेम की सुगंध विद्यमान है। जिस प्रकार सूर्य के प्रकाश के कारण मेघ अनेक वर्ण के हो जाते हैं, उसी प्रकार प्रकाश के अनेक वर्णों से मेरा आँचल (दुपट्टा) भी सुशोभित है।

जिस प्रकार मेघों की छाया में शीतल, मन्द व सुगन्धित वायु बहती है, उसी प्रकार मेरी छाया में भी अन्य मानव प्राणियों को शीतलता व सुख प्राप्त होता है।

विशेष–(1) श्वासों–स्वप्न, नभ–नव, पग–पराग में अनुप्रास, पग–पग में पुनरुक्तिप्रकाश, स्वप्न–पराग, नभ के नव रंग बनते दुकूल, छाया में मलय–बयार पली में रूपक अलंकार है।

(2) यहाँ पर कवयित्री ने अपने जीवन की साधनापूर्णता का वर्षा ऋतु से बहुत ही सुन्दर तुलनात्मक अध्ययन प्रस्तुत किया है।

(3) वियोग शृंगार रस, गीत छन्द एवं संस्कृत तत्सम–प्रधान खड़ी बोली भाषा है।

(iii) मैं क्षितिज .... बन निकली!

उत्तर– प्रसंग–ये मनोरम पंक्तियाँ नवयुग की मीरा महादेवी वर्मा के प्रसिद्ध आत्म–परिचयपरक गीत 'मैं नीर भरी दुख की बदली' से ली गयी हैं। इन पंक्तियों में महादेवी जी ने अपना जल–धूल पर बरसने का वर्णन किया है।

व्याख्या–जिस प्रकार क्षितिज पर धुएँ के रंग की अर्थात् काली बदली जल के भार से अवनत होकर धूलि–कणों पर बरसकर धरती को नवजीवन प्रदान करती है और उसके द्वारा बरसाये गये जल के कारण पृथ्वी पर पड़े हुए बीजों से अंकुर फूट पड़ते हैं, उसी प्रकार मैं अपने जीवन में निरन्तर चिता का भार लिए रहती हूँ और उस वेदना की अभिव्यक्ति मेरी भौंहें तिरछी कर देती है। उसी वेदना के कारण मेरी आँखों से अश्रु जल बरसने लगता है जिससे मेरी वेदना का भार हल्का हो जाता है और संसार के लोगों में नवजीवन का संचार होता है।

विशेष–(1) क्षितिज, भृकुटि, नवजीवन–अंकुर में रूपक अलंकार है।

(2) महादेवी जी का सदैव चिंतित होना प्रकट होता है।

(3) महादेवी के अश्रु दूसरों के लिए जीवनदाता है।

(iv) पथ को न मलिन .... अन्त खिली!

उत्तर– प्रसंग–ये सरस पंक्तियाँ आधुनिक मीरा महादेवी वर्मा के प्रसिद्ध गीत 'मैं नीर भरी दुख की बदली' से उद्धृत हैं। गीत के प्रस्तुत अंश में कवयित्री बादल के साथ अपनी समानता का प्रदर्शन करती हुई कहती हैं–

व्याख्या–संसार में मेरे आगमन से पथ की धूल ही मिटती है, उससे किसी प्रकार के अहित की सम्भावना नहीं है। जैसे बदली का आना मार्ग को मैला नहीं करता है, उसी प्रकार मेरे जन्म से किसी का अयश नहीं फैला है। मेरा महाप्रयाण अपने कोई विशिष्ट स्मारक चरण चिह्न भी नहीं छोड़ जाता, अर्थात् जैसे आकाश पर बादल आते हैं और जाते हैं, किन्तु उनका कोई स्थायी चिह्न वहाँ नहीं रहता। मेरे आगमन की सुधि या स्मृति ही संसार में आनन्द–विभोर होने का कम्पन उत्पन्न करती है। अर्थात् मेरे कवि का जन्म संसार के आनन्द का कारण है, उसी प्रकार जैसे प्रथम मेघों का आकाश में आगमन।

विशेष—(1) जाता–जाना, सुख–सिहरन में अनुप्रास अलंकार है।

(2) कवयित्री ने अपने जीवन की तुलना वर्षा ऋतु की घटाओं के साथ करते हुए यह सिद्ध करना चाहा है कि उसका जीवन बहुत कुछ उन घटाओं के समान ही है।

(3) महादेवी जी की वेदना–भाव की मार्मिक अभिव्यक्ति है।

अध्याय 7

डायरी

भूमिका

डायरी लेखन व्यक्ति के द्वारा लिखा गया व्यक्तिगत अनुभवों, सोच और भावनाओं को लेखित रूप में अंकित करके बनाया गया एक संग्रह है। विश्व में हुए महान व्यक्ति डायरी लेखन करते थे और उनके अनुभवों से उनके निधन के बाद भी कई लोगों को प्रेरणा मिली। डायरी साहित्य की एक प्रमुख विधा है। इसमें लेखक आत्म साक्षात्कार करता है। वह अपने आपसे संप्रेषण की स्थिति में होता है। इस अध्याय में मोहन राकेश की 'डायरी' का वर्णन किया गया है। मोहन राकेश की जिंदगी एक खुली किताब रही है। उन्होंने जो कुछ लिखा और किया – वह दुनिया को मालूम है। मोहन राकेश द्वारा लिखी गई डायरी उनकी असामयिक मृत्यु के बाद प्रकाशित हुई थी। इस डायरी को पढ़ने से मोहन राकेश के व्यक्तित्व के कई अनजाने पहलू उजागर हुए। एक लेखक और एक व्यक्ति के रूप में उनका आत्मसंघर्ष का चित्र पाठकों के सामने उपस्थित हुआ। इस अध्याय में डायरी विधा के महत्त्व और उसकी विशेषताओं का उल्लेख किया गया है।

प्रश्न 1. डायरी को एक साहित्यिक विधा के रूप में परिभाषित कीजिए।

अथवा

कथात्मक गद्य विधा तथा कथेतर गद्य विधा में अंतर स्पष्ट कीजिए।

उत्तर— 'डायरी' के लिए 'देनन्दिनी' और 'दैनिकी' का प्रयोग भी होता है; लेकिन अधिकांश अध्येताओं द्वारा 'डायरी' शब्द अपनी स्वीकृति पा चुका है। एक साहित्यिक विधा के रूप में 'डायरी' अभी तक हाशिए पर ही रही, किन्तु अब धीरे-धीरे यह भी एक गद्य-विधा मान ली गई है। डायरी गद्य साहित्य की एक विशेष विधा है। इसमें लेखक आत्मसाक्षात्कार करता है। वह अपने आप से संप्रेषण की स्थिति में होता है। वह स्वयं ही लेखक होता है और स्वयं ही पाठक होता है। इसमें उसके नितांत अनुभव प्रकट होते हैं।

आधुनिक काल में गद्य की अनेक विधाओं का जन्म और विकास हुआ है। इन विधाओं को दो भागों में बाँटा जा सकता है–(i) कथात्मक गद्य विधाएँ, और (ii) कथेतर गद्य विधाएँ।

डायरी कोई भी लिख सकता है। डायरी लिखने का मतलब है, अपने रोजमर्रा के अनुभवों को लिपिबद्ध करना। डायरी को रोजनामचा भी कहा जाता है जिसका मतलब है, रोज यानी प्रत्येक दिन की घटनाओं का लेखा-जोखा। लेकिन यह कोई अनिवार्य शर्त नहीं है कि व्यक्ति रोजाना डायरी लिखे ही। इसमें दिनों, सप्ताहों और कई बार महीनों का भी अंतराल हो सकता है। डायरी व्यक्ति प्रकाशन के लिए नहीं लिखता। यह और बात है कि बाद में डायरी का प्रकाशन हो। लेकिन डायरी एक नितांत निजी लेखन है। जब व्यक्ति डायरी लिख रहा होता है तब यही सोचता है कि यह लिखना सिर्फ उसके अपने लिए है।

व्यक्ति स्वयं के लिए डायरी लिखता है क्योंकि डायरी लेखन 'स्वांतः-सुखाय' लेखन है तथा यह आत्मावलोकन का एक तरीका है। डायरी में व्यक्ति महज घटनाओं और अनुभवों का वर्णन नहीं करता। वह उनके माध्यम से आत्मविश्लेषण करता है। वह उनसे अपने लिए सबक लेता है। डायरी का लेखन लेखक सिर्फ अपने लिए करता है इसलिए वह डायरी में अपने और दूसरों के बारे में ज्यादा बेबाकी और निर्ममता से लिख सकता है।

आमतौर पर डायरी लिखने वाले से यह अपेक्षा की जाती है कि वह उसमें सब कुछ ईमानदारी से लिखेगा। ईमानदारी से लिखना डायरी की बुनियादी शर्त है। इसके लिए लेखक में आत्मबल का होना जरूरी है। यदि डायरी लिखते हुए भी व्यक्ति सत्य पर आवरण डालने की कोशिश करता है तो डायरी लिखने का उद्देश्य ही परास्त हो जाता है।

सत्य लिखने के साहस का यह मतलब नहीं है कि डायरी में जो कुछ लिखा जाता है वह सही होता है। सही और गलत का संबंध सत्य और असत्य से सदैव हो, यह जरूरी नहीं है। डायरी में बातें लेखक अपनी दृष्टि के अनुसार ही लिखता है और यहाँ उसकी दृष्टि अनुभवों के विश्लेषण में पूरी ईमानदारी से व्यक्त हो रही होती है इसलिए डायरी उस लेखक के दृष्टिकोण को समझने में सबसे ज्यादा मददगार हो सकती है।

डायरी लेखन में यह प्रश्न भी उपस्थित होता है कि कौन-सी बातें डायरी में लिखी जानी चाहिए और कौन-सी नहीं? वैसे तो इसका फैसला लेखक स्वयं करता है। लेकिन आमतौर पर उन घटनाओं और अनुभवों को डायरी में लिखने के लिए लेखक चुनता है जिन्हें वह अपने लिए महत्त्वपूर्ण समझता है। यह कोई साधारण सा अनुभव भी हो सकता है, लेकिन उस साधारण से अनुभव में लेखक संभव है किसी गहरे सत्य का आलोक देख रहा हो। इसलिए डायरी में घटना या अनुभव महत्त्वपूर्ण नहीं होता। महत्त्वपूर्ण होती है, लेखक की अंतर्दृष्टि जिसके माध्यम से वह घटना या अनुभव डायरी में दर्ज होता है।

डायरी निजी लेखन है और वह प्रकाशन के लिए नहीं होता इसलिए उसमें शिल्प का उतना महत्त्व नजर नहीं आता। लेकिन ऐसा नहीं है। एक रचनाकार के लिए तो डायरी का लेखन भी रचनात्मक चुनौती के रूप में उपस्थित होता है। कथ्य की दृष्टि से भी और शिल्प की दृष्टि से भी। डायरी के लेखन की सबसे बड़ी शक्ति यह होती है कि उसमें लेखक अपनी बात को मनचाहे ढंग से रख सकता है। लेकिन सत्य से बँधा होने के कारण उसे बंधकर भी रहना पड़ता है। वह सत्य को उजागर करने के लिए भाषा में निहित संभावनाओं का पूरा उपयोग करता है। वह अपनी बात और अपने भावों तथा विचारों के अनुसार भाषा और शैली को ढाल सकता है। ऐसा करते हुए उसे अपनी रचनात्मक क्षमता का अत्यंत सावधानी से उपयोग करना होता है।

अंत में, डायरी के बारे में यह भी समझना जरूरी है कि कोई भी पाठक किसी भी लेखक की डायरी को शिल्प की उत्कर्षता के लिए नहीं पड़ता, वह उसमें लेखक के उस 'रूप' को खोजना चाहता है जो अब तक उससे छुपा रहा है। लेखकीय व्यक्तित्व का यह प्रकाशन भी डायरी में भाषा के माध्यम से होता है इसलिए डायरी में भाषा के रचनात्मक उपयोग का केंद्रीय महत्त्व है। इन विशेषताओं को दृष्टिपथ में रखकर हम 'डायरी' को एक साहित्यिक विधा के रूप में इस प्रकार परिभाषाबद्ध कर सकते हैं—"डायरी ऐसी वर्णनात्मक कथेतर गद्य विधा है जो अपनी प्रकृति में जीवनीपरक है। इसमें लेखक की अनुभूतियाँ, उसके आसपास घटित होने वाली घटनाओं आदि पर तात्कालिक प्रतिक्रियाएँ, विचार, जीवन-दर्शन, दृष्टिकोण आदि का तिथि-क्रम से अंकन किया जाता है। यह लेखक के जीवनखण्डों की संवेदनात्मक प्रस्तुति है, जिसमें आत्मनिरीक्षण, आत्मबोधन की प्रमुखता होती है।"

प्रश्न 2. डायरी के संदर्भ में विभिन्न विधाओं का वर्णन कीजिए।

अथवा

डायरी तथा आत्मकथा में क्या अंतर है?

अथवा

डायरी और यात्रा–वृत्तांत पर संक्षिप्त टिप्पणी कीजिए।

अथवा

डायरी और संस्मरण से आप क्या समझते हैं?

उत्तर– डायरी लेखक को कभी यह नहीं सोचना चाहिए कि वह अपनी यह डायरी किसी को प्रभावित करने के लिए, किसी की आलोचना या प्रशंसा करने के लिए अथवा निश्चय ही एक उत्कृष्ट साहित्यिक–कृति के रूप में लिख रहा है। उसे तो सहज–भाव से तल्लीन होकर अपने मन की बातें अंकित करते चलना चाहिए। तभी वह डायरी सच्ची डायरी होगी। डायरी, आत्मकथा, संस्मरण, यात्रा–वृत्तांत और पत्र इन सभी गद्य विधाओं में लेखक के वास्तविक अनुभवों और उसके जीवन की तथ्यात्मक घटनाओं का वर्णन मिलता है। इन सभी विधाओं के केंद्र में लेखक का स्वयं का जीवन होता है। इन सभी विधाओं में तथ्यात्मक सूचनाओं का संप्रेषण होता है, लेकिन यह लेखक का उद्देश्य नहीं होता। यदि उसने मात्र सूचनाओं को संप्रेषित करने के लिए इन विधाओं का उपयाग किया है तो इनकी व्यावहारिक उपयोगिता तो रह सकती है, परन्तु साहित्यिक या कलात्मक उपयोगिता नहीं रहती। ऐसी किसी सामग्री को हम साहित्यिक रचना की श्रेणी में नहीं रखेंगे।

(1) डायरी और आत्मकथा–विधा के रूप में डायरी आत्मकथा के एकदम निकट पड़ने वाली साहित्यिक विधा है। एक तरह से वह कुछ क्षणों की लेखक की अपनी आत्मकथा है, जो अपने बहाने से औरों को भी आलोकित करती है। डायरी आत्मकथा का ही एक रूप है। आत्मकथा में भी लेखक अपने जीवन की कहानी कहता है और डायरी के पन्नों में भी लेखक अपने बारे में ही लिखता है। जब आत्मकथा का लेखक अपने जीवन की कहानी दूसरों को सुनाना चाहता है तो उसका श्रोता या पाठक उससे अलग होता है। उसका एक उद्देश्य होता है। अच्छी आत्मकथा आत्मसाक्षात्कार का एक रूप होती है, लेकिन वह इसके लिए आत्मकथा नहीं लिखता। उसके जीवन में कुछ ऐसा है, जिसे वह दूसरों को सुनाना चाहता है और यही कामना उसे आत्मकथा लिखने के लिए प्रेरित करती है। इसलिए हर आत्मकथा का एक अंतर्निहित उद्देश्य होता है। वह पूरी रचना उस उद्देश्य से बँधी हुई चलती है।

डायरी में ऐसा कुछ भी नहीं होता। डायरी अपने शुद्ध रूप में स्वयं को संबोधित रचना है। उसका लेखक ही उसका पाठक होता है। वह आत्मसाक्षात्कार का शुद्ध रूप है। उसे किसी अन्य को कुछ नहीं सुनाना। उसका कोई अन्य उद्देश्य नही होता। अपने आप से संवाद ही उसका उद्देश्य होता है। इसलिए डायरी में कई संकेत अनकहे रह जाते हैं। कई बड़े प्रकरण संकेत में सिमट कर रह जाते हैं।

दरअसल आत्मकथा में लेखक अपने जीवन की घटनाओं का सिलसिलेवार वर्णन करता है। वह अनावश्यक प्रसंगों को छोड़ देता है। कुछ घटनाओं को वह भूल भी जाता है। कई बार कुछ प्रसंगों को लज्जावश अथवा इसलिए छोड़ देता है कि अपने किसी आत्मीय के

चरित्र या स्वयं का चरित्र-हनन न हो। वह यथाशक्ति कटु सत्य या अप्रिय सत्य से बचना चाहता है। सत्य का यह रूप अर्द्धसत्य की श्रेणी का हो सकता है। लेकिन डायरी में आवश्यक नहीं कि व्यक्ति अपने जीवन की घटनाओं का सिलसिलेवार वर्णन करे। डायरी में वर्णन न होकर मन की प्रतिक्रिया, आत्मविश्लेषण, मनःस्थिति अंकित की जाती है। डायरी का सत्य अपेक्षाकृत अधिक पूर्ण, आंतरिक और आत्मीय होता है। डायरी-लेखक प्रायः कटु से कटु सत्य से भी दूर नहीं भागता। किसी भी अवांछित प्रसंग को ढकना डायरी-लेखक के लिए उचित नहीं। वह तो यह समझ कर ही लिखता है कि जो कुछ में लिख रहा हूँ, वह मेरा निजी है, क्योंकि डायरी को सभी के पढ़ने की वस्तु नहीं माना जाता।

डायरी किसी दिन विशेष, समय विशेष, क्षण-विशेष में व्यक्ति की मनःस्थिति का दर्पण होती है। डायरी-लेखक जिस 'क्षण-बिन्दु' पर खड़ा है, उस क्षण को वह तुरन्त जी लेना चाहता है। इसलिए उसके पास समय केवल वर्तमान रूप में ही होता है। उसका लेखन समय के सरकने के साथ ही आगे बढ़ता है। इसके विपरीत आत्मकथा अतीत के भीतर से अपने आपको बाहर लाने वाली विधा है। आत्मकथा-लेखक वर्तमान के बिन्दु पर खड़ा होकर सुदूर अतीत की मानसिक यात्रा पर निकलता है। वह 'तब' को 'अब' सोचता और जीवित करता है। अतीत के मोह से आत्मकथा-लेखक आबद्ध रहता है। वह उससे छूट ही नहीं सकता, जब तक लिख नहीं लेता। वह घटित विगत से, अतीत के परिवेश से कुछ विशिष्ट बाहर लाता है। इस काम में डायरी उसकी मदद करती है। हाँ इतना अवश्य होता है कि डायरी में व्यक्त प्रतिक्रियाएँ 'कल' की होती हैं, अतः उनके सम्बन्ध में लेखक की प्रतिक्रिया का स्वरूप बदल जाता है। लेखक उनका बाद में पुनर्मूल्यांकन कर अपनी आत्मकथा में प्रयोग कर सकता है।

डायरी में तात्कालिक प्रतिक्रिया होती है। ऐसी बातें हो सकती हैं, जिन्हें आगे चलकर स्वयं लेखक ही नकार दे। डायरी के लेखन में एक निरंतरता होती है। इस निरंतरता के कारण 'डायरी' के कथ्य में अंतर्विरोध हो सकता है। डायरी लेखन के दौरान लेखक विकसित होता रहता है। उसके विचार विकसित होते हैं। वह पुराने विचारों को त्याग कर नये विचार ग्रहण करता है। यह वैचारिक यात्रा लेखक को समझने में सहायक होती है। आत्मकथा में जो लेखक अपने अंतिम निष्कर्ष देता है, वे उसके प्रतिनिधि विचार होते हैं। इसलिए डायरी में व्यक्त विचारों को हम लेखक की अंतिम प्रामाणिक या प्रतिनिधि राय नहीं मान सकते।

(2) डायरी और संस्मरण—संस्मरण वर्णन प्रधान है। ये वर्णन स्मृति से सम्बद्ध रहते हैं। इनमें पात्रों के बाहरी रूप के साथ-साथ आन्तरिक चरित्र का भी वर्णन रहता है। ये कल्पना की अपेक्षा वास्तविकता पर निर्भर होते हैं। जब कोई व्यक्ति किसी दूसरे व्यक्ति के बारे में किसी तीसरे व्यक्ति को कुछ बताना चाहता है, तब वह 'संस्मरण' लेखक की विधा को अपनाता है। डायरी में लेखक और पाठक एक ही व्यक्ति होता है। वह अपने लिए ही लिखता है, जबकि संस्मरण का कोई पाठक होता है। लेखक अपने से इतर किसी अन्य व्यक्ति को

कुछ कहना चाहता है। इस स्तर पर संस्मरण आत्मकथा के करीब होता है। संस्मरण का उद्देश्य होता है। प्रायः वह सामाजिक दृष्टि से महत्त्वपूर्ण व्यक्ति के जीवन के बारे में कुछ नयी बातें कहना चाहता है। संस्मरण का नायक (विषय) सामाजिक दृष्टि से महत्त्वपूर्ण या लोकप्रिय व्यक्ति होता है। आमतौर पर अति सामान्य व्यक्ति का संस्मरण नहीं लिखा जाता। लेकिन ऐसा अनिवार्य भी नहीं है। हाँ, वह व्यक्ति ऐसा होना चाहिए, जिसे तीसरा व्यक्ति (पाठक) भी जानना चाह सकता है। पंडित जवाहरलाल नेहरू, प्रेमचंद, अल्बर्ट आइन्सटाईन, बिरजू महाराज जैसे लोगों पर अनेक संस्मरण मिल सकते हैं। पाठक इनको जानता है, वह इनके बारे में और भी बहुत कुछ जानना चाहता है। इसलिए एक सामान्य आदमी भी इनके बारे में अपने संस्मरण सुना सकता है।

संस्मरण में लेखक, संस्मरण जिस व्यक्ति के बारे में है और पाठक — ये तीन बिंदु होते हैं। डायरी में लेखक ही पाठक होता है। लेखक अपने बारे में भी डायरी लिख सकता है। इस तरह यह संभव है कि डायरी का विषय भी लेखक स्वयं हो सकता है, पाठक और लेखक तो वह होता ही है।

'संस्मरण' में लेखक से इतर किसी 'व्यक्ति' (नायक) का होना आवश्यक है। सिर्फ अपने बारे में कही गयी बातें संस्मरण की श्रेणी में नहीं आतीं। संस्मरण का 'विषय' होना अनिवार्य है। 'संस्मरण' में भी आत्माभिव्यक्ति की संभावना होती है। लेखक अपने बारे में भी बीच–बीच में कुछ–कुछ बातें कहता जाता है। दरअसल संस्मरण का विषय दो व्यक्तियों का साझा अनुभव होता है। लेखक और विषय (नायक) जिस बिंदु पर आकर मिलते हैं — उसका वर्णन संस्मरण का 'कथ्य' होता है। लेखक अपने बारे में जो भी कहता है, उसका संबंध प्रस्तुत व्यक्ति से कुछ–न–कुछ होना चाहिए इसी तरह प्रस्तुत व्यक्ति का कुछ–न–कुछ संबंध लेखक से होना चाहिए। जिस व्यक्ति को आप नहीं जानते, उसका संस्मरण लिखने का आपको अधिकार नहीं है। इसी तरह उस व्यक्ति के बारे में आप वही बातें लिख सकते हैं, जिनको आपने स्वयं देखा और महसूस किया है। आप सुनी–सुनायी बातों को संस्मरण में नहीं लिख सकते। आप संस्मरण के द्वारा उस व्यक्ति के बारे में अपनी गवाही देते हैं। समाज में पूर्व में प्रचलित बातों को पुष्ट करते हुए भी, आप संस्मरण लिख सकते हैं या उस व्यक्ति के बारे में आप नयी बातें भी कह सकते हैं। आपका संस्मरण ऐसा तो होना ही चाहिए, जैसा कोई और नहीं लिख सकता। आपकी डायरी आप ही लिख सकते हैं। इसी तरह आपके संस्करण भी आप ही लिख सकते हैं, कोई दूसरा नहीं लिख सकता। यह निजता संस्मरण और डायरी की अपनी विशेषता है।

संस्मरण में आप कोई गोपनीय रहस्य उद्घाटित करें, ऐसा आवश्यक नहीं है। संस्मरण प्रकाशन के लिए लिखा जाता है। इसलिए उसमें लेखक 'आत्म औचित्य' का ध्यान रख सकता है। किसी मार्मिक प्रकरण में वह अपनी भूमिका के लिए सफाई दे सकता है। इस दृष्टि

से संस्मरण डायरी से दूर तथा 'आत्मकथा' के करीब पहुँच जाता है। संस्मरण भी 'आत्मकथा' की तरह स्मृति से लिखा जाता है। इसमें भी कुछ बातें छूट जाती हैं। कुछ बातों को गैर जरूरी मानकर लेखक छोड़ देता है। प्रासंगिक दृष्टि से मूल्यवान बातों को ही वह कहता है। इसलिए इसमें भी अतीत और वर्तमान दोनों काल उपस्थित रहते हैं। लेखक नये जीवन के आलोक में प्राचीन घटनाओं का पुनः स्मरण करता है। तभी तो वह 'स्मरण' है। इसके लिए वह 'डायरी' का सहारा ले सकता है। परंतु उसका कथ्य डायरी से अलग हट जाता है। 'डायरी' का लेखक भी अपनी डायरी में 'संस्मरण' का उपयोग कर सकता है। परंतु उसके कथ्य का उद्देश्य अलग होता है।

(3) डायरी और यात्रा–वृत्तांत—यात्रावृत्त अथवा यात्रा–वृत्तांत का तात्पर्य है, किसी देश, प्रदेश, भू–भाग अथवा स्थान आदि की, की गई यात्रा का वृत्तांत। वास्तव में आज 'यात्रा' का सामान्य अर्थ है एक स्थान से दूसरे स्थान पर जाना। 'यात्रा–वृत्तांत' में लेखक किसी स्थान विशेष का वर्णन सुनाता है। जाहिर है कि ऐसा वर्णन उन स्थानों का होता है, जहाँ लेखक स्वयं गया है और जिन्हें लेखक पसंद करता है। सुनी–सुनायी बातों के आधार पर यात्रा–वृत्तांत लिखना संभव नहीं है। यात्रा–वृत्तांत में उस स्थान विशेष का संपूर्ण विवरण देना आवश्यक नहीं है। यदि आप उस स्थान विशेष पा जायें तो किस होटल में रुके, किस स्थान से चप्पल खरीदे, कहाँ पान खाया आदि बातें यात्राा–वृत्तांत में आए ही यह आवश्यक नहीं है।

एक अच्छे यात्रा–वृत्तांत में तथ्य और कल्पना का मिश्रण होना चाहिए। उदाहरण के लिए किसी शहर में पुराना किला या घंटाघर बना हुआ है। यह तथ्य है। लेखक यदि यात्रा–वृत्तांत लिखेगा तो उसमें इसका उल्लेख होगा। यह उल्लेख पर्यटक–निर्देशिका में भी होगा। दोनों तरह की पुस्तकों में वहाँ की चहल–पहल, आवा–जाही, दुकानदार–ग्राहकों के व्यवहार, मौसम आदि का जिक्र होगा। अब उस घंटाघर या पुराने किले को देखकर लेखक के मन में जो भावनाएँ जाग्रत होंगी, या लेखक की कल्पना सक्रिय होगी – उन सबका वर्णन पर्यटक निर्देशिका में नहीं होगा। यह कल्पनाशीलता और भावुकता यात्रा–वृत्तांत की अपनी विशेषता है और इसी कारण 'यात्रा–वृत्तांत' को हम सर्जनात्मक साहित्य की श्रेणी में गिनते हैं तथा पर्यटन–निर्देशिका के लेखक को व्यावसायिक लेखक मानते हैं।

यात्रा–वृत्तांत को डायरी के रूप में लिखा जा सकता है और संस्मरण के रूप में भी लिखा जा सकता है। इसको इस रूप में समझा जा सकता है। डायरी का लेखन उसी दिन होता है। उस एक दिन यदि आप किसी विशेष स्थान पर गये हैं तो, उसमें आप उसका वर्णन लिख सकते हैं। डायरी का यह हिस्सा यात्रा–वृत्तांत का एक रूप हो सकता है। यह भी हो सकता है कि आप अपनी यात्रा सम्पन्न करने के बाद उसका वर्णन करने बैठें। जाहिर है कि ऐसा आप स्मृति के आधार पर करेंगे। भले ही यात्रा–वृत्तांत डायरी की तरह उसी दिन लिखें

या न लिखें परंतु उसे उसी दौरान लिख लिया जाता है। जब तक कि यात्रा का अनुभव आपको याद हो। इसलिए यात्रा के दस–पंद्रह दिनों के भीतर उसे लिख लिया जाता है। इस तरह यह सजीव स्मृति का लेखन है।

यात्रा–वृत्तांत का एक लक्ष्यीभूत पाठक होता है। यह पाठक डायरी के पाठक से भिन्न होता है। जहाँ रचना किसी और व्यक्ति को संबोधित होती है, वहाँ लेखक में औपचारिकता आ जाती है। आप ठीक से वाक्य बनाते है, पूरी बात भूमिका सहित लिखते हैं, अस्पष्टता से बचते हैं। प्रत्येक संकेत को समझाने की कोशिश करते हैं। लिखते हुए संप्रेषण के नियमों को ध्यान में रखते हैं। यह रचना कौशल डायरी से उसको अलग करते हैं।

यात्रा–वृत्तांत का कोई–न–कोई उद्देश्य होता है। आमतौर पर किसी स्थान विशेष के सौंदर्य से या वहाँ की सामाजिक–सांस्कृतिक जिंदगी से प्रेरित होकर ही लेखक यात्रा करता है। वह चाहता है कि पाठक भी उस अनुभव के साझीदार बनें। उसकी भीतरी आकांक्षा होती है कि आप उस स्थान विशेष पर जायें तो उसे उस लेखक की दृष्टि से भी एक बार देखें। वह पाठक के साथ संप्रेषण की इस स्थिति में आना चाहता है। यात्रा वृत्तांत लिखने में अनेक शैलियों का प्रयोग किया जाता है। अतः यह ध्यान रखना चाहिए कि किसी यात्रा वृत्तांत में एक से अधिक शैलियाँ प्रयुक्त की गई हों तो सबसे प्रभावशाली शैली पर विशेष ध्यान दिया जाए।

प्रश्न 3. मोहन राकेश की डायरी के सार की प्रस्तुति कीजिए।

अथवा

'वस्तुतः जो ट्रेजेडी हुई है, उसमें मेरा ढुलमुलपन ही तो कारण है।' डायरी के इस कथन में लेखक के व्यक्तित्व की किस विशेषता का पता लगता है?

उत्तर– जब मोहन राकेश जालंधर में रहते थे तब उन्होंने यह डायरी 26 जनवरी, 1958 और 27 जनवरी, 1958 के दिन लिखी है। उन्होंने अपनी प्रसन्नचित्त मन की स्थिति के बारे में बताया है तथा हवा के रूमानी प्रभाव का उल्लेख किया है। किसी से बात करने की मन में कामना जागती है। वह आश्वस्त, स्नेहिल और घरेलू संबंध की कामना करता है। वह चाहता है कि 'किसी के हाथ चाय की प्याली लाकर दें'। इसी सुखद कल्पना के बाद उसे पुनः निराशा घेर लेती है। उसे लगता है कि यह संभव नहीं है। जिस से उम्मीद की थी, उसने मना कर दिया। जो कर सकता है (या कर सकती है) उसका अपना पारिवारिक दायित्व है।

लेखक अपने जीवन के इस खालीपन से परेशान है। वह चाहता है कि साहित्य की दुनिया में वह अपने आपको डुबा दे और भावनात्मक रिश्तों को मन से निकाल दे। क्या यह संभव है? इस सबके लिए वह कहीं अपने 'ढुलमुलपन' को ही दोषी मानता है। शिमला में किसी हितैषी महिला (मनोरमा साहनी) ने कहा भी था कि जब मन नहीं है ता ब्याह क्यों करते हो? मना कर दो? लेखक भी सोचता है कि वीणा को पत्र लिख ही दें।

रात के वातावरण का जिक्र करते हुए लेखक चाहने लगता है कि वह लिखते–लिखते थक जाए और सो जाए? परंतु थकते ही नहीं। थक भी गए तब भी नींद नहीं आती। नींद आ भी जाए तो थकान नहीं मिटती। सुबह ऐसा लगता है मानो 'दस घंटे दफ्तर में काम करके आए हों।'

अगले दिन 27 जनवरी, 1958 की डायरी में लेखक ने वीणा को लिखा पत्र उद्धृत किया है। वीणा के पत्र का जबाव देते हुए राकेश लिखते हैं कि सारे शहर में कोई जी भरकर बात करने के लिए व्यक्ति नही मिला सिर्फ उसका चेहरा मिलता है। मानवीय संप्रेषण की यह कमी लेखक को खलती है। फिर वीणा का पत्र पढ़ता है। कितनी बार 'बता चुका हूँ' कि माँ बस पर सफर नहीं कर सकती। मतलब यही कि माँ न आए तो लेखक भी नहीं आ सकता। लेखक सोचता है कि वहाँ जाने से भी मन स्थिर हो जाएगा, क्या यह तय है?

लेखक सूचित कर रहा है कि इन दिनों वह लिखने–पढ़ने के कार्यों में लगा हुआ है। फिर वह वीणा से आग्रह करता है कि वह 'रोज सोने से पहले मुझे एक पत्र लिख दिया करे' जैसे किसी को चाय की प्याली बनाकर देते है'। काम असंभव तो नहीं है परंतु कठिन है। मोहन राकेश यहाँ फिर डायरी लिखने की प्रेरणा का उल्लेख करते हुए कहते है 'बहुत कुछ ऐसा भी संप्रेषण होता है, जिसे बात के रूप में देखें तो कुछ भी नही होता, पर होता वहा बहुत कुछ है।' लेखक सोने से पहले उमड़ने वाले उस 'कुछ' को संप्रेषित करने के लिए व्याकुल होता है। (उस 'कुछ' की अभिव्यक्ति का एक रूप यह डायरी है) ।

लेखक अपने आपको अभिव्यक्त करते हुए आगे कहता है कि उसमें धैर्य नहीं है। वह प्रतीक्षा नहीं कर सकता। जो होना है वह हो जाए। मौसम बदलना है तो तुरंत बदल जाए। परन्तु ऐसा होता नहीं। इससे भी निराशा तो होती ही है।

अपने अकेलेपन से मुक्ति पाने के लिए लेखक कामना करता है कि उसके आस–पास 'व्यक्ति' न सही एक भावना रहे। उसके रहने का विश्वास रहे और उसे लगता रहे कि अभी वह मेरी ओर देखकर मुस्करा देगी। स्नेह–संबंधों की यह आकांक्षा लेखक को कल्पना में ले जाती है और वह स्वयं ही अपनी इस छलना पर मुस्करा देती है। इससे तो अच्छा है कि किसी अपरिचित देश का संगीत सुने या उपन्यास पढ़े या घूमे–फिरे या रोज नींद की एक गोली खा ले। लेखक को लगता है कि चिंतन सोचना–विचारना एक बीमारी है, जो अकेले में बढ़ती है। इससे मुक्ति पाने के लिए वह चार–छः रोज के लिए दिल्ली जाएगा। फिर वापिस आकर काम करेगा, इसकी सूचना वह पत्र में देता है। पत्र पूरा करने के बाद लेखक अपने आप से विचार–विमर्श करता है तथा वार्तालाप करता है और अपने आपको सलाह देता है कि वह मन को स्थिर करे। काम करने की इच्छा है तो काम करो। जिन कल्पनाओं का कोई अर्थ नहीं है उनके मीठे ख्यालों में मत उलझो। जी.पी.एच. की पुस्तकों का मुख्य उद्देश्य ज्ञान के साथ–साथ अच्छे नम्बर दिलाना है।

प्रश्न 4. डायरी की प्रमुख विशेषताओं का उल्लेख कीजिए।

उत्तर— मोहन राकेश की डायरी की एक विशेषता यह है कि डायरी में उन्हीं घटनाओं का विवरण है, जिनसे वह बहुत अधिक प्रभावित हुए। दो दिन की इस डायरी में लेखक ने अपने अकेलेपन की पीड़ा या भावनात्मक रिक्तता (खालीपन) का वर्णन किया है। यदि इसे रचना के रूप में देखें तो हम पायेंगे कि इसमें तथ्यों का नितांत अभाव है। डायरी का उद्देश्य हम जान सकते हैं, परन्तु उससे हमें कोई खास जानकारी मिलती हो – सो बात नहीं है। तथ्य नहीं हैं, तथ्यों के संकेत हैं, जिन्हें लेखक जानता है। उसे पता है। उन तथ्यों के प्रति मानसिक प्रतिक्रियाएँ लेखक ने व्यक्त की हैं। यदि उन्हें वह नहीं लिखता, तो स्वयं ही भूल जाता। इसलिए एक संकेत सूचक वाक्य लिखकर आगे बढ़ गया। उदाहरणार्थ – जिससे इस सबकी आशा की थी, उसने तो उस दिन रेखा खींच दी।' इस वाक्य का संपूर्ण अर्थ लेखक जानता है। हम नहीं जानते। लेखक ने हमें इस वाक्य का अर्थ नहीं समझाया। क्योंकि लेखक ने हमारे लिए अर्थात् पाठक के लिए इस डायरी को लिखा ही नहीं। उसने तो अपने लिये लिखा था और इस संकेत को वह कभी भी समझ सकता है। यह डायरी के लेखन की अपनी विशेषता है। यदि लेखक संस्मरण, यात्रा–वृत्तांत या आत्मकथा लिखता तो इस प्रकरण पर अवश्य प्रकाश डालता।

डायरी में वर्णित इन मानसिक प्रतिक्रियाओं से हमारे सामने लेखक के रूप में एक ऐसे भावुक व्यक्ति की तस्वीर उभरती है जो रिश्तों की ऊष्मा में जीना चाहता है, रिश्तों पर निर्भर रहना चाहता है। वह चाहता है कि 'किसी का हाथ चाय की प्याली लाकर दे' आत्मीयता की कामना और इसके अभाव की पीड़ा एक ऐसा दर्द है जिसे किसी दुनियादार आदमी को नहीं समझाया जा सकता। दूसरा, लेखक स्वयं भी जानता है कि इस दर्द का इलाज संभव नहीं। इसे सहना ही है। फिर, काम करे और थक जाये। थक जाये और सो जाये। परंतु दर्द की सीमा यहाँ तक है कि 'नींद आती है तो थकान दूर नहीं होती।' दर्द की दवा की निरर्थकता का यह एहसास ही लेखक को डायरी जैसे निजी और आत्मीय लेखन की तरफ ले जाता है।

दो दिनों की इस डायरी में निरंतरता है। जो दर्द पहले दिन की डायरी में है, वही दूसरे दिन भी मौजूद है। इस दिन वीणा को पत्र लिखा गया है। इस पत्र में भी वही आत्मसाक्षात्कार है। अपना ही उतावलापन, अस्थिरता, दिवास्वप्न और आकांक्षा है। लेखक एक ऐसी भावना को अपने आस–पास देखना चाहता है जो 'मेरे तकिये के पीछे आ खड़ी होगी और मेरे बालों को सहला देगी'। जाहिर है कि यह दिवास्वप्न दैनिक जीवन में अनेक कष्टों को न्यौता देगा। ये पीड़ायें डायरी के इन अंशों में मौजूद हैं। आत्मसाक्षात्कार के रूप में लिखी गयी इस डायरी में किसी प्रकार की भूमिका नहीं है। लेखक किसी अन्य को संबोधित नहीं करता। इसलिए इसमें औपचारिक लेखन की दृष्टि से अनेक कमियां दिखायी देंगी। लेकिन उस एक दिन

लेखक क्या महसूस करता रहा इसकी तस्वीर उस दिन डायरी में पूरी तरह से उपलब्ध है। और यही इस डायरी की सबसे बड़ी उपलब्धि है। इस रूप में यह किसी भी डायरी की उपलब्धि हो सकती है।

डायरी आत्मसाक्षात्कार की विधा है। इसमें व्यक्ति अपने आप से संवाद करता है। मोहन राकेश की इस डायरी के अंश में दो दिन की लेखक की मन:स्थिति का चित्रण है। इस मन:स्थिति का विशेष संदर्भ है। इस संदर्भ का खुलासा डायरी में नहीं है लेकिन उसके प्रभाव का चित्र अत्यंत प्रभावशाली रूप में डायरी में अंकित हुआ है।

"जब भी मन उखड़ने लगता है, चाह होती है वीणा को एक पत्र लिख दें। उसे बुरा लगे या अच्छा, लिख दें। सच में, उसकी आत्मीयता किस तरह छा लेती है? कैसे मानूँ कि वह मेरे लिए पराई है और किसी और के लिए अपनी है।"

मोहन राकेश ने अपने मन की उलझन को भी डायरी में दर्ज किया है। मन में अगर बेचैनी है तो काम में अपने को लगाए रखने से भी बात नहीं बनती। काम में मन नहीं लगता और शरीर पर भी उसका अनुकूल असर नहीं पड़ता। मन पर पड़े प्रभाव को मोहन राकेश ने उसी दिन डायरी में लिख दिया।

"लिख रहे हैं कि किसी तरह थक जाएँ, जिससे नींद आ जाए, मगर विडंबना यह है कि कितना ही थकने की कोशिश करें, पूरा थकते नहीं। और थक जाते हैं तो नींद नहीं आती। और नींद आती है तो थकान दूर नहीं होती। ऐसे सुबह उठते हैं जैसे दस घंटे दफ्तर में काम करके आए हों।"

प्रश्न 5. मोहन राकेश की डायरी की भाषा-शैली पर टिप्पणी लिखिए।
अथवा
मोहन राकेश की डायरी के पठित अंश की कोई दो भाषागत विशेषताओं का उल्लेख कीजिए।

उत्तर— डायरी लिखने के कई उद्देश्य हो सकते हैं। डायरी रोज के हिसाब-किताब को लिखने के लिए, जरूरी बातों को याद रखने के लिए, प्रमुख बातों की सूची बनाने आदि कारणों से लिखी जा सकती है। हर रोज डायरी लेखक के जीवन में घटने वाली घटनाओं का विवरण प्रस्तुत किया जा सकता है, लेकिन ऐसी डायरी को साहित्यिक विधा नहीं माना जा सकता। वही डायरी साहित्य रचना का दर्जा पा सकती है जिसमें डायरी लेखक की रचनात्मक ऊर्जा की अभिव्यक्ति हो। वहाँ घटनाओं और भावों का वर्णन पर्याप्त नहीं है। इस दृष्टि से देखने पर हम पाते है कि मोहन राकेश की डायरी में घटनाओं और भावों का वर्णन नहीं है।

26 जनवरी के दिन लिखी गई डायरी का आरंभ लेखक इस तरह करता है—

"हवा में वासंती स्पर्श है, समय अच्छा-अच्छा लगता है। ऐसे में अनायास मन होता है कि हल्के-हल्के स्वर में किसी से बात करें।"

लेखक ने इन दो वाक्यों में डायरी लिखने के क्षणों का वर्णन किया है, लेकिन यह वर्णन इस तरह से भी हो सकता था—"वसंत की हवा चल रही है जो बहुत अच्छी लग रही है। किसी से बात करने का मन कर रहा है।" बात कहने के इस ढंग की तुलना यदि मोहन राकेश के कथन से करें तो हमें उनके कथन की उत्कर्षता का एहसास आसानी से हो जाएगा। इन पहले दो वाक्यों में ही लेखक की मन:स्थिति का आभास हो जाता है। "समय अच्छा-अच्छा लगता है" में सिर्फ बाह्य स्थिति का वर्णन नहीं है वरन् लेखक की आंतरिक अनुभूति का संकेत भी है। "हवा में वासंती स्पर्श है" कहने से ही कथन में निहित सर्जनात्मक स्पर्श का संकेत मिल जाता है।

डायरी का लेखन प्रकाशन के लिए नहीं होता। लेकिन साहित्यिक डायरी में लेखक की भाषा का उत्कृष्ट रूप देखने को मिलता है। इस डायरी-अंश में भी हम पाते हैं कि लेखक शब्दों का प्रयोग अत्यंत सजग होकर करता है। उसकी भाषा में भावात्मक तरलता का आभास हमें बराबर मिलता है। जनवरी की ठंडी हवा का असर जो मन पर पड़ता है, उसके अनुरूप भाषा लिखी गई है। लेखक की भाषा में आत्मीय शीतलता का सहज आवेग हर कहीं है—

"कितनी बार साहस संचित किया था कि लिख दें, नहीं, हमारी मर्जी नहीं है। मगर फिर-फिर वही बात सामने आ जाती थी............ उनसे कह जो चुके हैं।"

या इन वाक्यों में अपने आप से बात करने के अंदाज को देखें—

"इरादा था, सोने से पहले उपन्यास के एक अध्याय का खाका बनायेंगे। अब खाक बनायेंगे?"

दूसरे दिन की डायरी में लेखक ने वीणा के लिखे पत्र को उद्धृत किया है। वीणा को पत्र लिखने की बात का जिक्र 26 जनवरी के अंश में है: "जब भी मन उखड़ने लगता है, चाह होती है वीणा को एक पत्र लिख दें।" लेखक अपने इस इरादे को पूरा करता है और वीणा को पत्र लिखता है। न तो पत्र से और न ही डायरी के अंश से यह ज्ञात होता है कि लेखक का वीणा के साथ क्या संबंध है। लेकिन पत्र और अन्य उल्लेख इस बात का आभास दे देते हैं कि वीणा लेखक की आत्मीय है। यही वजह है कि पत्र का संबोधन अत्यंत अनौपचारिक ढंग से होता है: 'वीणा'। आगे-पीछे किसी अन्य संबोधन का न होना यह बताने के लिए पर्याप्त है कि वीणा-लेखक के बीच गहरा आत्मीय रिश्ता है। यह आत्मीयता पूरे पत्र में बराबर अभिव्यक्त हुई है। यही वजह है कि पत्र में लेखक अपने हृदय की बात कहने में संकोच नहीं करता।

"कभी-कभी यह भी अनुभव करना चाहता हूँ कि आकृति न सही, एक भावना यहीं कहीं पास में है, अभी मेरी ओर देखकर मुस्करा देगी, खिलखिला उठेगी। अभी मेरे तकिये के पीछे आ खड़ी होगी और मेरे बालों को सहला देगी।"

इन वाक्यों में लेखक का हृदय ही नहीं उसका रचनाकार मन भी हमारे सामने आता है। भावना को अपने आसपास एक सजीव आत्मीय की तरह महसूस करने को लेखक ने

गतिशील बिंब में बाँध दिया है। यहाँ कवि की प्रिया ही भावना के रूप में साकार हो उठी है कि लेखक स्वयं अपने से प्रश्न करने लगता है–

"......... अभी मेरा टेबल लैंप बुझा देगी और कहेगी, थको नहीं, सो जाओ। लेकिन, भावना इतनी मूर्त क्योंकर हो सकती है? अपनी छलना पर स्वयं मुस्करा देता हूँ। हटाओ जी, यह सब बात। पढ़े–लिखे समझदार आदमी हो, तुम्हें यह सब शोभा नहीं देता।"

डायरी निजी लेखन है। अतः इसमें लेखक के व्यक्तिगत जीवन को अभिव्यक्ति मिलती है। नितान्त निजी क्षणों में कोई भी व्यक्ति जो सोचता–विचारता है, उसे अपनी डायरी में लिखता है।

पत्र का यह अंश पढ़ने से हमें सहज ही यह आभास हो जाता है कि मोहन राकेश अपने मन की स्थिति का चित्रण करने में किसी तरह का संकोच नहीं कर रहे हैं। लेकिन यह सब कहते हुए, लेखक का अपनापन भी हमें महसूस होता है।

बड़े लेखक की यह पहचान होती है कि वह साधारण सी बात कहते हुए उसमें असाधारण मंतव्य, असाधारण ढंग से डाल देता है।

"मेरे पास रोज कहने को बात नहीं होती – लेकिन केवल कुछ कहने के लिए ही तो नहीं लिखा जाता, पर होता वह बहुत कुछ है। मैं रोज सोने से पहले अपने अंदर उमड़ते हुए उस 'कुछ' को संप्रेषित करने के लिए व्याकुल होता हूँ। निस्संदेह वह 'कुछ' नहीं है, जिसके दोष से मैं लांछित हूँ। वह 'कुछ' कुछ भी हो शारीरिकता से छुआ नहीं होता – यद्यपि उससे कहीं बलवान होता है।"

डायरी के इन अंशों को पढ़ने से हमें लेखक की भाषिक शक्ति का प्रमाण मिलता है। अपने मन की उलझनों को इतने खूबसूरत ढंग से कह सकना मोहन राकेश की भाषा की विशेषता रही है। वह भाषा की सुदरता का जिस तरह उपयोग करते हैं तथा अपनी बात को रचनात्मक ढंग से कहते हैं इसका ज्ञान हमें उनकी कहानियों तथा नाटकों से भी होता है। इस बात से यह पता चलता है कि डायरी लेखन एक कला होने के साथ–साथ एक रचनात्मक अभिव्यक्ति भी है।

विद्यार्थीगण **GPH** की पुस्तकें क्यों चुनते हैं?

- विश्वविद्यालयों/परीक्षा बोर्डों/संस्थानों द्वारा निर्धारित पाठ्यक्रमों का पूर्ण समावेश।

- आसानी से समझी जा सकने वाली भाषा तथा प्रारूप (फॉर्मेट) जिससे विद्यार्थियों को थोड़े समय में परीक्षा की तैयारी करने में सहायता मिलती है।

- हमारी पुस्तकें परीक्षा को ध्यान में रखकर प्रश्न-उत्तर शैली में तैयार की जाती हैं जिससे विद्यार्थीगण सही उत्तर को तुरंत समझ पाते हैं।

- पिछले वर्षों के प्रश्न-पत्रों को हल करके शामिल किया जाता है ताकि विद्यार्थीगण को परीक्षा के उस खास ढाँचे को समझने में सहायता मिल सके और वे परीक्षा की तैयारी बेहतर ढंग से कर सकें।

- दोनों छमाहियों (जून-दिसम्बर) के प्रश्न-पत्रों को हल करके पुस्तक में शामिल किया जाता है।

- आँकड़ों में जब भी कोई परिवर्तन होता है तो उसे अपडेट कर दिया जाता है।

- पुनरावृत्त (रिसाइकल किए गए) कागज का प्रयोग।

- सुविधाजनक आकार तथा उचित मूल्य।

- अपने सामाजिक दायित्वों के अनुरूप हम बेची गई प्रत्येक पुस्तक से समाज/संस्थाओं/एन.जी.ओ./वंचितों को सहयोग देते हैं।

पत्र–साहित्य

भूमिका

पत्रों के द्वारा किसी व्यक्ति से संबंध बनाकर किसी विषय पर जो लिपिबद्ध वार्तालाप प्रारंभ किया जाता है, उसका संपूर्ण संकलित रूप 'पत्र–साहित्य' कहलाता है। इसमें लेखक किसी व्यक्ति को पत्र लिखकर किसी विषय पर उसके विचारों को जानना चाहता है। उसका उत्तर प्राप्त होने पर वह उस उत्तर का विश्लेषण करता है और उत्पन्न शंकाओं के समाधान हेतु पुनः पत्र लिखता है। इस प्रकार एक प्रक्रिया चल पड़ती है जो पत्रों के रूप में लिपिबद्ध होती जाती है। जब यह प्रक्रिया पूर्ण हो जाती है तो दोनों ओर के पत्रों के उस संकलन को पत्र साहित्य कहा जाता है। इस अध्याय में साहित्य की एक प्रमुख विधा 'पत्र' का वर्णन किया गया है। इसमें साहित्यिक विधा के रूप में पत्र–साहित्य की विशेषताओं जैसे लिखित संप्रेषण, निजता, आत्माभिव्यक्ति, तात्कालिकता और सहजता के बारे में बताया गया है। इसमें पत्र तथा अन्य गद्य विधाओं में अंतर स्पष्ट किया गया है। अंत में मुक्तिबोध के पत्रों का पठन, सार और विश्लेषण किया गया है। मुक्तिबोध के विश्लेषण के अंतर्गत कथ्य और भाषा शैली का वर्णन किया गया है।

प्रश्न 1. पत्र को एक साहित्यिक विधा के रूप में समझाइए।

अथवा

औपचारिक पत्र और अनौपचारिक पत्र के बीच क्या अंतर है?

उत्तर— गद्य साहित्य की महत्त्वपूर्ण विधा 'पत्र' है। पत्र एक लिखित संदेश है, जो एक या अनेक व्यक्तियों की ओर से अन्यत्र उस व्यक्ति या उन व्यक्तियों के पास भेजा जाता है, जिनसे कुछ कहना (व्यक्त करना) होता है। दूसरे शब्दों में कहा जाए तो इसमें दो अलग-अलग जगह पर रहने वाले व्यक्ति लिखित भाषा के माध्यम से संप्रेषण करते हैं। दो व्यक्तियों के संप्रेषण में वाचिक भाषा का प्रयोग होता है। यह वाचिक भाषा जब लिखित रूप में आ जाए, तो पत्र इसका सबसे समर्थ वाहक बनता है। दूसरे शब्दों में पत्र किसी के पास भेजा गया लिखित संदेश है। इस दृष्टि से देखा जाए तो हम देखते हैं कि पत्र में—

- एक लेखक होता है और एक पाठक होता है।
- पाठक लेखक और लेखक पाठक बन जाता है। अर्थात् इसमें तीसरा कोई व्यक्ति नहीं होता।
- इस माध्यम में दोनों व्यक्तियों को एक भाषा का जानकार एवं साक्षर होना आवश्यक है। अर्थात् पत्र साक्षर व्यक्तियों के संप्रेषण का माध्यम है।

कथेतर गद्य-विधाओं में कल्पना का सहारा नहीं लिया जाता, वरन् इनमें वास्तविक घटनाओं और अनुभवों का वर्णन किया जाता है। पत्र किसी काल्पनिक तथा अमूर्त व्यक्ति को संबोधित नहीं होता वरन् वास्तविक व्यक्ति को संबोधित होता है। पत्र पाने वाला जब पत्र का जवाब देता है तो वह भी पत्र लेखक बन जाता है। उसमें भी सर्जनात्मक सामर्थ्य होती है। पत्र की यह विशेषता किसी भी अन्य गद्य विधा में नहीं मिलती। पत्र-साहित्य के लेखक-पाठक में समानता का आधार होता है।

पत्र दो साक्षर व्यक्तियों का लिखित संवाद है। संवाद में दोनों व्यक्ति एक-दूसरे को संप्रेषित कर रहे होते हैं। इस सामग्री को हम मोटे तौर पर तीन भागों में बाँट सकते हैं—

- तथ्यों का संप्रेषण,
- तथ्यों पर व्यक्त की जा रही मानसिक प्रतिक्रियाओं का संप्रेषण, और
- स्वयं का संप्रेषण अर्थात् आत्माभिव्यक्ति।

जिन पत्रों में हम एक-दूसरे को तथ्यों का संप्रेषण करते हैं उन्हें हम औपचारिक पत्रों की श्रेणी में रख सकते हैं। दुकानदार द्वारा अपने ग्राहक को किसी पुस्तक की कीमत की सूचना देने से लेकर सरकार को जनता की समस्याओं से अवगत कराने तक के सभी पत्रों को हम औपचारिक पत्रों की श्रेणी में गिनते हैं। इनका एक निश्चित विधान होता है। उसी के अनुरूप सभी लोग आवश्यकतानुसार पत्र व्यवहार करते हैं। ऐसे पत्र साहित्यिक पत्रों की श्रेणी में नहीं आते।

जिन पत्रों में पत्र–लेखक किसी तथ्य विशेष पर अपनी निजी मानसिक प्रतिक्रिया व्यक्त करता है या अपने दु:ख दर्द की कहानी सुनाता है, अपने आपको अभिव्यक्त करके प्रसन्न होता है, उन्हें अनौपचारिक पत्र कहा जाता है। औपचारिक और अनौपचारिक पत्रों को इस तरह से पहचान सकेंगे–

- औपचारिक पत्र निश्चित परिपाटी में लिखे हुए होते हैं, जबकि अनौपचारिक पत्रों की ऐसी कोई निश्चित परिपाटी नहीं होती।
- औपचारिक पत्र सोद्देश्य होते हैं। उनका उद्देश्य निश्चित तथ्यों और घटनाओं का संप्रेषण करना होता है।
- औपचारिक पत्र में पाने वाले व्यक्ति का निजी व्यक्तित्व महत्त्वपूर्ण नहीं होता। उस स्थान पर बैठे हुए किसी भी व्यक्ति के लिए यह पत्र हो सकता है। जबकि अनौपचापरिक पत्रों में वह व्यक्ति महत्त्वपूर्ण होता है, जिसे पत्र लिखा जाना है। यदि उसके स्थान पर किसी और को पत्र लिखना है तो पत्र की सारी सामग्री बदल जाएगी। यह निजता ही उसे अनौपचारिक पत्र बनाती है और इसी से यह पत्र साहित्य की श्रेणी में आता है।

पत्र आत्माभिव्यक्ति का सशक्त माध्यम है। पत्र–लेखन नई घटना नहीं है। यह मानव–सभ्यता के साथ–साथ विकसित प्राचीन कला है। लेकिन, एक विधा के रूप में साहित्य से इस कला का संबंध मुख्यत: आधुनिक युग में ही स्थापित हुआ। साहित्यिक दृष्टि से मूल्यवान पत्र को ही साहित्यिक पत्र माना जाता है। इस प्रकार के पत्र से रचनाकार के व्यक्तित्व, उसकी रचना, रचना–प्रक्रिया आदि का उद्‌घाटन होता है। सामान्य सूचना देने वाले पत्र साहित्यिक पत्र की कोटि में नहीं आएँगे। साहित्यिक सवालों को उठाने वाले पत्र ही साहित्यिक पत्र कहे जाएँगे।

सामाजिक, सांस्कृतिक और राजनीतिक जीवन के क्षेत्र में महत्त्वपूर्ण कार्य करने वाले व्यक्तियों के बारे में सभी व्यक्तियों की जिज्ञासा रहती है। हम उनके बारे में ज्यादा से ज्यादा जानना चाहते हैं। इन क्षेत्रों में उनके किए गए कार्यों को हम जानते हैं। उनके व्यक्तित्व का सार्वजनिक पक्ष हमारे सामने उद्‌घाटित हो चुका होता है। हम यह भी जानना चाहते हैं कि उनका निजी, एकांत, गोपनीय जीवन कैसा रहा है? किसी घटना विशेष पर उनकी तात्कालिक प्रतिक्रिया कैसी रही है? इसके लिए हम महापुरुषों के संस्मरण पढ़ते हैं, उनकी डायरी और आत्मकथा का अध्ययन करते हैं। इसी जिज्ञासा से हम उनका पत्र–व्यवहार भी पढ़ते हैं। इन पत्रों में उनका मानसिक व्यक्तित्व झाँकता है। इसी कारण उनका पत्र–व्यवहार प्रकाशित होता है। महात्मा गाँधी, अल्बर्ट आइंस्टाईन, प्रेमचंद और रवीन्द्रनाथ ठाकुर के पत्र बहुत चाव से पढ़े जाते हैं।

पत्र-साहित्य हिंदी गद्य की नवीनतम गद्य विधाओं में से एक है। जैसे-जैसे पत्र साहित्य का महत्त्व स्थापित हुआ वैसे-वैसे महत्त्वपूर्ण रचनाकारों के पत्र प्रकाशित होने लगे। हिंदी साहित्य में कई हिंदी साहित्यकारों जैसे महावीर प्रसाद द्विवेदी, बनारसीदास चतुर्वेदी, माखनलाल चतुर्वेदी, निराला, उग्र, बच्चन, यशपाल, दिनकर, हजारी प्रसाद द्विवेदी, नागार्जुन आदि रचनाकारों के पत्र प्रकाशित हो चुके हैं। इन पत्रों से साहित्य और संपूर्ण जीवन के बारे में इनके दृष्टिकोण को समझने में सहायता मिली है।

सर्वश्री नेमिचन्द्र जैन और मुक्तिबोध हिंदी के महत्त्वपूर्ण रचनाकार हैं। इन पत्रों में मुक्तिबोध ने साहित्य और जीवन के बारे में अपना दृष्टिकोण सामने रखा है। इसीलिए यह एक साहित्यिक पत्र है। इसलिए यह कहा जा सकता है कि "पत्र साहित्य की वह कथेतर प्रबंध मुक्त गद्य विधा है, जिसमें किसी व्यक्ति के विचार, जीवन-अनुभव, दृष्टिकोण, घटनाओं और परिवेश के प्रति निजी प्रतिक्रिया सहज रूप में व्यक्त की जाती है। व्यक्ति-व्यक्ति के मध्य संवाद का यह सर्वाधिक और विश्वसनीय माध्यम है।"

प्रश्न 2. पत्र विधा की विशेषताओं का वर्णन कीजिए।

अथवा

पत्र की निजता से आप क्या समझते हैं?

उत्तर— पत्र किसी महत्त्वपूर्ण उद्देश्य से संप्रेषण के लिए होता है। हम किसी योजना के अंतर्गत अपनी बातों को दूसरे तक पहुँचाने या संप्रेषित करने के लिए लिखते हैं। हम अचानक बिना किसी उद्देश्य से ऐसे ही पत्र नहीं लिखते हैं। हम अपनी कोई बात किसी को बताना चाहते हैं या कुछ कहना चाहते हैं तथा जिसे हमें बताना या कहना चाहते हैं वह व्यक्ति हमसे दूर है। यदि वह पास है, तब भी हमको लगता है कि हम उसे अपनी बात अच्छी तरह से नहीं कह पाएँगे। सामने वाला व्यक्ति अपनी प्रतिक्रिया व्यक्त करके हमारी एकाग्रता भंग कर देगा और इस कारण हमारा 'कथ्य' पूर्णतः संप्रेषित नहीं हो पाएगा। इसलिए हम दूरस्थ मित्र को मानसिक रूप से अपने सामने खड़ा करते हैं और तब उसे संबोधित करते हुए अपनी बात कहते हैं। यह एक विशेष प्रकार का संप्रेषण है।

- **लिखित संप्रेषण—** पत्र लिखित संप्रेषण का माध्यम है। यह साक्षर व्यक्तियों के संप्रेषण का माध्यम है। निरक्षर व्यक्ति पत्र व्यवहार नहीं कर सकते। पत्र लिखने वाला और पाने वाला दोनों एक ही समान भाषा के जानकार होने चाहिए। यदि मुझे फ्रेंच नहीं आती तो कोई व्यक्ति फ्रेंच में पत्र लिखकर मुझसे संवाद नहीं कर सकता। दोनों के पत्र-व्यवहार की भाषा एक ही होनी चाहिए। फिर, पत्र दूरस्थ व्यक्तियों के संप्रेषण का माध्यम है। यदि कोई व्यक्ति आपके सामने बैठा है तो आप मौखिक रूप से उससे बातचीत कर सकते हैं लेकिन मौखिक बातचीत की सीमा से

बाहर रहने वाले व्यक्ति से संवाद स्थापित करने के लिए हमें पत्र की आवश्यकता पड़ती है। ज्यों ही हम लिखित माध्यम को चुनते हैं, संवाद में एक विशेष प्रकार की औपचारिकता आ जाती है।

सामान्यत: लेखन की किसी भी विधा में लेखक महत्त्वपूर्ण होता है। वह अपने अनुभव, अपनी सोच, अपना चिंतन व्यक्त करता है। उस लेखन को पढ़ने वाला पाठक अदृश्य होता है, अनिश्चित होता है। पत्रों में प्राप्तकर्त्ता वास्तविक व्यक्ति होता है। आप एक विशेष व्यक्ति को संबोधित करते हैं। यह विशेष व्यक्ति आपके पत्र में 'कथ्य' को प्रभावित करता है, यहाँ तक कि वह उस 'कथ्य' को निश्चित करता है। मुक्तिबोध यदि नेमिचंद्र जैन को पत्र न लिखकर अज्ञेय या रामविलास शर्मा को लिखते, तो पत्र का मजमून ही बदल जाता।

- **निजता**—पत्र में दो व्यक्ति परस्पर संवाद की स्थिति में होते हैं। ये व्यक्ति आपस में साझा अनुभव के साक्षी होते हैं। उनके जीवन के कुछ बिंदु, कुछ समस्याएँ समान होती हैं और वे उस आधार से परस्पर पत्र-व्यवहार करते हैं। यदि उनमें कुछ भी एक समान न हो, तो उनमें किसी भी प्रकार के संप्रेषण की संभावना नहीं होती और तब उनमें किसी प्रकार का पत्र-व्यवहार भी नहीं होता। इसके साथ ही वे किसी सार्वजनिक अनुभव का आदान-प्रदान भी नहीं करते। पत्रों से सार्वजनिक जीवन का जिक्र हो सकता है, परंतु उसकी सार्वजनिक व्याख्या नहीं होती। उस सार्वजनिक जीवन के प्रति लेखक की निजी राय क्या है यह वह पत्र में प्रकट कर सकता है और प्राप्तकर्त्ता से उम्मीद करता है वह या तो उसकी पुष्टि करे या खंडन करे।

यदि आप मुक्तिबोध के पत्रों को देखें तो इनमें कई बातें नेमिचंद्र जैन और मुक्तिबोध में समान हैं। उदाहरण के लिए दोनों लेखक हैं, कविताएँ लिखते हैं और एक ही तरह के सृजन कर्म से जुड़े होने के कारण उनकी वैचारिक दृष्टि में भी काफी बिंदु समान हैं। पत्र एकतरफा संप्रेषण नहीं होता। पत्र-व्यवहार में साझा सर्जनशीलता अभिव्यक्त होती है। एक व्यक्ति पत्र लिखता है दूसरा व्यक्ति पढ़ता है। वह उस पत्र को पढ़कर पत्र लिखने बैठ जाता है और इस तरह यह क्रम चलता रहता है। जाहिर है कि इसमें लेखक पाठक और पाठक लेखक बन जाता है। दोनों इस दोहरी भूमिका में आ जाते हैं। उनकी यह बदली हुई भूमिका किसी अन्य गद्य विधा में नहीं होती। कविता, कहानी या नाटक हो या संस्मरण, रिपोर्ताज या आत्मकथा सभी में लेखक, लेखक ही रहता है और पाठक, पाठक ही रहता है। पाठक कभी भी लेखक नहीं बनता।

- **आत्माभिव्यक्ति**—पत्र में लेखक किसी विशेष विषय का वर्णन नहीं करता। वह आत्माभिव्यक्ति करता है। वह एक से अधिक तथ्यों पर अपनी मानसिक प्रतिक्रिया

व्यक्त करता जाता है। लिखने के दौरान जो भाव तरंगें, उठीं, मन में जो विचार आया, उन्हें वह उसी रूप में व्यक्त करता जाता है। किसी गंभीर तात्विक विषय का उल्लेख भी लेखक बड़े सामान्य और सहज ढंग से कर देता है। यहाँ लेखक का चिंतन महत्त्वपूर्ण होता है। जाहिर है कि इसमें स्फुट चिंतन व्यक्त होता है, विस्तार से व्याख्या नहीं होती चिंतन की पूर्णता नहीं होती, निष्कर्ष भी नहीं होता। अनेक बातों को लेखक छोड़ देता है। केवल प्रासंगिक बातों पर प्रकाश डालकर वह पत्र बंद कर देता है। कुछ बातें वह अगले पत्र के लिए शेष रख लेता है। कुछ बातें वह प्रत्युत्तर मिलने के बाद लिखता है।

किसी पत्र में लेखक भूमिका नहीं लिखता। वह सीधे मूल बात से पत्र की शुरुआत करता है। उसे मालूम है कि पत्र को पाने वाला व्यक्ति कौन है? वह कितना जानकार है? उसे सब बात समझाने की जरूरत नहीं है। वह संदर्भ से आगे पीछे की बातें समझ सकता है। उनके बीच यह कोई पहला पत्र नहीं है। कई पत्र आ-जा चुके हैं। कुछ बातें आमने-सामने घटित हो चुकी हैं। दोनों को पता है। इसलिए संक्षेप में काम चल सकता है। गंभीर से गंभीर बात को भी लेखक तुरंत लिखकर आगे बढ़ता है। यहाँ यह भी ध्यान में रखना चाहिए कि पत्र में बात आगे बढ़ती है। कथ्य का विकास होता है। कथ्य का विकास लेखक-पाठक के जीवन के विकास के साथ जुड़ा हुआ होता है। सामाजिक-वैयक्तिक जीवन का प्रत्येक परिवर्तन पत्रों में अभिव्यक्ति पाता है। किसी लेखक के संपूर्ण पत्र-व्यवहार में अभिव्यक्ति कौशल के इस विकास को देख सकते हैं।

- **तात्कालिकता**—पत्र पढ़ने वाला व्यक्ति दूर होता है। वहाँ तक पत्र पहुँचने में समय लगता है। जब तक पाने वाले व्यक्ति के पास पत्र पहुँचे, तब तक लिखने वाले व्यक्ति का मन बदल सकता है। वह भूल भी सकता है। जवाब देने वाला यह मानकर चलता है कि आपकी बातें तो आपको याद हैं। आपके सामने पत्र है। इसलिए वह उसी पर अपनी प्रतिक्रिया लिख देता है। दोनों तरफ से जो अभिव्यक्त होता है, वह उन दोनों की तात्कालिक प्रतिक्रिया होती है। घटना की प्रतिक्रिया पहला व्यक्ति करता है, पाने वाला उसकी प्रतिक्रिया पर प्रतिक्रिया करता है। इसमें गलतफहमी की गुंजाइश हो सकती है। तात्कालिक प्रतिक्रिया प्रकट करने के बाद भी चिंतन चलता है। हम उस तात्कालिक मानसिकता से उबर सकते हैं। उस आवेग को स्थगित कर सकते हैं। लिखा हुआ अक्षर तो बदल नहीं सकता, परंतु लिखने वाला स्वयं बदल सकता है। इसलिए अगला पत्र कभी-कभी पिछले पत्र को निरस्त भी कर सकता है। कभी-कभी बात आगे बढ़ती है और फिर टूट जाती है। टूटी हुई बात फिर कभी जुड़ सकती है। यह तात्कालिकता की सीमा है।

इन कारणों से पत्रों में हुई बातों को लेखक का निष्कर्ष नहीं मान सकते। डायरी की भाँति पत्रों में व्यक्त किए गए विचार भी लेखक के प्रतिनिधि विचार नहीं माने जा सकते। ये उसकी तात्कालिक प्रतिक्रियाएँ हैं, तथा इन्हें इसी रूप में समझना चाहिए।

- **सहजता**—पत्र का आवश्यक गुण सहजता है। सहज संप्रेषण पत्र की सफलता का आधार सहज संप्रेषण है। इसीलिए पत्र की भाषा-शैली भी सहज होती है। यह सब बातें साहित्यिक पत्रों के बारे में हैं। पत्र लिखते समय लेखक को यह बात ध्यान रखनी चाहिए कि जिस भावना और दृष्टिकोण से वह विचारों को कह या बता रहा है प्राप्तकर्त्ता उसे उसी ढंग से समझ सके। जब लेखक पत्र लिखता है तब वह भाषा और शिल्प की कलात्मकता का इतना ध्यान नहीं रखता है। यदि पत्र में भाषागत कलात्मकता तथा सौंदर्य का लेखक ध्यान रखता है तो यह लेखक की सहज अभिव्यक्ति को प्रदर्शित करता है।

प्रश्न 3. पत्र तथा अन्य गद्य विधाओं का वर्णन कीजिए।

अथवा

पत्र से मिलती-जुलती गद्य विधाओं का उल्लेख कीजिए।

अथवा

डायरी और पत्र में क्या समानता है?

उत्तर— पत्र में लेखक अपने मन के भावों को व्यक्त करता है। इसमें लेखक अपने मन की बातों को खुलकर लिखता है, यह लेखक का आत्मसाक्ष्य होता है। पत्र में निजता तथा आत्मीयता का गुण या विशेषता भी होती है। आत्मकथा, डायरी, संस्मरण और यात्रा-वृत्तांत, पत्र-साहित्य से मिलती-जुलती गद्य विधाएँ हैं। इन सब गद्य विधाओं में लेखक अपनी बात कहता है। आत्म-प्रकाशन इन गद्य विधाओं का गुण है। आत्म-प्रकाशन की समानता के बावजूद पत्र का अलग शिल्प है। इसका स्वरूप भी अलग है। पत्र ही एकमात्र ऐसी साहित्यिक विधा है जिसमें लेखक और पाठक एक भूमि पर खड़े होते हैं। इसमें लेखक और पाठक की भूमिका बदलती रहती है। इसी तरह पत्र-लेखन का सिलसिला जारी रहता है।

- **पत्र और आत्मकथा**—पत्र और आत्मकथा एक-दूसरे के समीप होते हुए भी गद्य की स्वतंत्र विधाएँ हैं। दोनों में समानता यह है कि दोनों विधाओं में लेखक अपने बारे में खुलकर लिखता है। परंतु पत्र में जहाँ तात्कालिकता होती है वहीं आत्मकथा व्यक्ति के जिए हुए जीवन का ब्यौरा होता है। आत्मकथा व्यक्ति के निजी जीवन का लगातार प्रस्तुत किया गया विवरण है। पत्र में जीवन का एक क्षण प्रस्तुत होता है। एक समय में पत्र लेखक जो सोचता है वह लिख देता है। अतः आत्मकथा के समान

पत्र में व्यवस्था भी नहीं होती। आत्मकथा में सब कुछ सहेजा-संवारा होता है जबकि पत्र में थोड़ी 'अव्यवस्था' होती है। लेखक कभी एक बात लिखता है तो कभी दूसरी बात।

- **पत्र और संस्मरण**—यह सही है कि पत्र और संस्मरण, दोनों विधाओं में दो व्यक्तियों के साझा अनुभवों का वर्णन होता है। फर्क सिर्फ यह है कि संस्मरण में इन दो से अलग कोई तीसरा व्यक्ति पाठक होता है। इसमें लेखक > विषय (अन्य व्यक्ति) > पाठक यह क्रम रहता है। पत्र में लेखक > पाठक, पाठक > लेखक बस ये दो ही बिंदु होते हैं। ये दोनों ही अपने आपसी अनुभवों को संप्रेषित करते रहते हैं। संस्मरण में बीते हुए अनुभवों का बयान होता है, जबकि पत्र लेखन तात्कालिक अनुभवों की तात्कालिक प्रतिक्रिया है। पत्र लेखन में भी बीते हुए अनुभवों का उपयोग हो सकता है। लेकिन यह उसकी मुख्य विषय-वस्तु नहीं होती। मुख्य विषय-वस्तु वर्तमान होती है। लेखक उसी पर टिप्पणी करता है। संस्मरण में अतीत प्रमुख विषय होता है। उनसे सुखी या दुःखी हुआ जा सकता है। उनमें अब कोई परिवर्तन संभव नहीं है। वे अनुभव अपनी अंतिम परिणति तक पहुँच चुके हैं। जबकि पत्र लेखन में वर्णित कथ्य में बाद में फेरबदल किया जा सकता है। पत्र लेखन के द्वारा घटनाओं-परिस्थितियों को बदला जा सकता है। उन्हें नई दिशा दी जा सकती है। अतः पत्र में वर्तमान प्रमुख होता है और संस्मरण में अतीत।

- **पत्र और डायरी**—शिल्प की दृष्टि से पत्र निराली विधा है। इसका किसी अन्य विधा से कोई मेल नहीं है। तब भी, कुछ बातों में पत्र और डायरी में समानताएँ भी हैं। उदाहरणार्थ दोनों तात्कालिक लेखन है। एक पत्र कई दिनों तक नहीं लिखा जाता। आम तौर से एक पत्र एक ही बैठक में लिख लिया जाता है। इसी तरह डायरी का लेखन भी उसी दिन हो जाता है। वैसे यह निश्चित तो नहीं है, तब भी सामान्यतः डायरी दिन बीत जाने के बाद लिखी जाती है, जबकि पत्र लेखन का कोई निश्चित समय नहीं होता। जब भी आपको पत्र मिला या मन में इच्छा जागी, आप पत्र लिखने बैठ गए। यह अवश्य है कि पत्र लेखन एक बैठक का कार्य है। डायरी का लेखक स्वयं ही पाठक होता है, जबकि पत्र का एक अन्य व्यक्ति पाठक होता है। यह अन्य व्यक्ति पत्र की विषय-वस्तु को प्रभावित करता है। पत्र की भाषा को संयमित और मर्यादित करता है। डायरी जहाँ न कहे गए अनुभवों को व्यक्त करती है, वहाँ पत्र दोनों व्यक्तियों के साझा अनुभवों को प्रकट करता है। इसमें भी सार्वजनिक अनुभवों की अभिव्यक्ति नहीं होती। पत्र में गोपनीय सूचना हो भी सकती है, नहीं भी हो सकती है। यह जरूर होता है कि जिस सूचना को पत्र में संप्रेषित किया गया है उसका संबंध लेखक तथा पाठक दोनों से होता है। यदि

पाठक किसी अन्य विषय का ज्ञाता है और लेखक उसमें अपने विषय की बारीकियों को लिखता है या संप्रेषित करता है तो यह बेवकूफी है क्योंकि पाठक उसे समझ पाने में असमर्थ होता है। लेकिन डायरी लेखक अपने लिए लिखता है उसमें वह अपने लिए चाहे तो इन बारीकियों को लिख सकता है।

प्रश्न 4. मुक्तिबोध के पत्रों के सार का वर्णन कीजिए।

अथवा

मुक्तिबोध अपनी तुलना गधे से क्यों करते हैं?

उत्तर– दिए गए पत्र विख्यात कवि गजानन माधव ने लिखे थे। ये पत्र उन्होंने तब लिखे जब वे बनारस में रहते थे। ये पत्र उन्होंने अपने दोस्त नेमिचंद्र जैन को लिखे थे। नेमिचंद्र जैन भी एक कवि तथा आलोचक थे। मुक्तिबोध ने ये पत्र 26 अक्टूबर, 1945 और 30 अक्टूबर 1945 को लिखे थे। ये पत्र उन्होंने तब लिखे थे जब वे सरस्वती प्रेस के कार्यालय में बैठे थे।

पत्र में मुक्तिबोध ने कोई भूमिका नहीं बनाई। शुरुआत में नेमिचंद्र जैन द्वारा पत्र न भेजने की शिकायत करते हुए मुक्तिबोध ने उनके प्रति अपने अपनत्व भाव को प्रदर्शित किया। एक चिंतनशील व्यक्ति की तरह मुक्तिबोध ने प्रेम और कर्त्तव्य के द्वंद्व को सामने रखा और स्पष्ट किया कि कर्त्तव्य ही सब कुछ नहीं है। यहाँ तक कि उसकी अधिकता से मनुष्य का हृदय संकुचित हो जाता है। इसलिए कर्त्तव्य के भार से कभी–कभी मुक्त हो जाना चाहिए। मुक्तिबोध ऐसी मुक्ति की कामना करते हैं। फिर अपने लेखन के बारे में सूचना देते हैं कि कविताओं को सुधारने में उनका बहुत सारा समय निकल जाता है। फिर थोड़ा–सा उपालम्भ देकर मुक्तिबोध नेमि बाबू के लिए अपनत्व भाव को प्रकट कर देते हैं।

वे पत्र में बनारस छोड़ने की इच्छा प्रकट करते हैं ताकि कार्य की एकरसता से मुक्ति मिले। उन्होंने अपने निजी जीवन की पीड़ा को भी अभिव्यक्त किया है, जब उन्होंने लिख दिया कि 'शादी' और 'घर गृहस्थी' का जंजाल उन्हें कितना कष्टकर लग रहा है। जिस 'घर–गृहस्थी' को अधिकतर लोग अपने जीवन का आदर्श मानते हैं, वहाँ मुक्तिबोध मानते हैं कि इसके कारण आदमी 'सोलह–आना गधा हो जाता है'। अपने स्वयं की मानसिकता पर भी टिप्पणी करते हुए मानो हँसते हैं कि अभी इस 'फलसफा' को पूरा न मानने के कारण बीच–बीच में मैं विद्रोह कर बैठता हूँ।

अपने कविता न लिखने, या कविता लेखन में की गई मेहनत का वर्णन करते हुए मुक्तिबोध अपने कविता–संग्रह की भूमिका लिखने का अनुरोध भी कर देते हैं। फिर अपने घर–परिवार की जानकारी देते हुए एक उर्दू कविता को उद्धृत कर पत्र को समाप्त कर देते हैं।

अगला पत्र फिर नेमि बाबू की याद में लिखा गया है। नेमिचन्द्र जैन ने मुक्तिबोध के जीवन में जो महत्त्वपूर्ण भूमिका निभाई। उसे दोहराते हुए उन्होंने लिखा–

"याद है, आपकी बहुत बड़ी जिम्मेदारी है। आपने एक व्यक्ति के साथ नाजुक खेल खेला है। उसे कम्युनिस्ट बनाया, दुर्धर्ष घृणा के उत्ताप से पीड़ित उसकी स्त्री के प्रति उसका रुख पलटा। अधिक सहनशील भावनामय उसे बनाया।"

यह आभार प्रकट करने के बाद मुक्तिबोध फिर चिंतन के क्षेत्र में चले गए और 'विवाहित जीवन के आदर्शवाद' के विरुद्ध तर्क देने लगे। वह कहते हैं कि इसी वजह से मानव की सृजनात्मक कल्पना कम हो जाती है। वह मानते हैं कि जो भी उन्होंने जीवन में देखा है उसकी पीड़ा का निष्कर्ष यह चिंतन है। वह कोशिश करते हैं कि इससे आजाद होकर वे अपना जीवन जी सकें। अंत में वे नेमी बाबू की आ रही याद, उनके पुत्र न मिलने की शिकायत और अपना दुख दिखाते हुए पत्र समाप्त करते हैं।

प्रश्न 5. मुक्तिबोध के पत्रों का विश्लेषण कीजिए।

अथवा

मुक्तिबोध के पत्रों की भाषा–शिल्प की व्याख्या कीजिए।

उत्तर– मुक्तिबोध के पत्रों को पढ़कर यह महसूस होता है कि उन्होंने अपने उस मित्र को लिखे हैं जिन पर उन्हें बहुत भरोसा है तथा मुक्तिबोध का उनसे एक अत्यंत आत्मीय जुड़ाव है। एक ऐसा दोस्त जिन्हें वे अपनी मन की वास्तविक भावना बता सकते हैं तथा अपने जीवन के कोई भी दुख–दर्द को बता सकते हैं। लेखक के मन में ऐसा विश्वास है कि इन पत्रों के माध्यम से कोई गलतफहमी नहीं होगी, पाठक (पत्र प्राप्तकर्त्ता नेमिबाबू) लेखक (मुक्तिबोध) को कभी अपमानित नहीं करेंगे, उसे हेय दृष्टि से नहीं देखेंगे, बाद में इन्हीं बातों के कारण व्यंग्य नहीं करेंगे। लेखक को यह विश्वास है कि पाठक (नेमिबाबू) उनसे अधिक समझदार हैं। वे उन्हें कुछ रास्ता दिखा सकेंगे। पहले भी उन्होंने ही रास्ता दिखाया है। यह विश्वास और आश्वस्ति इन लम्बे पत्रों में झलकती हैं।

- **कथ्य**–पत्रों में आमतौर से कोई भूमिका नहीं होती। उसके लेखन की यह विशेषता होती है कि उसका आरंभ ही 'मूल बात' से होता है। इसके अलावा एक पत्र में कई बातें एक साथ होती हैं। ऐसा नहीं होता कि एक पत्र में केवल एक ही तरह की बातें लिखी जाए। अनेक परस्पर असम्बद्ध बातें एक ही पत्र में आ सकती हैं। कभी देश दुनिया की चिंता, कभी अपने लेखन की समस्याएँ और कभी पारिवारिक सुख–दु:ख – सभी कुछ एक साथ एक पत्र में शामिल हो सकता है। इन पत्रों में भी कई तरह की बातें एक साथ आ गई हैं। एक से दूसरी बात पर लेखक आराम

से चला जाता है और जब मन करता है, वापिस पहले वाली बात पर आ जाता है। पुनरावृत्ति आ रही हो, तो भी पत्र लेखक को कोई चिंता नहीं होती।

जब लेखक अपने चिंतन के निष्कर्षों को निबंध या लेख में औपचारिक रूप से लिखता है तो उसमें एक तारतम्य होता है। जिस समय मस्तिष्क में ऐसे विचार पनप रहे होते हैं, उस समय डायरी, पत्र आदि अनौपचारिक गद्य–विद्याओं में ये विचार अपरिष्कृत एवं मौलिक रूप में अभिव्यक्ति पा सकते हैं। मुक्तिबोध के चिंतन के कुछ बिंदु सूत्र रूप में इन पत्रों में भी प्रकट हुए हैं। वे मध्यवर्गीय 'पारिवारिक आदर्शवाद' की आलोचना करते हैं।

पत्र में लेखक अपने निष्कर्ष नहीं देता। वह एक तर्क देता है, अनुभव का एक अंश प्रस्तुत करता है। फिर उसकी पुष्टि या खंडन चाहता है, ताकि उसी के अनुरूप अपने चिंतन को सुस्पष्ट कर सके या उसे व्यवस्थित कर सके। इसलिए उसमें चिंतन के कुछ कण आ जाते हैं। हालाँकि दार्शनिक चिंतन को प्रकट करने के लिए पत्र उपयुक्त विधा नहीं है। पत्र में तो निजी सुख–दुख की अभिव्यक्ति होती है, जो कि इन पत्रों में भी हुई है।

मुक्तिबोध ने अपने इन पत्रों में 'तथ्य' का बहुत कम उल्लेख किया है। ज्यादातर उन्होंने अपनी भावनाओं को लिखा है तथा अपने चिंतन को प्रदर्शित किया है। आत्माभिव्यक्ति की बैचेनी इन पत्रों में दिखती है और यही साहित्यिक पत्रों की अपनी एक विशेषता है।

- **भाषा–शिल्प**—मुक्तिबोध ने बड़े उन्मुक्त ढंग से पत्र लिखा है। कहीं–कहीं व्याकरण के नियमों की पहरवाह नहीं की है। पहले पत्र की पहली ही पंक्ति पढ़िएँ—'आपका पत्र नहीं।' पत्र लेखन में लेखक अक्सर वाक्यों को अधूरा छोड़ देते हैं। पत्र–लेखक और पाठक के बीच इतनी अच्छी समझ होती है कि वह संदर्भ से ही अधूरे वाक्य का अर्थ समझ लेता है।

  पत्र लिखते समय मुक्तिबोध कभी कविता तो कभी कहानी की शैली अपना लेते हैं। कभी निबंध का स्वरूप भी सामने आता है। बीच–बीच में संवाद भी आते हैं। यानी कहानी, कविता, निबंध, नाटक सब इसमें एक साथ घुले–मिले हैं। 'मैं' शैली तो पुत्र की अहम विशेषता है।

  मुक्तिबोध ने अपने पत्रों में कई भाषाओं जैसे अंग्रेजी, संस्कृत, उर्दू के शब्दों का प्रयोग किया है। कुछ ऐसे शब्दों का प्रयोग भी किया है जो पारिभाषिक हैं। पत्र में मन की मौज का एहसास होता है और भाषा का प्रयोग उसी तरह किया गया है। इन पत्रों से मुक्तिबोध के संपूर्ण व्यक्तित्व को समझा जा सकता है। उन्होंने अपना

संपूर्ण व्यक्तित्व इन पत्रों में उड़ेल कर रख दिया है। पत्र की एक विशेषता सहजता भी है। यह विशेषता मुक्तिबोध के पत्रों में दिखाई देती है। कहीं भाषा अस्त-व्यस्त नजर आती है, तो कहीं भाषा का सधा रूप सामने आया है। यही पत्र लेखन की विशेषता है।

रिपोर्ताज

भूमिका

रिपोर्ताज मूल रूप से फ्रांसीसी भाषा का शब्द है जिसका आशय है सरल एवं भावात्मक अंकन। अन्य अनेक गद्य विधाओं की तुलना में रिपोर्ताज अपेक्षाकृत नई विधा है। जिसका प्रादुर्भाव द्वितीय विश्वयुद्ध से स्वीकार किया जाता है। नई काव्य विधा होने के कारण अभी इसका स्वरूप काफी लचीला है और इसलिए कई बार उसे कहानी, निबंध, रेखाचित्र, संस्मरण आदि समझने की भूल कर दी जाती है, परंतु रिपोर्ताज का इन विधाओं से पर्याप्त अंतर है जिसे इसके विधायक उपकरणों का परिचय प्राप्त कर समझा जा सकता है। इस अध्याय में फणीश्वरनाथ रेणु द्वारा लिखे 'रिपोर्ताज' का वर्णन किया गया है। 'एकलव्य के नोट्स' सोद्देश्य रचना है और रेणु के रिपोर्ताजों में इसका अग्रणी स्थान है। यह 'परती–परिकथा' के लिए लिखा गया नोट्स है जिसमें गाँव की समाजशास्त्रीय स्थिति का सूक्ष्म ब्यौरा पेश किया गया है। इसमें रिपोर्ताज की प्रमुख विशेषताओं का वर्णन किया गया है।

प्रश्न 1. रिपोर्ताज से आप क्या समझते हैं? इसकी प्रमुख विशेषताओं का वर्णन कीजिए।

अथवा

रिपोर्ताज की विश्वसनीयता से आप क्या समझते है?

अथवा

रिपोर्ताज की शैली पर संक्षेप में टिप्पणी लिखिए।

उत्तर— रिपोर्ताज गद्य–लेखन की एक विधा है। रिपोर्ताज फ्रांसीसी भाषा का शब्द है। रिपोर्ट अंग्रेजी भाषा का शब्द है। रिपोर्ट किसी घटना के यथातथ्य वर्णन को कहते हैं। रिपोर्ट सामान्य रूप से समाचारपत्र के लिए लिखी जाती है और उसमें साहित्यिकता नहीं होती है। रिपोर्ट के कलात्मक तथा साहित्यिक रूप को रिपोर्ताज कहते हैं। वास्तव में रेखाचित्र की शैली में प्रभावोत्पादक ढंग से लिखे जाने में ही रिपोर्ताज की सार्थकता है। आँखों देखी और कानों सुनी घटनाओं पर भी रिपोर्ताज लिखा जा सकता है। कल्पना के आधार पर रिपोर्ताज नहीं लिखा जा सकता है। घटना प्रधान होने के साथ ही रिपोर्ताज को कथातत्त्व से भी युक्त होना चाहिए। रिपोर्ताज लेखक को पत्रकार तथा कलाकार दोनों की भूमिका निभानी पडती है। रिपोर्ताज लेखक के लिए यह भी आवश्यक है कि वह जनसाधारण के जीवन की सच्ची और सही जानकारी रखे, तभी रिपोर्ताज लेखक प्रभावोत्पादक ढंग से जनजीवन का इतिहास लिख सकता है।

रिपोर्ताज लेखन की प्रमुख विशेषताएँ निम्न हैं–

- **ऐतिहासिकता**–घटनाओं की प्रस्तुति द्वारा अपने युग के इतिहास को प्रस्तुत करने के कारण रिपोर्ताज का ऐतिहासिक महत्त्व भी कम नहीं है। इसमें किसी घटना के सामाजिक, आर्थिक व राजनीतिक आयामों को कलात्मक रूप में प्रस्तुत किया जाता है। रिपोर्ताज में वर्णित घटना स्वयं लेखक द्वारा देखी गई होती है इसलिए वह उस घटना के सभी पहलुओं से अच्छी तरह अवगत होता है। लेखक घटनाचक्र में फँसे व्यक्ति की वीरता, साहस और संकल्प की ऐसी तस्वीर प्रस्तुत करता है कि पाठक की संवेदना जाग उठती है। ऐसी घटना विशेष का संपूर्ण इतिहास रिपोर्ताज में निहित होता है, इसीलिए उसे अपने युग का जीवंत कलात्मक इतिहास माना जाता है।
- **कथात्मक प्रस्तुति**–रिपोर्ताज में एक या उससे अधिक घटनाओं का चित्रण होता है। घटनाओं को कथात्मक रूप में प्रस्तुत करना इस विधा की एक प्रमुख विशेषता मानी जाती है। प्रत्येक रिपोर्ताज में कोई न कोई कहानी भी आवश्यक होती है इसीलिए कई बार रिपोर्ताज में आने वाली कहानी वास्तविक कहानी होती है। इसका एक उद्देश्य किसी समस्या का समाधान खोजने के स्थान पर छोटी–छोटी बातों के

माध्यम से एक ऐसा चित्र निर्मित करना होता है, जिससे जुड़ते ही पाठक जीवन को संचालित करने वाले जीवन–मूल्यों के संबंध में सोचे बिना नहीं रह सकता।

- **चित्रात्मकता**—यह रिपोर्ताज की महत्त्वपूर्ण विशेषता है। इसी विशेषण के कारण रिपोर्ताज रेखाचित्र के निकट खड़ा हो जाता है। प्रभावपूर्ण चित्रों के रूप में छोटी–छोटी घटनाएँ आकार ग्रहण करती हैं और पाठक के मन में चित्र अंकित कर देती हैं। इस तरह समूची घटना चित्रपट की भाँति आँखों के सामने घूमने लगती है। भाव और संवेदना चित्रात्मकता को और अधिक सजीव एवं प्रभावशाली बना देते हैं। इसमें निबंध शैली, पद शैली या किसी भी अन्य शैली किसी का भी प्रयोग हो सकता है। लिखने वाला उसे लघु आकार में भी लिख सकता है और उपन्यास के समान भी। परंतु उस रचना में अपने युग का जीवन–इतिहास होना एक अनिवार्य शर्त है।
- **विश्वसनीयता**—घटनाओं का लेखक से साक्षात्कार होने के कारण रिपोर्ताज में विश्वसनीयता अधिक होती है। इसे प्रसंग–चित्र भी कहते हैं। किसी घटना, युद्ध, भूचाल अथवा मनोरंजन वृत्तांत का रिपोर्ताज तैयार करते समय लेखक का अपना दृष्टिकोण प्रधान रहता है। एक साधारण समाचार को कलात्कम रूप देने से रिपोर्ताज की सृष्टि होती है, यह बहुत ही रोचक तथ्य है। इसमें एक महत्वपूर्ण बात यह है कि पाठक को रचना (रिपोर्ताज) से वह संतुष्टि या आनंद मिलना चाहिए जिसे घटना को देखते समय लेखक ने खुद महसूस किया हो। ऐसी अनुभूति रिपोर्ताज को विश्वसनीय बनाती है। लेखक की सहृदयता रिपोर्ताज को विश्वसनीय बनाने में महत्त्वपूर्ण भूमिका अदा करती है।
- **शैली**—घटना की तत्कालीन प्रतिक्रिया के रूप में लिखे जाने के कारण रिपोर्ताज की शैली सामान्यतः भावावेश प्रधान होती है। इसके रिपोर्ताज निबंध शैली अथवा पत्र एवं डायरी शैलियों में भी लिखे जाते हैं। यह लेखक पर निर्भर करता है। जिस शैली में वह अपने को समर्थ रूप में अभिव्यक्त कर पाता है, उसी को वह अपना लेता है। असली चीज है घटना की प्रामाणिक और आत्मीय अभिव्यक्ति। इसके आकार की कोई सीमा नहीं होती। यह गद्यगीत की तरह छोटा भी हो सकता है और कहानी–उपन्यास की तरह बड़ा भी। लेखक की संवेदना का प्रसार ही इसकी सीमा का निर्धारण करता है। रिपोर्ताज में आत्मकथा की भाँति व्यक्ति के जीवन–संघर्ष की भावनात्मक प्रस्तुति नहीं मिलती। यह एक बहिर्मुखी विधा है जो वाह्य घटना पर आधारित होती है। इसकी सफलता परिस्थिति के सूक्ष्म अध्ययन एवं लेखकीय तल्लीनता में निहित रहती है। रिपोर्ताज कथा की एक अनोखी विधा है, जिसमें जीवन को साक्षात देखकर एक कलात्मक साहित्य में बदल देने की शक्ति से ओतप्रोत कथाकार के पत्रकारिता के क्षेत्र में संक्रमण की ताजगी है। रेणु के

रिपोर्ताज-साहित्य में इस विधा का एक निखरा हुआ एवं जीवंत स्वरूप हम पाते हैं। इसमें कथा के अनेक प्रयोग हैं। कुछ रिपोर्ताज कहानी की शैली में लिखे गए हैं, कुछ संस्मरण एवं कुछ रोजनामचा की शैली में लिखे गए हैं। इस तरह रेणु अपने रिपोर्ताज में कई शैलियों का प्रयोग करते हैं तथा इनमें कथा-शिल्प के भी अनेक स्वरूप दृष्टिगोचर होते हैं।

प्रश्न 2. रिपोर्ताज लेखन में रेणु की भूमिका का वर्णन कीजिए।

उत्तर— द्वितीय विश्व युद्ध में रिपोर्ताज की विधा पाश्चात्य साहित्य में बहुत लोकप्रिय हुई। धीरे-धीरे इस विधा का हिंदी साहित्य में प्रचलन हुआ। इसी दौरान रिपोर्ताज की उत्पत्ति मानते हुए भारत यायावर ने रेणु को हिंदी का पहला और सबसे बड़ा रिपोर्ताज लेखक माना है। लेकिन यह सच नहीं है। रेणु के पहले भी हिंदी में रिपोर्ताज लिखने वाले मौजूद थे। यह बात अलग है कि रेणु ने इस विधा को और ज्यादा समृद्ध किया। उन्होंने पहला रिपोर्ताज 'डायन कोसी' सन् 1947 में लिखा जो रामवृक्ष बेनीपुरी के संपादन में निकलने वाले साप्ताहिक 'जनता' में प्रकाशित हुआ और बाद में कई भाषाओं में अनूदित भी हुआ। उसके बाद उन्होंने जै गंगा, पुरानी कहानी: नया पाठ, एकटु आस्ते-आस्ते जैसे रिपोर्ताज लिखे। इस प्रकार उनके रिपोर्ताज लेखन की शुरूआत 1947 में हुई और 1965 से 1975 के बीच का समय उनके रिपोर्ताज लेखन का उत्कर्ष काल कहा जा सकता है। 1965 में अज्ञेय के संपादन में शुरू होने वाले 'दिनमान' में रेणु को बिहार का प्रतिनिधि बनाया गया। रेणु ने इस माध्यम का भरपूर उपयोग किया और समाज की उथल-पुथल या बदलावों को अपने रिपोर्ताजों में बहुत खूबी के साथ उभारा। हड़ताल, चुनाव ग्रामदान, तस्करी, जिस्म फरोशी, अकाल और भूख पर रेणु ने जबरदस्त रिपोर्ताज लिखे हैं। रेणु के रिपोर्ताज की सबसे बड़ी विशेषता यही है कि उसमें बिहार की राजनीतिक, सामाजिक एवं सांस्कृतिक चेतना पूरी तरह उपस्थित हो गई है। राजनीतिक नेताओं की पतनशीलता को रेणु ने बहुत गहराई से उभारा है। रेणु का रिपोर्ताज लेखन उनकी पत्रकारिता का एक प्रमुख हिस्सा था और तब यह कहना बेहद जरूरी हो जाता है कि पत्रकारिता रेणु के लिए मानवीय प्रवृत्तियों और उसकी संवेदना को संचित और उजागर करने का एक माध्यम थी। वे पत्रकारिता को जनपक्षधरता से जोड़कर देखते थे। इसलिए उनके रिपोर्ताजों में पाठक को बेचैन करने की ताकत है। रेणु ने अपने सारे रिपोर्ताज पत्र-पत्रिकाओं के लिए ही लिखे। उनके जितने रिपोर्ताज शायद ही अन्य किसी लेखक ने लिखे हों। 'ऋणजल धनजल', 'नेपाली क्रांति कथा', 'एकांकी के दृश्य' और 'श्रुत-अश्रुत पूर्व' में उनके अधिकांश रेखाचित्र संग्रहीत हैं।

शुरू से ही राजनीति और पत्रकारिता से रेणु का संबंध रहा है। पत्रकारिता ने उनको रिपोर्ताज लिखने का मौका दिया और एक अलग तेवर भी। रेणु अपने रिपोर्ताजों में पठनीयता,

रुचि और नवीनता के साथ कौतूहल का भी विशेष ध्यान रखते थे। शायद इसीलिए उनके रिपोर्ताज सहज ही लोगों का ध्यान आकर्षित कर लेते हैं।

रिपोर्ताज में रेणु उन बातों को प्रायः जगह नहीं देते थे जिसके बारे में लोग पहले से ही बहुत ज्यादा जानते होते थे। उन्होंने रिपोर्ताज को इतिहास, समाज और राजनीति का दस्तावेज बना दिया। 'मन बंजर धरती को देखकर दुखी हो जाता है।' किसानों के जीवन–संघर्ष को रेणु इन शब्दों में रेखांकित करते हैं–

'खेतों में काम करने वालों के हाथ रुके नहीं। एक आदमी हमारे पास आया, हाथ की मिट्टी झाड़ता हुआ। हमें देखकर मुस्कराया। फिर पूछा, 'क्या देखने आए हो? यह सूखा? ऐसा कभी नहीं हुआ, लेकिन, हम लोग लड़ रहे हैं। थोडा–सा पानी पड़ा है और बाकी कूप–कुआँ से, जहाँ तक हो सके आदमी रहते तो हिम्मत नहीं हारेगा।'

भारतीय किसान में विकट जिजीविषा और सहनशीलता पाई जाती है। विकट परिस्थितियों में भी वह धीरज के साथ रह लेता है। ऐसे किसान से रेणु पूरी सहानुभूति रखते हैं। वे एक पत्रकार के रूप में सांप्रदायिक शक्तियों को बेनकाब करने से नहीं हिचकते। 'यह सही है कि राज्य सरकार बाढ़ से लेकर भूख तक की समस्याओं का समाधान करने में असमर्थ रही लेकिन शांतिपूर्ण आंदोलन को आक्रमक रूप देने में किसी भयानक सुनियोजित षडयंत्र की ही पुष्टि होती है। जाँच से भी ऐसे ही तथ्य सामने आए हैं कि इसके पीछे पाक परस्तों और वामपंथियों का ही हाथ रहा है।' इस बात की तनिक चिंता किए बगैर, कि लोग उन्हें प्रतिक्रियावादी कह सकते हैं, उन्होंने लिखा है कि – 'अन्य प्रदेशों की तरह बिहार में भी किसी जमाने के कट्टर लीगी खद्दरधारी कांग्रेसियों के रूप में विद्यमान हैं। वे राष्ट्र का हित सोचकर राष्ट्रवादी मुसलमानों को भी बहकाने और बरगलाने की कोशिश चोरी छिपे करते हैं।' तत्कालीन इतिहास के महत्त्वपूर्ण क्षणों को रेणु ने बहुत सफलतापूर्वक बाँधने की कोशिश की है। वे निश्चय ही अपने समय और समाज की नब्ज को पहचानते थे इसीलिए वे कभी–कभी इतिहास के रचयिता भी लगते हैं।

अपने रिपोर्ताजों में रेणु किसी सीमा को महत्त्व नहीं देते, न ही स्वीकारते हैं। जंगल, पहाड़, नदी, घाटी, मैदान, निर्धनता, बेकारी, भूख, बीमारी, शोषण, दासता, बाढ़, अकाल, दलित हत्याएँ, भूमि, संघर्ष, महँगाई और जड़ता जैसे अनेक तत्त्व इनके रिपोर्ताजों के फलक को विस्तार देते हैं। रेणु के रिपोर्ताज मात्र परिदृश्य नहीं हैं, अपनी संरचना में औपचारिक नहीं हैं और इनकी सुंदरता में रचनात्मक स्तर पर कोई कौशल नहीं है। बल्कि इनके यहाँ लोक तत्त्व की प्रधानता है। अर्थात् रेणु लोक जीवन में सौंदर्य की खोज करते हैं और वहीं से वे रस ग्रहण करते हैं। वे मनुष्य को उसकी वास्तविक सामाजिक, राजनीतिक, सांस्कृतिक और आर्थिक स्थितियों के बीच रचाकर देखते हैं। यहीं से वे विषय का चुनाव करते हैं। कहना न होगा कि रेणु ने अपने रिपोर्ताजों में इतने जीवन–प्रसंगों, संदर्भों, साहित्य और लोक तत्त्वों को

समेटा है कि उनकी ये रचनाएँ अपने आप जीवंत, सार्थक और पठनीय हो जाती हैं। उनमें वर्णित प्रसंग कहीं भी फालतू या निरर्थक नहीं लगते बल्कि उनमें एक नयी अर्थवत्ता और कलात्मकता झलकती है। इस तरह उनके यहाँ सब कुछ अर्थवान और प्रासंगिक लगता है।

अपने रिपोर्ताजों में रेणु बहुत सारे विषयों को शामिल करते हैं कि उसमें नये-नये आयाम जुड़ जाते हैं। जब रेणु बोधगया में मंदिर और बोधि के दर्शन करने गए तब दर्शन करते हुए उन्हें अपनी गौरवमयी प्राचीन सांस्कृतिक परंपरा की याद बरबस आ जाती है – 'मंदिर के प्रांगण में घूमते हुए मुझे रह-रह कर रिपुंजय, बिंबिसार, अजातशत्रु, शिशुनाग, महापद्म नंद, चन्द्रगुप्त, अशोक, शून्य-पुराण और कम्युनिस्ट मेनिफेस्टों की याद आई। राहुल जी, भदंत और नागार्जुन की याद आई।' रेणु के रिपोर्ताज अपने कलात्मक संयम, साहित्यिक गरिमा की परम्परा में अपना स्थान बरकरार रखते हुए कथा-साहित्य की एकरसता और जड़ता को तोड़ने के लिए एक प्रेरक-स्तम्भ का काम करते हैं, जिन्हें बार-बार पढ़ने और विवेचन करने की आवश्यकता बनी रहेगी।

प्रश्न 3. 'एकलव्य के नोट्स' का विश्लेषण कीजिए।

अथवा

रिपोर्ताज लेखन में रेणु की विशेषताओं पर अपने मत व्यक्त कीजिए।

उत्तर– 'एकलव्य के नोट्स' का प्रकाशन उपेन्द्रनाथ अश्क द्वारा संपादित संकलन 'संकेत' 1985 में हुआ था। रेणु के अन्य रिपोर्ताजों से यह संरचनात्मक रूप में भिन्न है। इसमें एक गाँव में हो रहे नए परिवर्तनों का बारीकी से चित्रण हुआ है। एकलव्य के नोट्स 'श्रुत अश्रुतपूर्ण' संग्रह का एक महत्त्वपूर्ण रिपोर्ताज है। वास्तव में, यह 'परती परिकथा' के लिए लिखा गया नोट्स है। एकलव्य के नोट्स के नाटक वाला अंश एक गाँव की सच्ची घटना है। ध्यान देने की बात है कि 'परती परिकथा' के केंद्र में परानपुर गाँव का ही चित्रण है। 'एकलव्य के नोट्स' को एक प्रकार का, एक गाँव का समाजशास्त्रीय सर्वेक्षण भी कहा जा सकता है। आजादी के बाद बदलते हुए गाँव की राजनीतिक-सामाजिक स्थिति को ब्यौरेवार ढंग से इसमें प्रस्तुत किया गया है।

(1) प्रतिपाद्य–परानपुर बिहार के पूर्णिया जिले का एक बड़ा-सा गाँव है जिसमें विभिन्न जातियों के तेरह टोले हैं। आठ ग्रेजुएट, पचास मैट्रिक्युलेट, एक सौ मिडिल पास लोगों के अलावा डेढ़ दर्जन कवि, दो दर्जन कथाकार, दो साहित्यकार और एक नाटककार, इस गाँव की आत्मा की धड़कन हैं। दलितों एवं स्त्रियों में शिक्षा के प्रति बढ़ते रुझान को इंगित करते हुए रेणु ने लिखा है–'पिछले साल एक हरिजन ने बी.ए. पास किया है, सबसे पहले। लड़कियाँ भी पढ़ी-लिखी हैं। जिले की एकमात्र साहित्यिक पत्रिका में एक कुमारी कवयित्री की रचनाएँ हमेशा छपती हैं।' परंतु साथ ही स्त्री के प्रति पुरुष की सनातन वृत्ति की ओर

इशारा करने से भी रेणु चूकते नहीं – 'यह और बात है कि लोग तरह–तरह की बातें करते हैं उनकी रचनाओं के संबंध में।'

शिक्षण संस्थाओं में व्याप्त भ्रष्टाचार और जातिवाद का नमूना है परानपुर का स्कूल, जहाँ की अवस्था बेहद चिंतनीय हो गई है। 'गत तीन वर्षों से कोई हेडमास्टर दो महीने से ज्यादा नहीं टिक पाते। जाति और पंचायत, गाँव की दलबंदी के ऊपर–चढ़े करेले की भुजिया स्कूल कमेटी की कड़ाही में भूँजी जाती है। पुस्तकालय की स्थापना सन् 1930 में हुई थी। 1944 से सरकारी सहायता भी मिलती है लेकिन पुस्तकालय पिछले पाँच वर्षों से बंद है और उसे छित्तन बाबू ने हड़प लिया है।' सरकारी रेडियो बिकू बाबू की सुहागरात में बजने के लिए गया, उसी रात से खराब होकर उनके यहाँ पड़ा है। बैटरी का पैसा सरकार से बराबर वसूला गया है।'

स्वतंत्रता के पश्चात् पंचायती राज के माध्यम से गाँव का विकास करने की जो थोड़ी–बहुत कोशिश शुरू हुई थी वह भी जातिवादी राजनीति में फँसकर रह गई। इस सिलसिले में पहली बात तो यह हुई कि पंचायतों पर आमतौर पर पूर्व जमींदारों अथवा धनी किसानों का कब्जा कायम हुआ और दूसरे विकास कार्यों के लिए मिलने वाली सहायता राशि सरकारी अधिकारियों और पंचायत प्रधानों के पेट में ही भस्म हो गई। भूस्वामियों ने अपनी जमीनें बचाने के लिए हर संभव कोशिश की और फर्जी बटाईदार खड़ा करके भूमिकानून का सरेआम मजाक उड़ाया।

रेणु ने अपनी रचनाओं में जातिवाद और भ्रष्टाचार और इनसे पैदा होने वाली विकृतियों को अधिक स्थान दिया है। तत्कालीन स्थितियों में यह स्वाभाविक था और लेखक की अपनी ईमानदार कोशिश थी। दलित–चेतना के उभार को भी रेणु ने अपनी रचनाओं में विशेष महत्त्व दिया है।

'दलित वर्ग को हर तरह से मर्दित करके रखा गया था अब तक। नाटक मंडली के लिए प्रत्येक वर्ष खलिहान पर चंदा काट लेते हैं – मालिक लोग लेकिन, कभी द्वारपाल, सैनिक अथवा दूत का पार्ट छोड़कर अच्छा पार्ट माने 'हीरो' का पार्ट नहीं दिया सवर्ण टोली के लोगों ने।'

अब यह अलग बात है कि अपने इस कार्य के लिए सवर्णों ने तमाम तर्क गढ़ रखे हैं। उनका एक जबर्दस्त तर्क यह है कि – 'नाटक में जितना पार्ट लिखा है, उससे ज्यादा लोगों को कैसे दिया। लेकिन यहाँ तो मूल समस्या भूमिका के बँटवारे को लेकर है। हीरो का पार्ट सवर्ण टोली के हिस्से ही हमेशा क्यों रहे? कभी वह दलितों के हिस्से में क्यों नहीं जाता? दलितों को शिकायत इसी असामान्य वितरण या पक्षपात या कि ऊँच–नीच के भेदभाव को लेकर है। लिहाजा सवर्णों द्वारा अस्वीकार प्रेम कुमार 'दीवाना' के नाटक 'प्यार का बाजार' को मंचित करने के लिए दलित अपने बल–भरोसे तैयार हो जाते हैं।

दलित नाटक समाज वाले जब सवर्ण टोली से 'पर्दा–पोशाक' लेकर चले गए तो मालूम हुआ कि अब वे 'पर्दा–पोशाक' लौटकर नहीं देंगे। पच्चीस साल से चंदा लिया जा रहा है, मगर कभी 'हीरो' का पार्ट नहीं मिला। छित्तन बाबू ने पुस्तकालय को हथिया लिया बिकू बाबू सरकारी रेडियो बजाते हैं – अपनी कोठरी में। पर्दा–पोशाक पर दलित समाज का कब्जा होना जायज है।'

दलित वर्ग में इस बात का जो मलाल है वह बहुत हद तक हमारे सामाजिक–आर्थिक संबंधों के कारण ही है। श्रेष्ठता की भावना के कारण सवर्णों ने हीरो, मंत्री, सेनापति जैसी भूमिकाएँ अपने पास रख लीं और सदा से सेवक की भूमिका में रहते आए दलितों को दूत, चपरासी, कसाई, मदारी का रोल थमा दिया। यह ध्यान देने की बात है कि परानपुर गाँव में एक दलित भी उच्च शिक्षा प्राप्त है। तब यह कहने के लिए कोई जगह नहीं बच जाती कि दलित अनपढ़ हैं, इसलिए उन्हें 'हीरो' की भूमिका नहीं दी जा सकती।

गाँव के जीवन में कुछ नई चीजें आने से पारंपरिक संबंधों पर भी असर पड़ा। इन्हीं में से एक है सर्वे। सर्वे ने कुछ नए शब्द दिए—बौंडोरी, किश्तवार, मुरब्बा, खानापुरी, तनाजा, सटीक और दफातीन आदि। गाँव का बच्चा–बच्चा पक्की गवाही देना सीख गया है। छह महीने में ही गाँव एकदम बदल गया है। बाप–बेटे में, भाई–भाई में, अपने हक को लेकर ऐसी लड़ाई कभी नहीं हुई। 'यह समाज की आंतरिक व्यवस्था में उथल–पुथल का नतीजा है। भाई अपने सहोदर को भरी कचहरी में कह देता है कि वह मेरा कोई नहीं है। बाप पर भी लोग विश्वास करने को तैयार नहीं हैं। पिता चूँकि छोटे भाई को ज्यादा प्यार करते हैं इसलिए हो सकता है सारी उर्वर भूमि उसके नाम कर दें।' रेणु ऐसे अवसरों पर राजनीतिक दलों और नेताओं की चुटकी लेने से नहीं चूकते।

'कचहरी लगी रहती है देश सेवकों की। कांग्रेसी, समाजवादी, कम्युनिस्ट सभी पार्टी वालों ने अपने बाहरी 'वरकर' मँगाए हैं। गाँव के 'वरकरों' की बात अपने–अपने परिवार के ही अन्य सदस्य नहीं मानते।' लोगों से अपनी बात जबर्दस्ती मनवाने के लिए आए अपराधीनुमा तत्त्वों को बाहरी 'वरकर' नाम दिया गया है। रेणु निश्चित रूप से यहाँ राजनीति के अपराधीकरण की ओर संकेत करना चाहते हैं।

'एकलव्य के नोट्स' के अंत में दलितों और सवर्णों के बीच होने वाली कशमकश या द्वंद्व को रेखांकित किया गया है। सवर्ण दलितों को पछाड़ने के लिए एक समझौता भरी चाल चलते हैं जिसे न तो नाटककार समझ पाता है और न ही दलित।

(2) भाषा–शैली—फणीश्वर नाथ रेणु भाषा के कुशल कारीगर हैं। अपने कथ्य के अनुरूप वे भाषा को, जैसा चाहते हैं रूप देने में माहिर हैं। 'मैला आँचल' और 'परती परिकथा' जैसे उपन्यासों में रेणु ने अपनी भाषिक क्षमता का भरपूर परिचय दिया है। इनमें मिथिला की अमराइयों में कोयल की मीठी तान प्रायः सुनाई पड़ जाती है। रेणु की भाषा में वह समूचा प्रांतर

(स्थान विशेष) बोलता दिखाई पड़ता है जिसे उन्होंने अपने कथ्य का माध्यम बनाया है। आंचलिकता रेणु की विशेषता है। उनकी यह पहचान उपन्यास, कहानी, रिपोर्ताज और यात्रा–वृत्तांत सभी में परिलक्षित होती है। अन्य प्रादेशिक भाषाओं में लेखकों ने अपने–अपने अंचल के जीवन को उभारने की कोशिश की है लेकिन रेणु जैसी जीवन की सूक्ष्म अभिव्यक्ति बहुत कम देखने को मिलती है। रेणु की निरीक्षण शक्ति इतनी तीव्र, आंतरिक और गहरी है कि समूचा जीवन क्षेत्र उनके द्वारा आत्मसात किया हुआ प्रतीत होता है। यही कारण है उनकी रचनाओं में मिट्टी की धड़कन बहुत साफ–साफ सुनाई देती है। रेणु ने अपनी रचनाओं, खास तौर से उपन्यासों में गाँव के समस्त रूप, रंग, वेश, परिवेश, समस्या, चाल–चलन, दिनचर्या और लोक संस्कृति का बहुत सधा और आत्मीय प्रयोग किया है। दूसरे शब्दों में उन्होंने उस क्षेत्र विशेष की कथ्य भाषा, गीत, कथा–कहानी और मुहावरों का सीधा प्रयोग किया है जिससे वह समूचा अंचल जीवंत हो उठता है।

रेणु की रचनाओं में प्रकृति जिस वैभव के साथ चित्रित हुई है उससे यह कहने में कोई हिचक नहीं होती कि वे मनुष्य के साथ–साथ प्रकृति के बहुत निकट के प्रेमी रहे हैं।

रेणु ने स्थानीय जनभाषा का जमकर इस्तेमाल किया है। इस तरह के प्रयोग से स्थानीय मानसिकता ज्यादा स्पष्ट होकर उभरती है। स्थानीय भाषा के सहज और प्रभावशाली प्रयोग ने रेणु की प्रखर प्रतिभा का भरपूर परिचय दिया है।

यह अलग बात है कि रेणु ने अपनी कहानियों और उपन्यासों में जनभाषा का जितना इस्तेमाल किया है उतना अन्य विधाओं में नहीं। फिर भी गद्य की अन्य विधाओं में उन्होंने इनकी सीमाओं एवं प्रकृति का ख्याल करते हुए जनभाषा से प्राण फूंकने की कोशिश की है। जिन शब्द–विन्यासों, लोकोक्ति, मुहावरे, दोहे, गीत आदि को रेणु ने अपने अंचल के जनजीवन से उठाया है, वह उन जैसे गहरी अनुभूति सम्पन्न लेखक के लिए ही संभव है। रेणु जीवन से प्यार करते हैं। वे जीवन से जुड़े तमाम पक्षों को गहरी सहानुभूति के साथ उभारते हैं। इस तरह जन जीवन के साथ रेणु का संबंध बहुत आत्मीय हो गया है। रेणु की भाषा एक तरफ जीवन जीने की उनकी अपनी विशिष्टता से बनी है तो दूसरी ओर इलाके की भौगोलिक महिमा से। अनेक तरह की कथ्य भाषा मिथिला की परंपरा से घुल मिलकर एक नई भाषा का रूप ग्रहण करती है। रेणु स्वयं नेपाली, मैथिली, बांग्ला, हिंदी, संथाली और पूर्णिया की कथ्य–भाषा पर अधिकार रखते थे। अतः उनके लिए पात्रों की मानसिकता के अनुरूप भाषा चुनने में कोई कठिनाई नहीं थी। 'यह आकस्मिक नहीं था कि रेणु जी इस समग्र मानवीय दृष्टि को अनेक जनवादी और प्रगतिशील आलोचक संदेह की दृष्टि से देखते थे। निर्मला वर्मा ने रेणु के बारे में कहा कि कैसा है यह अजीब लेखक जो गरीबी की यातना के भीतर भी रस, संगीत, इतना आनंद छक सकता है, सूखी–परती जमीन के उदास मरूस्थल में सुरों, रंगों और गंधों की रासलीला देख सकता है। सौंदर्य को बटोर सकता है, आँसुओं को परखता है,

किंतु उसके भीतर से झाँकती धूल–धूसरित मुस्कान को देखना नहीं भूलता, एक सौंदर्यवादी की तरह नहीं, जो सुंदरता को अन्य जीवित तत्वों से अलग करके उनका रसास्वादन करता है।'

रेणु भाषा के पारखी थे। रेणु के लेखन में एक आनन्द समाया हुआ होता है। वे रूप, रस, गंध, स्पर्श और लय को बाँधते हैं – जीवन की लय में। उनका समूचा साहित्य इसका प्रमाण है। वे ऐसी भाषा का प्रयोग करते हैं कि सारे प्रसंग जीवंत हो उठते हैं। उनमें एक तन्मयता है – कबीर, मीरा, जयदेव, विद्यापति की तरह। राग–बिराग का पूरा आत्मिक संसार है।

'एकलव्य के नोट्स' में 'प्रांपटिंग', 'ड्रॉप', 'डायलाग' 'सीन', 'ह्यूमन डिग्निटी' जैसे अंगेजी के शब्द भी प्रयोग में लाए गए हैं। इन शब्दों का प्रयोग रिपोर्ताज के अंतिम अंश में हुआ है जहाँ लेखक ने दीवाना जी के नाटक 'प्यार का बाजार' को मंचित करने की तैयारी का जिक्र किया है।

गाँव वालों का एक–दूसरे पर व्यंग्य करने का चित्र खींचते हुए रेणु ने अक्षरों के बीच काफी जगह दी है ताकि यह स्पष्ट हो सके कि इन शब्दों को खींचकर बोला गया है।

'भूमिहार पुत्रों ने ब्राह्मण समाज के एकांकी करने वाले नौजवानों पर उसी समय से व्यंग्य करना शुरू किया है। ब्राह्मण टोली के एकांकी के पात्र की नकल उतारकर लगीना सिंह आज भी बताते हैं – पारसी कंपनी वालों की तरह – 'दो–ए–ए–ए–वी–वी–द–नू–ई–ज–ली–ऊ–नी–का–क्या–आ–आ–दे–स्–है–ए।' फिर आवाज पतली बनाकर तुरंत ही 'उत्तर' जड़ देते हैं – 'स–ब–ऽऽसे–स–है (लम्बी आह लेकर)।'

जनता की सुविधा के अनुरूप रेणु भाषा को ढाल देते हैं। गाँव की सामान्य अशिक्षित जनता अगर 'बाउंड्री' का उच्चारण 'बौंडोरी' के रूप में करती है तो रेणु को इस पर कोई आपत्ति नहीं है। चरित्र का चरित्तर अथवा चलित्तर भी हो जाये तो उन्हें कोई परेशानी नहीं है। वे जानते हैं कि गाँव का अनपढ़ आदमी 'श्रवण' को सरवन ही कहेगा। लेकिन प्रकृति के बारे में बताते हुए रेणु कहीं–कहीं तत्सम शब्दावली का मनोरम प्रयोग करने से भी बाज नहीं आते। उदाहरण के लिए – 'अक्षरशः सत्य है उनका कथन।'

'एक विशाल आँधी की प्रतीक्षा में क्षयिष्णु समाज, समाज के गाँव, गाँव के लोग खड़े हैं।' 'उसके मन–सरोवर में तैरता हुआ हंस आज भी मोती चुगता है।

रेणु प्रसंगानुकूल भाषा का प्रयोग करते हैं, ये उनकी विशेषता है। अनपढ़ों के बीच बोलचाल की भाषा और शिक्षितों के बीच तत्सम प्रधान भाषा का प्रायः इस्तेमाल उनके यहाँ देखा जा सकता है। हास्य–व्यंग्य रेणु के लेखन का अभिन्न अंग है। इसके माध्यम से वे लोकरूचि को अभिव्यक्त करते हैं। विभिन्न भाषाओं के शब्दों को उन्होंने थोड़े–बहुत परिवर्तन के साथ हिंदी में प्रचलित कर दिया है। इससे हिंदी समृद्ध ही हुई है। लेकिन उन्होंने जिन शब्दों का प्रयोग किया है उन्हें आंचलिकता के रंग में डुबो दिया है। नामों के व्यवहार में भी वे इसी

तरह कथ्य भाषा या आंचलिकता के स्वरूप को बनाए रखते हैं, हालाँकि रिपोर्ताजों में इस तरह के प्रयोग कम मिलते हैं। पर इतना जरूर है कि रेणु ने ऐसे शब्दों का प्रयोग इलाके की विशिष्टता और जनजीवन की नैसर्गिक प्रवृत्ति को रेखांकित करने के लिए ही किया है।

'एकलव्य के नोट्स' में लोकजीवन की एक छवि देखने योग्य है – 'सेमल के फूल को देखकर हवा भी बावरी हो गई है। चक्की पीसती हुई लड़कियाँ गाती हैं – सेमली के बगिया अगिया लागी रही।

रेणु के रिपोर्ताजों से स्पष्ट रूप से पता चलता है कि वे रिपोर्ताजों की गंभीरता का ध्यान रखते थे। साथ ही उन्होंने रिपोर्ताजों में तल्लीनता का भी परिचय दिया है। जो कहीं और मिलना दुर्लभ या मुश्किल है। अंचल के साथ-साथ भाषा को भी प्यार करते रहे, उनसे आत्मीयता स्थापित करते हैं। वे लोक रस को कहीं भी भंग नहीं होने देते। लोक से सम्पृक्ति या जुड़ाव ही उनकी भाषा का प्राण है। रेणु की कहानियों और उपन्यासों में उन्होंने आंचलिक जीवन के हर धुन, हर गंध, हर लय, हर ताल, हर सुर, हर सुंदरता और हर कुरूपता को शब्दों में बाँधने की सफल कोशिश की है। उनकी भाषा-शैली में एक जादुई सा असर है जो पाठकों को अपने साथ बाँध कर रखता है।

 **WE'D LOVE IT IF YOU'D LIKE US!**
/gphbooks

We're now on Facebook!
Like our page to stay on top of the useful, greatest headlines & exciting rewards.

Our other awesome Social Handles:

 gphbooks
For awesome & informative videos for IGNOU students

 9350849407
Order now through WhatsApp

 gphbooks
We are in pictures

 gphbook
Words you get empowered by

अध्याय 10

यात्रा वृत्तांत

भूमिका

यात्रा वृत्तांत किसी स्थान में बाहर से आए व्यक्ति या व्यक्तियों के अनुभवों के बारे में लिखे वृत्तांत को कहते है। इसका प्रयोग पाठक मनोरंजन के लिए या फिर उसी स्थान में स्वयं यात्रा के लिए जानकारी प्राप्त करने के लिए करते हैं। यात्रा साहित्य एक प्रकार से मानव ज्ञान में वृद्धि करता है। लेखक अपनी यात्रा कृतियों द्वारा देश–विदेश के दृश्यों और रीति–रिवाजों आदि से गहरा परिचय करवाता है। इस अध्याय में राहुल सांकृत्यायन के यात्रा वृत्तांत का वर्णन किया गया है। सांकृत्यायन जी की तिब्बत यात्राओं का उद्देश्य वहाँ की ऐतिहासिक सामग्री की खोज एवं बौद्ध ग्रंथों का अध्ययन है। तिब्बत यात्रा का उद्देश्य वहाँ के साहित्य के गंभीर अध्ययन तथा उससे भारतीय एवं बौद्ध धर्म संबंधी ऐतिहासिक सामग्री एकत्र करना है।

प्रश्न 1. यात्रा वृत्तांत से आप क्या समझते है? प्रमुख यात्रा वृत्तांतों का उल्लेख कीजिए।

उत्तर— मनुष्य जातियों का इतिहास उनकी यायावरी प्रवृत्ति से संबद्ध है। संसार के बड़े-बड़े यायावर अपनी मनोवृत्ति में साहित्यिक थे। फाहियान, ह्वेनसांग, इत्सिंग, इब्नबतूता, अलबरुनी, मार्कोपोलो, बर्नियर, टैवर्नियर आदि जितने प्रसिद्ध यायावर हुए हैं अथवा देश-विदेश के साहसी अन्वेषक हुए, सब में साहित्यिक यायावर का रूप रक्षित है। वे निःसंग भाव से घूमते रहे हैं, घूमना ही उनके लिए प्रधान उद्देश्य रहा है। यात्रा करने मात्र से कोई साहित्यिक यायावर की संज्ञा प्राप्त नहीं कर सकता और न यात्रा का विवरण प्रस्तुत कर देना मात्र यात्रा साहित्य है। पिछले युगों के यात्रियों में राजनीतिक, धार्मिक, सामाजिक अथवा सांस्कृतिक दृष्टि को प्रधानता मिली है परन्तु इनके बीच में ऐसे संस्मरणीय अंश भी हैं, जिनसे उनकी आन्तरिक प्रेरणा का आभास मिल जाता है। भारत में यात्रियों की कमी नहीं रही है, क्योंकि तिब्बत, चीन, ब्रह्मा, मलाया और सुदूर पूर्व के द्वीपों में भारतीय धर्म और संस्कृति का सन्देश इन यात्रियों के पीछे गया होगा, पर भारतीय दृष्टि में इतिहास, विवरण, संस्मरण तथा आत्मचरित के प्रति विचित्र अनास्था प्रारम्भ से रही है। सम्भवतः यही प्रधान कारण है कि भारतीय साहित्य में उपर्युक्त अंगों के साथ विवरणों का नितान्त अभाव है। परन्तु कालिदास के विभिन्न देशों तथा प्रकृति के रूपों के वर्णनों से उनकी यायावरी मनोवृत्ति का परिचय मिलता है। भारतेंदुकालीन यात्रा-वृत्तांतों में मुख्यतः जिनका उल्लेख होता है उनमे नाम हैं – पं. दामोदर शास्त्री का 'मेरी पूर्व दिग्यात्रा' (1885), देवी प्रसाद खत्री का 'रामेश्वर यात्रा' (1893) और 'बदरिकाश्रम यात्रा' (1900), शिव प्रसाद गुप्त का 'पृथिवी प्रदक्षिणा' (1914), स्वामी सत्यदेव परिव्राजक का 'मेरी कैलाश यात्रा' (1915) और 'मेरी जर्मन यात्रा' (1926), कन्हैयालाल मिश्र का 'हमारी जापान यात्रा' (1931) और पंडित रामनारायण मिश्र का 'यूरोप यात्रा मे छः मास' (1932)। इन यात्रा-वृत्तांतों के माध्यम से हिंदी में बसने वाली विशाल जनता के विकसित होते हुए मानसिक क्षितिज की सूचना मिलती है। मध्यकालीन रूढ़ियों एवं रीतियों से प्रभावित पंडित मंडली का समुद्रपारीय विरोध जगजाहिर है किंतु इन संस्कारों से मुक्त होकर जिन विद्वान यायावरों ने यूरोप समेत अन्य देशों की यात्राएँ की, वह निश्चित रूप से उनकी उदारता, कर्मठता और ज्ञान के प्रति सहज ललक का परिचायक है। शिक्षा के विकास और यातायात के साधनों में वृद्धि के साथ-साथ यात्रा के प्रति लोगों का रूझान भी बढ़ता गया। हिंदी के कुछ लेखकों में ऐसे भी नाम शामिल हैं जिन्हें जन्मजात सैलानी प्रकृति के यायावर कहा जाता है। राहुल सांकृत्यायन रामवृक्ष बेनीपुरी, यशपाल, अज्ञेय, भगवतशरण उपाध्याय, दिनकर, नागार्जुन और भदन्त आनंद कौशल्यायन जैसे नाम यायावरी के क्षेत्र में काफी मशहूर हैं। इन्होंने यात्रा-साहित्य को समृद्ध करने में महत्वपूर्ण योगदान दिया है।

मेरी तिब्बत यात्रा, मेरी लद्दाख यात्रा, किन्नर देश में, रूस में 25 मास (राहुल सांकृत्यायन), पैरों में पंख बांधकर, उड़ते–उड़ते चलो (रामवृक्ष बेनीपुरी), लोहे की दीवार के दोनों ओर (यशपाल), अरे यायावर रहेगा याद, एक बूँद सहसा उछली (अज्ञेय), कलकत्ता से पेकिंग, सागर की लहरों पर (भगवतशरण उपाध्याय), देश–विदेश (दिनकर), गोरी नजरों में हम (प्रभाकर माचवे) यात्रा–साहित्य की महत्त्वपूर्ण कृतियाँ हैं। परवर्ती लेखकों में मोहन राकेश कृत 'आखिरी चट्टान तक', ब्रजकिशोर नारायण कृत 'नंदन से लंदन', प्रभाकर द्विवेदी कृत 'पार उतरि कहँ जइहैं', डॉ. रघुवंश कृत 'हरी घाटी' तथा धर्मवीर भारती लिखित 'यादें यूरोप की' आदि रचनाएँ काफी चर्चित रही हैं। शुरूआती दौर में यात्रा–वृत्तांत स्वभावतः परिचयात्मक और स्थूल वर्णन प्रधान थे। विदेश जाने वाले यात्री पानी के जहाज का ऐसा वर्णन करते थे, मानो किसी राजप्रसाद का हाल बता रहे हों। उनके वर्णन में आमतौर से बाल सुलभ उल्लास और उत्साह रहता था, फलस्वरूप उनकी दृष्टि आकारों पर इतनी अधिक थी कि अंतरंग प्रायः उपेक्षित हो जाता था। भारतेंदु ने अपने यात्रा संस्मरण बहुत ही रोचक शैली में लिखे लेकिन उन्हें निबंध के रूप में ही मान्यता प्राप्त हुई मौलवी महेश प्रसाद का ग्रंथ 'मेरी ईरान यात्रा' सरल भाषा और आत्मीय शैली में लिखी गई है। शुरू के लेखकों में विषय का मोह और महत्त्व अधिक था। विदेश यात्राएँ प्रायः यात्रा–वृत्तांत का आधार बनती थीं। भगवानदीन दुबे ने सरस्वती में कई यात्रा–वृत्त प्रकाशित किए।

हिंदी लेखकों में राहुल सांकृत्यायन ने यात्रा–वृत्तांतों में इतिहास, भूगोल, समाज एवं संस्कृति की अंदरूनी तहों तक पहुँचने की कोशिश की है, हालाँकि उनकी शैली में इतिवृत्तात्मकता अधिक है। दरअसल, यात्रा–वृत्तों में हम दृश्यों, स्थितियों और उनके अनुकूल–प्रतिकूल लेखक की मानसिक प्रक्रियाओं के साथ–साथ परिचित होते चलते हैं। इसलिए लेखक की रूचि, संस्कार, संवेदनशीलता और मानसिकता के अनुरूप यात्रा–वृत्तांतों का स्वरूप भी अलग–अलग ढल जाता है।

हिंदी का यात्रा–साहित्य पिछले पच्चीस–तीस वर्षों में काफी समृद्ध हुआ है। हमारे यहाँ के साहित्यकारों को जैसे–जैसे विदेश यात्रा का अधिक से अधिक मौका मिला है, यात्रा–वृत्तांत में उसी अनुपात में वृद्धि होती गई है। बलराज साहनी, कमलेश्वर, विष्णु प्रभाकर और रामदरश मिश्र के नाम यात्रा–वृत्तांत के संदर्भ में महत्त्वपूर्ण हैं। रूसी सफरनामा (बलराज साहनी), खंडित यात्राएं (कमलेश्वर), ज्योतिपुंज हिमालय (विष्णु प्रभाकर) और तना हुआ इंद्रधनुष (रामदरश मिश्र) आदि इस विधा की महत्त्वपूर्ण उपलब्धियाँ मानी जा सकती हैं।

यात्रा–वृत्तांत लेखक के साथ सहयात्रा करते हुए पाठक कहीं कविता, कहीं संस्मरण, कहीं कहानी तो कहीं चित्र–दर्शन का अनुभव करता चलता है। कमलेश्वर, विष्णु प्रभाकर और रामदरश मिश्र के यात्रा–वृत्तांतों में कथा रस का पूरा आनंद मिलता है। आज के यात्रा–वृत्तांत में वस्तु वर्णन, दृश्यांकन, बिंबविधान और मनः स्थिति रेखांकन की क्षमता बढ़

गई है। देश-विदेश की सांस्कृतिक उपलब्धियों का साक्षात्कार इनके माध्यम से आसानी से किया जा सकता है। आधुनिक हिंदी साहित्य में यह साहित्यिक रूप में भी अन्य कई रूपों के साथ पाश्चात्य साहित्य के सम्पर्क में आने के बाद ही विकसित हुआ है। प्रारम्भिक लेखकों ने यात्रा विवरण लेख रूप में प्रस्तुत किए हैं।

प्रश्न 2. यात्रा वृत्तांत की प्रमुख विशेषताओं पर प्रकाश डालिए।

अथवा

यात्रा वृत्तांत किन-किन उद्देश्यों से लिखे जा सकते हैं?

उत्तर— मानव यात्रा आदि-अनादि काल से करता आ रहा है, किन्तु साहित्य में यह कला नवीन है जो 'निबंध शैली' का एक नया रूप है जिसे 'यात्रा-वृत्तांत' कहते हैं। साहित्य को किसी बँधे-बँधाए साँचे में तो नहीं बाँधा जा सकता फिर भी उसकी प्रत्येक विधा की अपनी कुछ खास विशेषताएँ होती हैं जो उन्हें एक-दूसरे से अलग करती हैं और उन्हें एक विशेष पहचान देती हैं। यात्रा-वृत्तांत में स्थान और तथ्यों के साथ-साथ आत्मीयता, वैयक्तिकता, कल्पनाशीलता और रोचकता का विशेष महत्त्व होता है।

यात्रा वृत्तांत की प्रमुख विशेषताएँ निम्न हैं—

- **वैयक्तिकता—**यात्रा वृत्तांत में वैयक्तिकता का अन्य विधाओं में अत्यधिक महत्त्व है। इससे यात्रा वृत्तांत को विशेष रूप से जानने में सुविधा होती है। दूसरे खान-पान, वेशभूषा, पारिवारिक सुख-सुविधा का अनुभव यात्रा के दौरान बहुत अधिक होता है। यह इसलिए कि इस समय लेखक अपने आत्मीयजनों से बिल्कुल ही दूर होता है। उसकी शक्ति और प्रतिभा की पहचान इस वैयक्तिकता नामक विशेषता से ही होती है। इसका मुख्य कारण यही है कि यात्रा के दौरान लेखक अपने करीबी लोगों से दूर होकर ऐसे अपरिचितों के मध्य में आ जाता है, जहाँ उसे अपनी शक्ति और प्रतिभा का परिचय देना ही होता है। इस स्थिति में आकर उसे अपने व्यक्तित्व के माध्यम से दूसरों को प्रभावित करके अपने यात्रा वृत्तांत में प्रभावशाली छाप छोड़नी पड़ती है।
- **तथ्यात्मकता—**यात्रा वृत्तांत में लेखक की कोशिश होती है कि यात्रा के दौरान उसने जो कुछ देखा है उससे संबंधित तथ्यों का विवेचन कर दे। लेकिन ऐसा करते समय वह भूगोल और इतिहास-लेखन की शैली का सहारा न लेकर कथा-साहित्य की सहज, सरल भाषा शैली को अपनाता है जिससे वृत्तांत में रोचकता बनी रहे।
- **रोचकता—**यात्रा वृत्तांत में रोचकता पठनीयता को बढ़ाती है। रोचकता को लेखक तकनीक के तौर पर इस्तेमाल करके लेखक यात्रा वृत्तांत की ओर पाठक का ध्यान आकर्षित करता है। रोचकता लाने के लिए लेखक कभी-कभी अचानक घटनाओं

का वर्णन करता है, तो कभी रोचक शीर्षक का समावेश करता है। कभी-कभी वह मिथकों, प्रतीकों, अलंकारों और मुहावरों का भी वर्णन करता है। रोचकता से यात्रा वृत्तांत में विभिन्न प्रकार के वस्तु-चित्र या लेखक के मन में रूपायित होकर वैयक्तिक रागात्मक उपमा से दीप्त हो जाते हैं। यात्रा वृत्तांत में रोचकता लेखक की बिम्बविधायिनी कल्पना-शक्ति से मूर्त होकर पाठक की जिज्ञासा-वृत्ति को तुष्ट करके यात्रा वृत्तांत को प्रभावशाली बना देती है।

- **स्थानीयता**—यात्रा वृत्तांत में लेखक का उद्देश्य स्थान-विशेष के संपूर्ण वैभव, प्रकृति, रस्मों-रिवाज, रहन-सहन, आचार-विचार, मनोरंजन के तरीके तथा जीवन के प्रति दृष्टिकोण का चित्रण करना होता है। यह लेखक पर निर्भर करता है कि वह इनमें से किस तत्त्व को ज्यादा प्रमुखता देता है। किसी प्रदेश-विशेष की यात्रा में उसे जो चीज सबसे ज्यादा प्रभावित करती है, आमतौर से उस तत्त्व को वह प्रधानता देता है। इसलिए उसके चित्रण में कहीं विवरण तो कहीं भावों की प्रधानता होती है। कभी-कभी वह तुलनात्मक पद्धति का सहारा भी लेता है। प्रकृति-सौंदर्य के चित्रण में उसकी शैली भावात्मक हो उठती है। यदि वह स्थान-विशेष को जल्दी में देखता है तो उसकी शैली वर्णनात्मक हो जाती है। अपने देश या प्रांत की अन्य प्रांत या विदेश से तुलना करते समय लेखक तुलनात्मक शैली का सहारा लेता है।

- **आत्मीयता**—यात्रा वृत्तांत में आत्मीयता का भाव होना जरूरी है। यात्रा के दौरान लेखक स्थानों, स्मारकों, दृश्यों आदि को इतिहास और भूगोल के रूप में नहीं देखता, बल्कि वह उनसे आत्मीय संबंध स्थापित करता है ताकि पाठक को पढ़ते समय अपनापन और सच्चाई की अनुभूति हो सके। इसमें लेखक यथातथ्य वर्णन से बचने की लगातार कोशिश करता है ताकि वृत्तांत, उबाऊ, नीरस और इतिहास न बनने पाए। दृश्यों अथवा स्थितियों के साथ आत्मीय रिश्ता ही पाठक को वृत्तांत से जोड़ने में सहायक सिद्ध हो सकता है। आत्मीयता ही उसे गाइड बनने से रोकती है।

इस प्रकार, यात्रा वृत्तांतों में देश-विदेश के प्राकृतिक-दृश्यों की रमणीयता, नर-नारियों के विविध जीवन संदर्भ, प्राचीन एवं नवीन सौंदर्य-चेतना की प्रतीक कलाकृतियों की भव्यता तथा मानवीय सभ्यता के विकास के घोतक अनेक वस्तु-चित्र यायावर लेखक के मानस में रूपायित होकर वैयक्तिक रागात्मक ऊष्मा से दीप्त हो जाते हैं। लेखक अपनी बिंबविधायिनी कल्पना-शक्ति से उन्हें पुनः मूर्त करके पाठकों की जिज्ञासा-वृत्ति को तुष्ट कर देता है।

कहने का तात्पर्य यह है कि यात्रा के समय यायावर का साहस, उसकी संघर्षशीलता, स्वच्छंदता और अचानक आने वाली प्रतिकूल परिस्थितियों से निपटने की क्षमता उसे एक वीर नायक की-सी गरिमा प्रदान करती है और पाठक उसे प्यार करने लगता है। यात्रा वृत्तांत जैसी साहित्य विधा के पीछे का उद्देश्य लेखक के रमणीय अनुभवों को हु-ब-हू पाठक तक प्रेषित करना है, जिसके माध्यम से पाठक उस अनुभव को आत्मसात कर सके और उसे अनुभव कर सके।

प्रश्न 3. यात्रा वृत्तांत और अन्य विधाओं में समानता और अंतर बताइए।

अथवा

यात्रा वृत्तान्त और रिपोर्ताज में अंतर स्पष्ट कीजिए।

उत्तर— यात्रा वृत्तांत और अन्य विधाएँ को निम्न प्रकार से समझा जा सकता है–

(1) संस्मरण और रिपोर्ताज—हिंदी साहित्य में गद्य के अंतर्गत निबंध, रेखाचित्र, जीवनी, आत्मकथा, रिपोर्ताज, साक्षात्कार, संस्मरण, यात्रा वृत्तांत आदि शामिल होते हैं। संस्मरण और रिपोर्ताज यात्रा वृत्तांत से मिलती-जुलती विधा मानी जाती है। कभी-कभी इन तीनों को एक ही मान लिया जाता है। इसलिए यहाँ इनका अंतर स्पष्ट करना जरूरी लगता है। संस्मरण में जहाँ स्थायी अथवा अमिट स्मृतियों का आकलन होता है, वहाँ यात्रा वृत्तांत में सामयिक स्मृतियों को रेखांकित किया जाता है। इसमें वर्णित स्थान की भौगोलिक, ऐतिहासिक एवं सांस्कृतिक पृष्ठभूमि विद्यमान होती है जबकि संस्मरण में इसके बिना भी काम चल जाता है। यात्रा वृत्तांत में स्थानीयता, तथ्यात्मकता और वर्णन कौशल की प्रमुखता होती है जबकि संस्मरण में ऐसी अनिवार्यता नहीं होती। यात्रा वृत्तांत एवं संस्मरण कुछेक रूप में एक दूसरे से जुड़े हैं। बल्कि यह कह सकते हैं कि यह संस्मरण का ही विशिष्ट रूप है।

(2) यात्रा वृत्तांत और रिपोर्ताज—जहाँ तक यात्रा वृत्तांत और रिपोर्ताज में भिन्नता का प्रश्न है तो रिपोर्ताज लेखक को भी घटनाओं की जानकारी के लिए यात्रा करनी पड़ती है लेकिन उसका उद्देश्य यात्रा वृत्तांत की तरह सौंदर्यपरक और उन्मुक्त संवेदना की अभिव्यक्ति नहीं होता। रिपोर्ताज जहाँ घटनाओं का विवरण प्रस्तुत करता है वहाँ यात्रा वृत्तांत स्थिति और सौंदर्यपरक रचना के रूप में हमारे सामने आता है। रिपोर्ताज प्रायः अकाल, बाढ़, युद्ध, दंगे आदि आकस्मिक या महत्त्वपूर्ण घटना को पूरी संवेदना के साथ सामने लाते हैं। इन घटनाओं और उनसे जुड़े तथ्यों को एकत्र करने के लिए ही रिपोर्ताज लेखक घटना की यात्रा करता है। यानी उसकी यात्रा साधन है, साध्य नहीं। इसके विपरीत यात्रा वृत्तांत लेखक की यात्रा उसके लिए साध्य होती है, साधन नहीं। इसके केंद्र में यात्रा होती है, स्थान विशेष का वैभव होता है, लेखक की प्रकृति विद्यमान रहती है। इस तरह यात्रा वृत्तांत की रचना व्यक्ति या लेखक की प्रकृति और प्रवृत्ति पर बहुत हद तक निर्भर करती है। यात्रा वृत्तांत और रिपोर्ताज में निम्न समानताएँ हैं—

(क) यात्रा वृत्तांत और रिपोर्ताज दोनों में किसी स्थान की यात्रा करनी पड़ती है।
(ख) यात्रा वृत्तांत और रिपोर्ताज दोनों में यात्रा प्रमुख होती है।
(ग) यात्रा वृत्तांत और रिपोर्ताज दोनों में लेखक की प्रकृति विद्यमान रहती है।
(घ) यात्रा वृत्तांत और रिपोर्ताज दोनों में स्थान विशेष का महत्त्व होता है।
(ङ) यात्रा वृत्तांत और रिपोर्ताज दोनों में लेखक की प्रवृत्ति विद्यमान रहती है।

प्रश्न 4. राहुल सांकृत्यायन के यात्रा वृत्तांतों का वर्णन कीजिए।

उत्तर– राहुल सांकृत्यायन हिंदी में 'घुमक्कड–शास्त्र' के प्रणेता थे। वे जीवन–भर भ्रमणशील रहे। ज्ञान के अर्जन में उन्होंने सुदूर अंचलों की यात्राएँ की और उन पर अनेक पुस्तकें लिखीं। इसलिए यह कहना शायद गलत नहीं होगा कि हिंदी लेखकों में राहुल सांकृत्यायन ने जितनी यात्राएँ की हैं उतनी किसी अन्य ने नहीं। उन्होंने काफी यात्रा वृत्तांत भी लिखे हैं। महत्त्वपूर्ण बात यह है कि राहुल की यात्राएँ मनोरंजन के लिए नहीं होती थीं बल्कि उनके पीछे एक महत् दर्शन छिपा होता था। सन् 1926 में उन्होंने पहली लद्दाख यात्रा की थी। इस संबंध में उन्होंने लिखा है–"मेरी लद्दाख यात्रा नाम से सन् 1939 में प्रकाशित यह वृत्तांत पहल कदमी का आख्यान नहीं और न किसी प्रकृति–निहारक कवि का वायवी दास्तान, बल्कि मेरठ से मुल्तान, डेरा गाजी खान, पुणछ रियासत, कश्मीर जोजला दर्रा होते हुए लद्दाख मार्ग की एक विजुअल रिपोर्ट।" राहुल का यह यात्रा–वृत्तान्त हिंदी साहित्य में अपना अनूठा सम्मान रखता है और इसमें दृश्यों का सजीव चित्रण भाषा के माध्यम से अनुपम आनंद की सृष्टि करता है।

यायावरी राहुल के जीवन का एक मिशन था। इसके पीछे उनकी जिज्ञासा वृत्ति थी। उनके यात्रा वृत्तांतों में उस देश या स्थान के इतिहास–भूगोल की सम्यक जानकारी मिलती है। साथ ही लोकजीवन के आत्मीय चित्र भी उनके यहाँ आसानी से मिल जाते हैं। राहुल के यात्रा वृत्तांतों में सामान्य जन, उनके रीति–रिवाज, धर्म आदि का बेबाक वर्णन मिलता है। उनमें सहज भाषा, मुहावरे और रेखाचित्र की मोहकता के साथ उस क्षेत्र के जीवन, परिवेश यानी आर्थिक–सामाजिक–सांस्कृतिक परिस्थितियों को उजागर करने की अद्भुत क्षमता है।

राहुल सांकृत्यायन जन्मजात घुमक्कड़ थे और वे आजीवन घुमक्कड़ बने रहे। लगभग 40 वर्षों तक उन्होंने निरंतर यात्राएँ कीं। तिब्बत, रूस और हिमालय उनकी यात्राओं के आकर्षण–केंद्र थे। यात्राओं ने ही उन्हें एक लेखक के रूप में पहचान दी। उनका कहना है कि, "कलम के दरवाजे को खोलने का काम मेरे लिए यात्राओं ने ही किया, इसलिए मैं इनका बहुत कृतज्ञ हूँ।" उन्होंने अपनी यात्राओं के विविध, विचित्र व रोचक अनुभव यात्रा वृत्तांतों में पिरोए हैं। उनके प्रमुख यात्रा वृत्तांत हैं–तिब्बत में सवा वर्ष, मेरी यूरोप–यात्रा, मेरी तिब्बत यात्रा, मेरी लद्दाख यात्रा, किन्नर देश में, रूस में पच्चीस मास, एशिया के दुर्गम भूखंडों में, लंका,

चीन में क्या देखा, हिमालय–परिचय, जापान, दार्जिलिंग–परिचय आदि। डॉ. रघुवंश के अनुसार, "राहुल जी ने यात्रा–साहित्य के लिए विभिन्न माध्यम अपनाए हैं, शायद उनसे अधिक इस विषय पर इतने विविध रूपों पर किसी ने नहीं लिखा है।" दूसरे स्थान पर उन्होंने लिखा है कि "यात्रा का बहुत बड़ा आकर्षण प्रकृति की पुकार में है। यायावर वही है जो चलता चला जाए, कहीं रुके नहीं, कोई बंधन उसे कसे नहीं और वह जो दर्शनीय है, ग्रहणीय है, रमणीय है अथवा संवेदनीय है, उसका संग्रह करता चले।"

रचनात्मकता का यात्रा वृत्तांत में विशेष महत्त्व है। राहुल के यात्रा–वृत्तांत पढ़ते हुए इसका भरपूर अनुभव होता है। राहुल सांकृत्यायन का यात्रा–साहित्य गुण एवं परिमाण (संख्या) दोनों दृष्टियों से प्रचुर एवं उच्चकोटि का है। देवीशरण रस्तोगी ने लिखा है कि यात्रा–वर्णन लिखने वाले साहित्यकों में राहुल का नाम सबसे आगे आता है देश–विदेश के अनुभवों का जब वह वर्णन करते हैं तो उनकी शैली और अधिक रसात्मक हो जाती है। वास्तव में इस रसात्मकता का आधार उनका अनुभव रहता है।" इस प्रकार राहुल सांकृत्यायन का यात्रा–साहित्य एक बड़े उद्देश्य को लेकर लिखा गया है जिसमें वर्णित भूभाग का इतिहास–भूगोल, संस्कृति, धर्म, दर्शन, साहित्य, ज्ञान विज्ञान सभी का विविधआयामी चित्रण मिलता है।

यात्रा करना मनुष्य की नैसर्गिक प्रवृत्ति है। हम अगर मानव इतिहास पर नजर डालें तो पाएँगे कि मनुष्य के विकास की गाथा में यायावरी का महत्त्वपूर्ण योगदान है। यात्रा वृत्तांत वर्णन प्रधान एवं प्रकृतिपरक गद्य–विधा है। प्रकृति वर्णन तो आमतौर से सभी विधाओं में पाया जाता है लेकिन यात्रा–वृत्तांत का मूल ढाँचा ही इस पर खड़ा होता है। इसमें कथातत्व लगभग न के बराबर होता है। यात्रा ज्ञान और शिक्षा का प्रमुख साधन है। इससे मनुष्य की बुद्धि का विस्तार होता है। उसका अनुभव संसार समृद्ध होता है। घुमक्कड़ी के बादशाह माने–जाने वाले राहुल सांकृत्यायन के अनुसार – 'मेरी समझ में दुनिया की सर्वश्रेष्ठ वस्तु है घुमक्कड़ी'। घुमक्कड़ी से बढ़कर व्यक्ति और समाज के लिए कोई हितकारी नहीं हो सकता। क्योंकि लेखक यात्रा वृत्तांत में वर्णित अपने अनुभवों से लोगों का ज्ञान–विज्ञान की एक दुष्टि प्रदान करता है और इस तरह साहित्य और समाज के लिए उसका लेखन महत्त्वपूर्ण योगदान साबित होता है।

साहित्य में उन्हीं को यात्रा–वृत्तांत का दर्जा दिया जा सकता है जिनमें लेखक की अपनी प्रकृति भी प्रतिबिंबित होती हो। यात्रा वृत्तांत में लेखक की फक्कड़ता, घुमक्कड़ी वृत्ति, उल्लास, सौंदर्यबोध और ज्ञानार्जन की उत्कट–अभिलाषा परिलक्षित होनी चाहिए। लेखक के मन पर बाह्य जगत की जो भी प्रतिक्रिया होती है, जो भावनाएँ मन में उठती हैं, उसे वह गहराई के साथ व्यक्त करता है। इसीलिए यात्रा वृत्तांत से संवेदना और अभिव्यक्ति का एक कलात्मक संतुलन देखा जा सकता है। इसमें सौंदर्य भावना के साथ–साथ किसी वस्तु के अंदर तक प्रवेश करने की जो बेचैनी होती है, वही लेखक को सफल यात्रा वृत्तांतकार बनाती है अर्थात् जिज्ञासा और शोधवृत्ति का यात्रा वृत्तांत में महत्त्वपूर्ण स्थान माना गया है।

प्रश्न 5. राहुल सांकृत्यायन के 'तिब्बतः ल्हासा से उत्तर की ओर' का विश्लेषण कीजिए।

अथवा

राहुल सांकृत्यायन के 'ल्हासा से उत्तर की ओर' के प्रतिपाद्य को स्पष्ट कीजिए।

अथवा

राहुल सांकृत्यायन के यात्रा वृत्तांत की भाषा शैली का वर्णन कीजिए।

उत्तर— 'ल्हासा की ओर' एक यात्रा वृत्तांत है जिसमें लेखक ने अपनी पहली तिब्बत यात्रा का वर्णन बहुत शानदार ढंग से किया है। लेखक ने यह यात्रा सन् 1929-30 में नेपाल के रास्ते की थी। क्योंकि भारत उस समय अंग्रेजों का गुलाम था और भारतीयों को तिब्बत यात्रा में जाने की अनुमति नहीं थी। यह यात्रा वृत्तांत राहुल सांकृत्यायन की प्रसिद्ध पुस्तक 'एशिया के दुर्गम भूखंडों में' का एक छोटा-सा अंश है। राहुल की दुर्गम एवं बीहड़ प्रदेशों की यात्राएँ इसी श्रेणी के अंतर्गत आती हैं। एशिया के दुर्गम भूखंडों में, साहसिक यात्राओं का विवरण है। ये यात्राएँ साहसिक एवं मनोरंजक हैं।

प्रतिपाद्य—राहुल सांस्कृत्यायन ल्हासा में दो महीने ग्यारह दिन रहे जहाँ विनय-पिटक का अनुवाद तथा विज्ञप्ति के कुछ हिस्से का संस्कृत में अनुवाद करने के अलावा उन्होंने दो महत्त्वपूर्ण संस्कृत ग्रंथों अभिसमयालंकार टीका और वादन्याय टीका को ढूँढ निकाला। तिब्बत में चित्रकला पर एक लेख लिखा तथा वहाँ के भिक्षुओं एवं गृहस्थों के अनेक प्रकार के आभूषण भी उन्होंने संगृहीत किए। फेम्बो नामक स्थान की यात्रा का उद्देश्य बताते हुए राहुल ने लिखा है—

"मालूम हुआ कि इधर दसवीं से तेरहवीं शताब्दी तक के कितने ही विहार हैं, जिनमें रेडिङ् में तो निश्चित ही थोड़ी-सी ताल पत्र के पुस्तकों के होने की बात बतलाई गई है और संभावना औरों में भी है। वस्तुतः यही कारण है इधर आने का।"

राहुल ने अपनी यात्रा के दौरान होने वाली कठिनाइयों का विस्तार से वर्णन किया है। विहारों में पड़े प्राचीन ग्रंथों के अध्ययन एवं संग्रह के लिए वहाँ की सरकार की अनुमति लेनी पड़ी थी फिर भी कहीं-कहीं मठाधीश लोग रोक-टोक करते ही रहते थे। बीहड़ स्थानों की यात्रा करना आसान काम नहीं होता। भौगोलिक कठिनाई के साथ-साथ लुटेरों और चोर बदमाशों का खतरा बना रहता है इसलिए राहुल ने यात्रा को सुचारु रूप से संपन्न करने के लिए सारा इंतजाम किया था।

"अभी एक और साथी को जैसे बने (इन्-चीमिन्-ची) जरूर ही ले जाना था, क्योंकि हम ऐसे प्रदेश में जा रहे हैं, जहाँ संख्या और पिस्तौल-बंदूक ही हमारी रक्षा कर सकती है।"

राहुल ने तिब्बतियों में व्याप्त घोर अंधविश्वास को रेखांकित करते हुए लिखा है—

"नाती–ला को बहुत एतराज था – हमारी छाती पर बराबर मि–टि–कु (ग्यारहवीं शताब्दी के आचार्य स्मृति ज्ञान कीर्ति के नाम से फर्जी बनवाई मिट्टी की छोटी मूर्ति) रहती है। हमारे ऊपर गोली नहीं लग सकती। कहने पर उन्होंने पिस्तौल द्वारा परीक्षा कराने से इंकार कर दिया।"

× × ×

"पिछले दलाई लामा फेम्बो पधारे थे, इसलिए रास्ता बनाया गया था – बल्कि हमारे दोस्त कादिर भाई के कहने के मुताबिक तो उस पर मोटर चल सकती है। आपको शायद ल्हासा में दलाई लामा के लिए तीन मोटरों का आना मालूम है। उसी अपशकुन से – कुछ लोग कहते हैं – दलाई लामा को शरीर त्याग करना पड़ा है और उनके कृपा पात्र कुभ्–मे–लाको, जो बिजली–मोटर जैसी खुराफातें सोचा करते थे, सर्वस्व से हाथ धो एक कोने से निर्वासित होना पड़ा।"

× × ×

"एक घेरे में बहुत से स्तूप हैं, जिनमें से एक श–र–बा का शरीर भी है। इसी की बगल में एक छोटा–सा स्तूप है, जिसके महत्त्व के बारे में कहा जाता है कि संसार में चाहे हिम प्रलय हो जाए, किंतु इस स्तूप पर बर्फ नहीं पड़ेगी।"

उपर्युक्त उद्धरणों से हमें यह समझने में कठिनाई नहीं होनी चाहिए कि तिब्बत का समाज बहुत ही पारम्परिक और रूढ़िवादी समाज था। तिब्बती अपने धार्मिक रीति–रिवाजों का कठोरता से पालन करते थे। ज्ञान–विज्ञान के प्रति उनमें कोई आग्रह नहीं था शायद इसीलिए पुराने विहारों की तरह ही वहाँ संचित पुराने ग्रंथ भी बुरी अवस्था में पड़े थे। इनके अध्ययन और संरक्षण की कोई उचित व्यवस्था नहीं थी।

"पुस्तकों की छल्लियाँ दीवार के सहारे खड़ी हैं। कुछ पुस्तकों के पन्ने तो कीड़े खा भी रहे हैं, पर कीड़ों को खाकर खत्म करने में अभी शताब्दियाँ लगेंगी। इस समय कीड़ों का भक्ष्य होने के सिवा इनका कोई प्रयोजन भी नहीं मालूम होता। यह इस तरह नहीं रखी गई हैं कि इनमें से काई पुस्तक निकाली जा सके। मैं सोच रहा था कि भोट देश के पुराने मठों में कैद इन पुस्तकों का कब उद्धार होगा।"

श्रद्धालुओं के बारे में राहुल ने इस यात्रा–वृत्तांत में लिखा–

"हमने एक मानी पार की, फिर देखा, हमारे साथी तो एक छोटी चट्टान पर पत्थर के टुकडों को मार रहे हैं और साथ ही कहते जा रहे हैं – चा–फु–मा–फु (चाय प्रदान करो, मक्खन प्रदान करो)। मालूम होता है, सभी श्रद्धालु यहाँ पर चा–फु–मा–फु कहते हैं, तभी तो इस छोटी–सी चट्टान पर पचासों गोल–गोल गड्ढे हो गए हैं।"

राहुल ने अपनी यात्रा के दौरान तिब्बतवासियों के रहन–सहन को भी बहुत करीब से जानने की कोशिश की। तभी तो उन्होंने लिखा कि, 'छ–ला पार करने के बाद ही पुरुषों के

बालों में भेद दिखलाई पड़ता है। वह लोग खाम् वालों की भाँति सामने के बालों को कैंची से कटवाते हैं। जहाँ से इस पत्र को लिख रहा हूँ वहाँ से आधे दिन के रास्ते पर ला–ग्जिस (जोत–युगल) है, जिसके पार होते ही हम होर्–प्रांत में पहुँच जाते हैं भोट देश के होते हुए भी वहाँ के स्त्री–पुरुषों की पोशाक में बहुत फर्क है।' यह वहाँ के समाज में स्थानीय प्रभाव का चित्रण है। कहीं–कहीं राहुल को लूट–पाट करने वालों का भी भय सताने लगता है। उन्होंने लिखा है–

'उनकी इन बातों पर विश्वास न होता था, बल्कि और संदेह बढ़ता जाता था कि कहीं मार कर सामान लूटने के लिए तो नहीं आया है। हमारे पास सौ रुपए के पैसे भी हैं और कुछ दूसरे सामान भी। ऐसा संदेह करने का कारण था – सो–नम्–ग्यंजे के जन्म–स्थान के लोगों का यही स्वभाव है । उनके देश में लूटमार लोगों का पेशा है।'

इस वर्णन से न केवल स्थान विशेष की स्वाभाविक वृत्ति का पता चलता है बल्कि यात्रा करने वाले की मानसिक स्थिति के बारे में भी जानकारी हासिल होती है। वह हर पल एक तनाव से भी गुजरता है क्योंकि आगे उसे अपने लक्ष्य को पाने की तीव्र उत्कंठा होती है। राहुल ने तिब्बत के स्थानीय निवासियों के स्वभाव का चित्रण करते समय कहीं पूर्वग्रह का परिचय नहीं दिया है बल्कि कठिनाइयों और स्थानीय निवासियों के चरित्रांकन में एक संतुलन बनाए रखने की पूरी कोशिश की है।

अपने इस यात्रा–वृत्तांत में राहुल ने प्रकृति का साथ कहीं नहीं छोड़ा। झरने, नदी, पहाड़, जंगल–झाड़ सभी में वे रमते हुए आगे बढ़ते हैं।

"उपत्यकाएँ और उनकी बेटी–पोतियाँ सभी घन–नील–वसना थीं, सिर्फ एक ओर बेरास्ते चलती पचास–साठ चमरियाँ (याक) काला दाग–सा बन रहीं थीं। यद्यपि दूर–दूर पर सफेद भेड़ों के झुंड चर रहे थे किंतु न हिलने–डुलने के कारण वे जहाँ–तहाँ पड़े पत्थर ही जान पड़ते थे।"

"रे–डिङ् से चलते वक्त आकाश मेघाच्छन्न था। आगे चलने पर बूँदा–बाँदी भी शुरू हुई। रास्ते में एकाध जगह चमरी के हलों से खेत जोते देखें, यह शायद हमारे यहां माघ–पूस की जुताई की भाँति खेत को अधिक उपजाऊ बनाने के लिए होगा।"

राहुल के यात्रा–वृत्तांत में मनुष्य और प्रकृति का अटूट रिश्ता चित्रित हुआ है। कहीं–कहीं उन्हें चित्रकला के अद्भुत नमूने अपनी तरफ खींचते हैं – "मुझे तो आशा न थी कि अजंता से इतनी समानता रखने वाले चित्रपट यहाँ हो सकते हैं। दो में तो अजंता के बोधिसत्व जैसी खड़ी तस्वीर है वही आभूषण, वही बंकिम ठवनि, वैसे ही कम और सुंदर आभूषण, वैसी ही विशाल भुजाएँ और वक्ष, वैसा ही उदर प्रदेश। फोटो लेने की अनुमति न होने से मैं उनकी नकल भारत नहीं ला सकता, इसका बड़ा अफसोस है।"

जैसा कि यात्राओं में आमतौर से यह संभावना बनी रहती है, तिब्बत के बीहड़ों में यात्रा करते हुए राहुल को अनेक कठिनाइयों का सामना करना पड़ा। कभी शासनतंत्र की तरफ से बाधाएँ आई तो कभी मठाधीशों ने अध्ययन व संग्रह में रूकावटें खड़ी कीं। स्थानीय निवासियों की ओर से भी वे हमेशा सशंकित बने रहे। भौगोलिक स्थिति ने अलग से परेशान किया किंतु राहुल अपने लक्ष्य की ओर हमेशा बढ़ते रहे, उन्होंने कभी हार न मानी। स्थितियों को अपने अनुकूल बनाते हुए उन्होंने साहित्य, धर्म व दर्शन की अप्राप्य पुस्तकों का संग्रह किया। तिब्बत की यात्रा में प्राणों को हथेली पर रखकर चलना पड़ता था। राहुल ने लिखा है–

"पो–तो, गंदन्–छो–कोर, येर–वा जैसे मठ तथा भोट सम्राटों के समय के दो पाषाण–स्तंभों को देखना जरूरी था, किंतु परसों सबेरे हमारे सा–नम्–ग्यंजे पर फिर पागलपन आ गया। उसने और जगह जाने से इंकार ही नहीं कर दिया, बल्कि वह फिर अपनी लम्बी तलवार पर हाथ रखने लगा। भोट में वैसे भी मनुष्य का प्राण बहुत मूल्य नहीं रखता, और यह आदमी तो मन्–खम् प्रदेश का रहने वाला है, जहाँ पर लोग मृत्यु से खेल करते हैं। इन्हीं कारणों से दीर्घ और कठिन चढ़ाई चढ़कर प्रायः तीस–बत्तीस मील की दौड़ लगाकर 8 अगस्त को मैं ल्हासा चला आया।"

राहुल की तिब्बत–यात्रा का वृत्तांत हमें वहाँ के इतिहास, भूगोल और समाज से परिचित करवाता है। इसमें कोई संदेह नहीं कि यात्रा–वृत्तांतों ने दुर्गम प्रदेशों का वस्तुनिष्ठ भूगोल लिखने में काफी मदद की। राहुल ने तिब्बती समाज के बारे में लिखते हुए बहुत संयम से काम लिया है शायद इसीलिए उनके लेखन में यथार्थ ज्यादा विश्वसनीय रूप में अंकित हुआ है। उनके यात्रा–वृत्तांतों में निरपेक्ष दृष्टि, आत्मीयता एवं स्वच्छंदता के गुण विद्यमान हैं। व्यक्ति चित्रों के साथ मंदिरों, मठों और स्मारकों के चित्र उनके यहाँ भरपूर हैं। वे वस्तु एवं दृश्य वर्णन में केवल उसके वर्तमान स्वरूप का ही परिचय नहीं देते, बल्कि उसकी एतिहासिक सच्चाई को भी खोजने का प्रयास करते हैं। स्थान विशेष के एतिहासिक महत्त्व को रेखांकित करने में वे नहीं चूकते हैं। डॉ. रघुवंश के अनुसार, "उच्चकोटि के यात्रा–साहित्य में दृश्य–सौंदर्य, जीवन का रूप, इतिहास, पुरातत्व, अर्थनीति सब मिलकर एक रस हो जाते हैं।" तिब्बत की यात्राओं में मठों के वर्णन के प्रसंग में भी राहुल की ऐतिहासिक प्रतिभा देखने ही योग्य है। उनके यात्रा–वृत्तांतों की एक और विशेषता की ओर ध्यान आकर्षित करना जरूरी लगता है। वे स्थानों की ऐतिहासिक सम्पदा के वर्णन के साथ पुरानी दंतकथाओं, जनश्रुतियों एवं कहावतों का भी उपयोग करते हैं। इससे यात्रा–वर्णन में सरसता और रोचकता का समावेश होता है। इसमें कोई दो मत नहीं है कि राहुल के यात्रा–वर्णनों के बीच–बीच में आने वाली लोक–कथाओं ने उनके यात्रा–वृत्तांतों की रोचकता बढ़ाई है। राहुल के इस यात्रा वृत्तांत में

उनकी ऐतिहासिक, वैज्ञानिक एवं मानवीय दृष्टि का परिचय मिलता है। यात्रा वृत्तांत से हमें तिब्बती समाज की बहुत सी प्रथाओं, रीति–रिवाजों का पता चलता है। वहाँ के लोग एक–दूसरे के प्रति समर्पित और सभ्य थे। उन लोगों में जाति–पाँति, छुआछूत जैसी सामाजिक बुराइयाँ नहीं थी। औरतें स्वतंत्र होकर घूमती थीं उन्हें पर्दा प्रथा का बंधन नहीं था। इसके अतिरिक्त लेखक ने अपनी यात्रा के दौरान बहुत सी कठिनाइयों का भी सामना किया लेकिन फिर भी उसने अपनी यात्रा पूरी की।

भाषा शैली–राहुल जी भाषा के प्रकाण्ड विद्वान हैं। उनके यात्रा साहित्य एवं निबंधों की भाषा सहज, स्वाभाविक एवं व्यावहारिक है। सामान्यतः संस्कृतनिष्ठ परन्तु सरल और परिष्कृत भाषा को ही उन्होंने अपनाया है। कहीं–कहीं उन्होनें मुहावरों और कहावतों का प्रयोग भी किया है, जिससे भाषा में जीवन्तता आ गई है। भाषा विचारों और अनुभवों को प्रकट करने का माध्यम है और शैली उसका एक तरीका। भाषा किसी भी साहित्यिक रचना की शक्ति होती है। भावों को प्रकट करने की पूर्ण क्षमता ही भाषा का सबसे बड़ा गुण है। भाषा में स्वाभाविक प्रवाह, सरलता, मृदुलता, लोच और गंभीरता जैसे गुण होने चाहिए। खड़ी बोली हिंदी को समृद्ध करने में जिन लेखकों का महत्वपूर्ण योगदान है, राहुल सांकृत्यायन उनमें से एक हैं। वे कई भाषाओं के जानकार थे। संस्कृत, पालि, प्राकृत, भोजपुरी में तो उन्होंने लिखा ही है, इसके अलावा रूसी, सिंहली, अंग्रेजी आदि भाषाओं पर उनका अधिकार था। राहुल हिंदी साहित्य को बहुआयामी बनाना चाहते थे। यात्रा वृत्तांत जैसी नई विधा को साहित्यिक प्रतिष्ठा दिलाने में राहुल ने महत्त्वपूर्ण योगदान किया।

राहुल की रचनाओं में संस्कृतनिष्ठ हिंदी का भव्य प्रयोग मिलता है। उपन्यास, कहानी, यात्रा वृत्तांत, आत्मकथा एवं निबंध जैसी विधाओं में उन्होंने संस्कृतनिष्ठ हिंदी का सहज प्रयोग किया है। दार्शनिक विचारों की अभिव्यक्ति, गूढ़ भावों के निदर्शन एवं व्यक्ति चित्र प्रस्तुत करने में उन्होंने प्रायः ऐसी ही भाषा का इस्तेमाल किया है। अपने जीवन के अनुभवों को लिखते समय राहुल ने सरल हिंदी का भी प्रयोग किया है। इसके अलावा उन्होंने अंग्रेजी, अरबी, फारसी, तिब्बती, रूसी, फ्रेंच और चीनी भाषा के शब्दों का इस्तेमाल भाषा को संप्रेषणीय एवं समृद्ध बनाने के लिए किया है। वे स्थानीय बोलियों के प्रबल समर्थक थे। भोजपुरी में उन्होंने आठ नाटक लिखे। अभिव्यक्ति के लिए जरूरत पड़ने पर वे नए शब्द भी गढ़ लेते थे।

पात्र, स्थिति एवं भाव के अनुकूल राहुल सांकृत्यायन भाषा का प्रयोग करते हैं। 'एशिया के दुर्गम भूखंडों में' में उन्होंने संस्कृतनिष्ट और सहज सामान्य दोनों तरह की भाषा का उपयोग किया है। मसलन–

"उपत्यकाएँ और उनकी बेटी पोतियाँ सभी धन–नील–वसना थीं।"

× × ×

"पुराने विहारों की जैसी दुरवस्था आमतौर से तिब्बत में दिखाई देती है, वैसी ही इसकी भी है।"

× × ×

"वहीं आभूषण वही बंकिम ठवनि, वैसे ही कम और सुंदर आभूषण, वैसी ही विशाल भुजाएँ और वक्ष, वैसा ही उदर-प्रदेश।"

उपर्युक्त उद्धरणों में हम राहुल की संस्कृतनिष्ठ भाषा और आलंकारिकता के प्रभाव को आसानी से देख सकते हैं। दूसरी ओर सरल-सामान्य भाषा का प्रवाह भी देखने ही योग्य है-

"नहीं कहा जा सकता कि भारतीय कला की अमूल्य निधि और दीपंकर के हाथ की यह पवित्र पुस्तक (जिसमें शायद उनकी हिंदी में रचित वज्रासन-वज्रगीति भी हो) न जाने कब इन नादान रक्षकों के हाथ से सर्वदा के लिए नष्ट हो जाए।"

राहुल ने जहाँ तक शैली का प्रश्न है आमतौर से वर्णनात्मक एवं विवरणात्मक शैली का प्रयोग किया है। यात्रा-साहित्य भी इन्हीं शैलियों में लिखा गया है। क्योंकि लेखक का मूल उद्देश्य यहाँ स्थान-विशेष का वर्णन करना होता है।

उदाहरण के लिए कुछ अंश प्रस्तुत हैं-

"आजकल वर्षा ऋतु है। भूले-भटके कितने ही बादल हिमालय के इस पार भी आ पहुँचते हैं और मैदान और पहाड़ जिधर देखो उधर ही हरी मखमली छोटी-छोटी घास बिछी हुई है।"

तिब्बत ल्हासा से उत्तर की ओर जो 'एशिया के दुर्गम भूखंडों में' का ही एक अंश है, पत्र शैली में लिखा गया है-

"प्रिय आनंद जी,

.... स्थान पर लौट कर मैंने धर्मवर्धन को एक चित्रपट की नकल करने के लिए भेजा। उन्होंने अभी शिर को भी पूरा नहीं उतारा था कि हुक्म आया - रे-डिङ्-रिम्पो-छे के पत्र में अनुमति नहीं है, इसलिए नकल नहीं कर सकते। आज के बर्ताव से चित्त को अत्यंत क्षोभ हुआ।

तुम्हारा

- राहुल सांकृत्यायन"

लेखक ने यहाँ स्थान-विशेष का वर्णन करते हुए अपनी आत्मीयता, वैयक्तिकता और भावना का भी प्रदर्शन किया है। कहने का तात्पर्य यह है कि इस शैली में राहुल ने स्थान-संबंधी वृत्तांत प्रस्तुत करने के साथ-साथ अपनी प्रतिक्रियाएँ भी व्यक्त की हैं। इसमें यात्रा का उद्देश्य भी स्पष्ट हो गया है। इस शैली में लिखे गए राहुल जी के यात्रा-वृत्तांत रोचक, व्यावहारिक एवं रचनात्मक हैं तथा उनमें सहजता, सरसता और आत्मीयता का गुण विद्यमान है। राहुल जी विलक्षण प्रतिभा के धनी ऐसे व्यक्ति थे जिन्होंने घुमक्कड़ी का अपने जीवन का

ध्येय बना रखा था। 150 ग्रंथों की रचना करने वाला हिंदी का यह साधक निश्चय ही एक महान विद्वान एवं तपस्वी साधक था। राहुल जी हिंदी में यात्रा साहित्य के प्रवर्तक माने जाते हैं। पालि भाषा और साहित्य के प्रति भी उनका विशेष अनुराग था। उन्होंने अनेक प्राचीन पालि ग्रंथों को प्रकाश में लाने का श्रम साध्य कार्य सम्पन्न किया।

अध्याय
11

जीवनी

भूमिका

किसी व्यक्ति विशेष के संपूर्ण जीवन वृत्तांत को जीवनी कहते हैं। जीवनी का अंग्रेजी अर्थ "बायोग्राफी" है। जीवनी इतिहास, साहित्य और नायक की त्रिवेणी होती है। जीवनी में लेखक व्यक्ति के संपूर्ण जीवन और यथेष्ट जीवन की जानकारी प्रामाणिकता के साथ प्रस्तुत करता है। इस अध्याय में निराला जी की जीवनी का एक अंश प्रस्तुत किया गया है। इस जीवनी के लेखक रामविलास शर्मा हैं। इस जीवनी में निराला जी के जीवन के उन महत्त्वपूर्ण प्रसंगों पर प्रकाश डाला गया है, जिनसे एक अक्खड़ ग्रामीण युवक से एक विख्यात कवि के रूप में निराला जी के उदय की यात्रा की झलक मिलती है। इस अध्याय में साहित्यिक विधा जीवनी की रचना के तत्त्वों की व्याख्या की गई है। गद्य साहित्य में जीवनी के स्थान की चर्चा की गई है। इसमें जीवनी के अंश से निराला के चरित्र की विशेषताओं को उजागर किया गया है। रामविलास शर्मा कृत इस जीवनी का आस्वादन और मूल्यांकन किया गया है और जीवनी लेखन की विशेषताओं को पहचानकर उनका वर्णन किया गया है।

प्रश्न 1. जीवनी से आप क्या समझते हैं? जीवनी की अन्य गद्य विधाओं के संदर्भ में व्याख्या कीजिए।

अथवा

जीवनी और रेखाचित्र में प्रमुख अंतर क्या है?

उत्तर– मनुष्य जाति का संपूर्ण साहित्य मनुष्य जीवन से ही संबंधित है, किंतु उसे जीवनी नहीं कहा जा सकता। जीवनी अपने वर्तमान अर्थ में एक आधुनिक गद्य विधा का पर्याय है, जो किसी व्यक्ति की चारित्रिक विशेषताओं एवं जीवन के सरस ढंग के वर्णन के लिए रुढ़ हो गया है। वैसे तो सारे साहित्य और कलाओं का मूल स्रोत जीवन ही है, लेकिन फिर भी कुछ साहित्य–रूप इस 'जीवन' का उपयोग बहुत सीधे और प्रत्यक्ष रूप में करते हैं।

"जीवनी वह साहित्यिक विधा है जिसमें नायक (किसी विशिष्ट व्यक्ति) के संपूर्ण अथवा उसके यथेष्ट भाग की चर्चा की गई हो और जो अपने आदर्श रूप में इतिहास हो।" अर्थात् जीवन में किसी व्यक्ति के पूरी जीवन की गाथा होनी चाहिए, अथवा यह संभव न हो तो उस अंश की चर्चा अवश्य होनी चाहिए जो पाठकों के लिए ज्ञातव्य है। जीवनी के साथ इस तरह के अन्य साहित्य–रूप आत्मकथा, संस्मरण और रेखाचित्र आदि हैं। साहित्य में जीवनी से बहुत मिलता–जुलता रूप आत्मकथा का है। जीवनी और आत्मकथा दोनों में ही सामान्यतः किसी महत्त्वपूर्ण और अपने क्षेत्र में उल्लेखनीय व्यक्ति के संपूर्ण जीवन को ही रचना का आधार बनाया जाता है। 'जीवनी' में जीवन की इस आधार–सामग्री को कोई दूसरा व्यक्ति प्रस्तुत करता है जबकि आत्मकथा में 'कथा' जीवनी का पर्याय होने पर भी मूल बल 'आत्म' पर होता है और उसमें जीवन का प्रस्तुतिकरण वही व्यक्ति करता है जिसका वह जीवन होता है। इन दोनों ही साहित्य रूपों में सामान्यतः संपूर्ण जीवन को ही आधार सामग्री के रूप में उपयोग में लाया जाता है। हिंदी में एक ओर यदि राहलु सांकृत्यायन और बच्चन की आत्मकथाएँ कथा के रूप में उल्लेखनीय हैं वहीं अमृतराय की 'प्रेमचंद कलम का सिपाही', रामविलास शर्मा कृत 'निराला की साहित्य साधना' और विष्णु प्रभाकर द्वारा लिखित शरत चंद की जीवनी 'आवारा मसीहा' आदि कुछ विशिष्ट और उल्लेखनीय जीवनियों के रूप में स्वीकृत हैं। कभी–कभी किसी व्यक्ति के जीवन को ही आत्मकथा के रूप में प्रस्तुत किए जाने के उदाहरण भी मिलते हैं। विष्णुचंद्र शर्मा ने मुक्तिबोध की जीवनी को 'मुक्तिबोध की आत्मकथा' के रूप में प्रस्तुत किया है।

दो उल्लेखनीय जीवनियाँ – 'अग्नि सेतु' और 'समय साम्यवादी' – में क्रमशः बांगला कवि काजी नजरुल इस्लाम और राहुल सांकृत्यायन के जीवन–वृत्त को जीवनी के स्वीकृत रूप में ही प्रस्तुत किया है। जीवनी अपनी प्रामाणिकता और विश्वसनीयता के तथ्यों के आवेषण और प्रस्तुतिकरण पर बल देती है जबकि आत्मकथा स्वयं अपने बारे में तथ्यों के निर्मम और साहसिक उद्घाटन के कारण ही उल्लेखनीय मानी जाती है। हिंदी में पाण्डेय

बेचन शर्मा 'उग्र' की उपेक्षाकृत संक्षिप्त आत्मकथा, आत्मकथा के रूप में स्वीकृत रही है। जीवनी में प्रस्तुत तथ्य ही उसे प्रामाणिक और विश्वसनीय बनाते हैं, लेकिन कदाचित् ऐसी जीवनी असंभव है जिसमें लेखक कल्पना का उपयोग न करता हो। जिस जीवन को वह प्रस्तुत करता है वह सामान्यतः काफी पहले बीत चुका होता है। उस जीवन के पुनर्सर्जन के लिए उसे बहुधा ही अपनी सर्जनात्मक कल्पना का सहारा लेना होता है। लेकिन वह काल्पनिक पुनर्सर्जन भी अनिवार्यतः अन्य दूसरे स्रोतों से प्रमाणित होना चाहिए।

रांगेय राघव ने कृष्ण, बुद्ध और गोरखनाथ सहित अनेक मध्यकालीन संतों और कवियों के जीवन पर आधारित जो उपन्यास लिखे हैं उन्हें सामान्यतः जीवन चरित्र के उपन्यास के रूप में ही स्वीकृति मिली है। इसका आधारभूत कारण यही है कि जीवनी की अपेक्षा उनमें कल्पना का उपयोग अधिक हुआ है। इस पुनर्सर्जन की ऐतिहासिक प्रामाणिकता यहाँ भी बनी रहती है लेकिन जीवन के ब्यौरों और घटना–प्रसंगों की प्रस्तुति में यहाँ पर्याप्त स्वतंत्र रहने की छूट ली जा सकती है। जीवनी में ऐसी कोई छूट एक सीमित मात्रा में ही संभव होती है।

दूसरे साहित्य रूपों में जीवनी के निकट आने वाली विधाओं में रेखाचित्र और संस्मरण मुख्य हैं। रेखाचित्र के लिए उस व्यक्ति का बहुत प्रसिद्ध या सांस्कृतिक दृष्टि से महत्त्वपूर्ण होना अनिवार्य नहीं है। महादेवी वर्मा के 'अतीत के चल चित्र' और रामवृक्ष बेनीपुरी के 'माटी की मूरतें' में जिन व्यक्तियों के रेखाचित्र हैं, जीवन और समाज में वे लोग सामान्यतः हाशिए के लोग हैं। फिर भी उनके जीवन को इन दोनों ही रचनाकारों ने गहरी संवेदना और हार्दिकता के साथ व्यक्त किया है। यहाँ जीवन के कुछ पक्ष उतनी आत्मीयता के साथ प्रस्तुत किए गए हैं कि वे संपूर्ण उपेक्षित और वंचित वर्ग के प्रतिनिधि बनकर हमारी सहानुभूति के पात्र बन जाते हैं। वहाँ उनका पूरा जीवन हमारे सामने नहीं होता लेकिन उनके जीवन के कुछ प्रसंग या फिर उन प्रसंगों की भूमि ही उन्हें एक ऐसा आत्मिक संस्पर्श देती है जिसके कारण उनके प्रति करुणा का उद्रेक हुए बिना नहीं रहता। सामान्य और उपेक्षितों के प्रति इस मानवीय करुणा में ही इन लेखकों की सफलता निहित है। वैसे उपन्यास, कहानी, जीवनी साहित्य में भी रेखाचित्र की कलागत विशिष्टताओं का उपयोग हो सकता है, होता भी है, लेकिन एक विधा के रूप में रेखाचित्र उपेक्षितों के प्रति अपनी आत्मीयता और करुणा के बीच से ही अपनी पहचान बनाता है।

जीवनी में लेखक को केवल व्यक्ति–विशेष के जीवनवृत्त पर ही अपना ध्यान केंद्रित करना पड़ता है और विवरणों के प्रसंग में कल्पना की अपेक्षा उसे श्रद्धा और सहानुभूतिपूर्ण शैली अपनानी पड़ती है, पर रेखाचित्र में लेखक व्यक्ति, वस्तु, घटना आदि किसी का भी कल्पना रंजित रेखांकन करता है। इसी अंतर के कारण जीवनी और रेखाचित्र दो स्वतंत्र विधाएँ मानी जाती हैं।

संस्मरण में सामान्यतः उस व्यक्ति का स्मरण होता है जो सामाजिक सांस्कृतिक जीवन में अपने उल्लेखनीय योगदान के लिए जाना जाता है। इसमें जीवनी और रेखाचित्र के तत्त्वों का प्रचुर मात्रा में उपयोग होने पर भी मुख्य बल उस संबद्ध व्यक्ति से लेखक के निजी संबंध और संपर्क पर ही होता है। अपने संपर्क के आधार पर ही लेखक उस व्यक्ति के जीवन के किसी विशिष्ट पहलू का आंकलन और पुनर्सर्जन करता है। कभी-कभी यह आकलन मतभेद और विवाद का कारण भी बन सकता है क्योंकि लेखक अपनी दृष्टि से ही उस व्यक्ति विशेष को प्रस्तुत करता है। अश्क का 'मंटो : मेरा दुश्मन' इस तरह के विवादास्पद संस्मरणों का एक सहज सुलभ उदाहरण माना जाता रहा है। यहाँ कदाचित लेखक के इस दृष्टिकोण की भूमिका को भी अनदेखा नहीं किया जा सकता है। अपने समकालीन लेखकों पर लिखे गए संस्मरणों में महादेवी वर्मा के 'पथ के साथी' और अज्ञेय के 'स्मृति लेखा' से लेकर काशीनाथ सिंह, दूधनाथ सिंह और रवीन्द्र कालिया सहित अनेक लेखकों के संस्मरण देखे जा सकते हैं। ये संस्मरण जीवनी की तरह न तो व्यवस्थित होते हैं और न ही संपूर्ण, फिर भी वे संबद्ध व्यक्ति के जीवन को ही प्रस्तुत करते हैं। कभी-कभी ऐसा भी होता है कि वह महामानवों का जीवनवृत्त-श्रद्धाभाव से अभिप्रेरित होकर प्राचीन उपलब्ध विवरणों, पुस्तकों और तथ्यों के आधार पर भी लिख डालता है, पर संस्मरण लेखक के लिए यह अनिवार्य है कि वह संस्मर्ण्य व्यक्ति के निकट संपर्क में रहा हो, वह उसे निकट से जाँच सका हो अथवा उसका साक्षात्कार किया हो, तभी संस्मरण लिख सकता है।

प्रश्न 2. जीवनी की संरचना पर प्रकाश डालते हुए इसकी प्रमुख विशेषताएँ भी बताइए।

अथवा

जीवनी की प्रामाणिकता से आप क्या समझते हैं?

उत्तर— किसी व्यक्ति के जीवन का चरित्र चित्रण करना अर्थात् किसी व्यक्ति विशेष के संपूर्ण जीवन वृत्तांत को जीवनी कहते हैं। जीवनी में व्यक्ति विशेष के जीवन में घटित घटनाओं का कलात्मक और सौंदर्यता के साथ चित्रण होता है। जीवनी इतिहास, साहित्य और नायक की त्रिवेणी होती है। जीवनी शब्द जीवन से बना है; इसमें किसी व्यक्ति के जीवनवृत्त का वर्णन होता है। अंग्रेजी शब्द Biography भी यही अर्थ देता है—Bio जीवन Graphy वर्णन।

मनुष्य आरंभ से ही एक जिज्ञासु एवं अनुकरणप्रिय प्राणी है। अपने से भिन्न व्यक्तियों के जीवन से कुछ-न-कुछ सीखने, ग्रहण करने की प्रकृति उसमें सदैव रही है। जब वह किसी ऐसे व्यक्ति को देखता, सुनता है, जिसमें कुछ विलक्षण गुण होते हैं, जिन गुणों का उसके अपने जीवन में अभाव होता है, या वे गुण उसमें होते भी हैं, तो वह उनसे परिचित नहीं होता, तब उसके भीतर उन स्थितियों के बारे में पूर्ण जानकारी प्राप्त करना चाहता है जिनमें उस

विशिष्ट व्यक्ति ने एक आदर्श स्थापित किया। उसको यह जानकारी महापुरुषों, संतों, नेताओं, जनसेवकों आदि के जीवन वृत्त से प्राप्त होती है। यह सत्य है कि जीवनी शब्द जीवन से ही बना है, किंतु जीवनी मनुष्य के जीवन की घटनाओं एवं स्थितियों का मात्र लेखा-जोखा नहीं होती। उसमें जीवन की बाहरी घटना-प्रतिघटना, क्रियाकलाप के साथ व्यक्ति विशेष का चरित्र भी अंकित होता है। यह अंग्रेजी के लाइफ अथवा बायोग्राफी का ही पर्याय है।

जीवन चरित में एक ओर जीवन की स्थूल बाह्य घटनाएँ हैं — कुछ रोचक, कुछ विस्मयकारी। दूसरी ओर किसी व्यक्ति के चरित्र की कुछ विशेषताएँ हैं जो पाठक के लिए प्रेरणादायी बन सकती हैं। जीवनी में जीवन की प्रमुख घटनाओं के माध्यम से व्यक्ति के आंतरिक मानसिक विकास का चित्रण किया जाता है। जीवनी में बाह्य और आंतरिक का सामंजस्यपूर्ण चित्रण होता है। जीवनी लेखक जीवनी में जीवन के यथार्थ तथ्य को उजागर करते हुए व्यक्ति के आंतरिक एवं बाहरी जीवन से संबंधित विभिन्न पक्षों को पाठकों के सम्मुख प्रस्तुत करता है।

जीवनी की निम्न विशेषताएँ हैं—

- **आदर्श चरित्र**—जीवनी उसी व्यक्ति की लिखी जाती है जिसमें चारित्रिक विशेषताएँ हों और लोग उस व्यक्ति के जीवन से प्रेरणा ग्रहण कर सकें। जीवनी-लेखक द्वारा लिखे जाने वाले विषय का चरित्र-नायक केवल वही व्यक्ति होता है जिसने देश, जाति या इतिहास की दृष्टि से महत्त्वपूर्ण कार्य किया हो। इस दृष्टि से आम तौर पर इतिहास में प्रसिद्ध और अपने क्षेत्र में ख्याति प्राप्त व्यक्तियों की ही जीवनी लिखी जाती है। आधुनिक युग में इस नजरिए में कुछ परिवर्तन आया है। अब साहित्य में आम आदमी द्वारा आम आदमी के लिए लिखने पर बल है। नए युग में उन लोगों की जीवनी भी लिखी जाती है, जो ख्यातनाम नहीं है।

- **प्रामाणिकता**—जीवनी को इतिहास की दृष्टि से सत्य होना चाहिए, नहीं तो उसे प्रामाणिक नहीं माना जाएगा। जीवनी का उद्देश्य तभी पूरा होगा जब तथ्य और घटनाक्रम प्रामाणिक हों। अन्यथा वह कथा साहित्य होगा, जिसमें आदर्श चरित्र या कथानायक की सृष्टि की जाती है। जीवनी कथा साहित्य नहीं है, इसलिए जब तक वह प्रामाणिक न हो, लोग उसे प्रेरणास्पद नहीं मानेंगे। यह बात लेखक की विश्वसनीयता से भी जुड़ती है। लेखक को चाहिए कि वह जीवनी के नायक (या नायिका) के पत्र, डायरी, उन पर लिखे गए दूसरों के संस्मरण, निजी संबंधों की यादें, संभव हो तो उस व्यक्ति से लिए गए भेंट-वार्तालाप आदि का उपयोग करें।

- **संवेदना का स्वर**—जीवनी में नायक (या नायिका) के प्रति लेखक में आदर, श्रद्धा और गर्व का भाव होना चाहिए, जिससे वह आदर्श चरित्र की प्रमुख विशेषताओं को उजागर कर सके। लेखक का काम इतना ही नहीं है कि वह ऐतिहासिक क्रम से

घटनाओं का प्रस्तुतिकरण कर दे। वह आदर्श चरित्र की उन विशेषताओं को ढूँढ़ निकालता है, जो पहली नजर में सामने नहीं आते। संवेदना और आदर्श चरित्र के साथ संबंधों के आधार पर कई तरह की जीवनियाँ होती हैं। ये हैं—आत्मीय जीवनी, लोकप्रिय जीवनी, कलात्मक जीवनी और मनोवैज्ञानिक जीवनी। जीवनी में नायक की मनोदशा का भी वर्णन होना चाहिए और यह तभी संभव है जब लेखक इतना सामर्थ्यवान हो कि वह नायक की मन:स्थिति का समग्रदृष्टि से विश्लेषण कर सके।

- **वर्णन की तटस्थता**—चाहे लेखक आदर्श चरित्र के कितने ही निकट क्यों न हो, कितने ही श्रद्धालु क्यों न हों, उनका चित्रण तटस्थ और निष्पक्ष होना चाहिए। उन्हें अपनी तरफ से कुछ छिपाना या बढ़ाना नहीं चाहिए; उन्हें अपनी ओर से संदेश देना या निष्कर्ष निकालना नहीं चाहिए। जीवनी–लेखक को तटस्थ रहना आवश्यक होता है, क्योंकि लेखक यदि तटस्थ नहीं रहेगा तो सही तथ्य सामने नहीं आ सकेंगे। फिर जीवनी 'जीवनी' न रहकर स्तुति–ग्रंथ बन जाएगी।

- **भाषा और शैली**—वर्णन की तटस्थता के बावजूद चित्रण सपाट न हो और न ही वर्णन उबाऊ हो। जीवंत चित्रण और आकर्षक शैली साहित्यिक जीवनियों का परम गुण है। जीवनी की भाषा–शैली घटनाओं के चयन, विश्लेषण और उसके प्रस्तुतीकरण के आधार पर होनी चाहिए। इसके साथ ही जीवनी में निरपेक्षता का भाव भी होना आवश्यक है; क्योंकि सापेक्षिता में तो अंध भक्ति की प्रधानता होती है। जीवनी की भाषा संतुलित, सहृदयतापूर्ण तथा शैली सहज, सरल, भावपूर्ण तथा चित्ताकर्षक होनी चाहिए।

प्रश्न 3. जीवनी लेखक 'रामविलास शर्मा' पर संक्षेप में लिखिए।

उत्तर— निराला की साहित्य साधना हिंदी के विख्यात साहित्यकार रामविलास शर्मा द्वारा रचित एक जीवनी है। निराला की साहित्य साधना तीन खंडों में लिखी गई है। इसके द्वितीय खंड की 'भूमिका' में रामविलास शर्मा लिखते हैं कि "साहित्यकार के व्यक्तित्व का श्रेष्ठ निदर्शन उसका कृतित्व है। इस कृतित्व का विवेचन पुस्तक के दूसरे खंड में है। पहला खंड उसकी भूमिका मात्र है।" इसके अतिरिक्त इसके तीसरे खंड में निराला के पत्रों का संग्रह किया गया है।

'निराला की साहित्य साधना' भाग–1 के रूप में निराला की सुविस्तृत जीवनी प्रस्तुत की। इसका प्रकाशन 1969 में हुआ। रामविलास शर्मा भले ही निराला की यह जीवनी लिखकर हिंदी में जीवनी लेखकों की प्रथम पंक्ति में आ गए हों, लेकिन मूलत: वे आलोचक और कवि हैं। वे अपनी साहित्य, संस्कृति और भाषा संबंधी नीतियों के लिए पर्याप्त विवादास्पद भी रहे। अज्ञेय द्वारा संपादित 'तार सप्तक' (1943) में एक कवि के रूप में शामिल किए

गए। उनके आलोचनात्मक निबंधों का प्रकाशन उनके अध्ययन काल में, तीस के दशक में ही होने लगा था। वस्तुत: इसी दौर में वे लखनऊ में ही निराला के आत्मीय और घनिष्ठ संपर्क में आए और एक लंबे अरसे तक निराला के निकट संपर्क में रहे। लखनऊ में अपने अध्ययन काल में काफी समय वे दोनों एक साथ रहे। तीन खंडों में समाप्त निराला संबंधी इस बृहद् और महत्त्वाकांक्षी रचना में डॉ. शर्मा ने निराला के व्यक्तित्व, जीवन चरित्र और कला के साथ ही उनके और उन्हें लिखे गए पत्रों का संकलन भी प्रस्तुत किया है। आधुनिक कवियों में निराला डॉ. शर्मा की पहली पसंद रहे हैं। इसके पूर्व सन् 1946 में भी निराला पर उनकी एक पुस्तक छप चुकी थी जो अपने परवर्ती रूप में, अनेक संशोधनों और परिवर्धनों के साथ, निराला-साहित्य के मूल्यांकन की दृष्टि से एक उल्लेखनीय कृति मानी जाती रही है। लेकिन 'निराला की साहित्य साधना' अपनी प्रकृति लक्ष्य में एक भिन्न, अधिक अर्थपूर्ण और संपूर्ण रचना है। इसके पहले खंड के प्रकाशन के अगले वर्ष, सन् 1970 में, इस पर उन्हें साहित्य अकादमी का पुरस्कार प्राप्त हुआ।

'निराला की साहित्य साधना' के प्रथम खंड में निराला का जीवन चरित्र है। इसकी भूमिका में लेखक ने इस रचना के अपने उद्देश्य और इसकी प्रकृति की ओर संकेत करते हुए लिखा है, 'इसे लिखते समय मेरा ध्यान उनके व्यक्तित्व के अध्ययन की ओर रहा है। पंद्रह अध्यायों में उनके व्यक्तित्व का विश्लेषण है यह साहित्यकार का जीवन-चरित है, इसलिए इसमें किसी हद तक उनके साहित्य का मूल्यांकन भी शामिल है पर यह पुस्तक उनके साहित्य की आलोचना नहीं है। निराला के पारिवारिक, सामाजिक परिवेश से, उस युग की सांस्कृतिक परिस्थितियों से उनके जीवन के बाह्य रूपों के साथ उनके अंतर्जगत से पाठकों को परिचित कराना मेरा उद्देश्य है।' अपनी इसी भूमिका में लेखक ने इस ओर भी संकेत किया है कि तथ्य संग्रह और विश्लेषण दोनों दृष्टियों से उसकी यह पुस्तक निराला संबंधी उसकी पहली पुस्तक से मूलत: और तत्वत: भिन्न है। अन्य आलोचकों की तरह उन्होंने किसी रचनाकार का मूल्यांकन केवल लेखकीय कौशल को जाँचने के लिए नहीं किया है, बल्कि उनके मूल्यांकन की कसौटी यह होती है कि उस रचनाकार ने अपने समय के साथ कितना न्याय किया है। जी.पी.एच. की पुस्तकों का मुख्य उद्देश्य ज्ञान के साथ-साथ अच्छे नम्बर दिलाना है।

प्रश्न 4. 'निराला की साहित्य साधना' का विश्लेषण कीजिए।

अथवा

'निराला की साहित्य साधना' शीर्षक जीवनी के अंश की विशेषताएँ बताइए।

अथवा

'निराला की साहित्य साधना' का प्रतिपाद्य व भाषा-शैली का वर्णन कीजिए।

उत्तर– यह कृति निराला का जीवन–चरित भी है और उनके साहित्य का मूल्यांकन भी। 'निराला की साहित्य साधना' में निराला के अनेक अल्पज्ञात अथवा अज्ञात तथ्यों का उद्‌घाटन हुआ है। निराला जी बचपन से ही विद्रोही और अक्खड़ स्वभाव के थे। वे अपने वातावरण के प्रभाव के कारण सर्जन की अपेक्षा सजने पर अधिक बल देते थे। पत्नी के स्वभाव और त्याग ने उन्हें उदात्त भावनाओं की ओर मोड़ा। इस यात्राक्रम को रामविलास शर्मा ने बड़े ही सुंदर ढंग से चित्रित किया है।

(1) प्रतिपाद्य–रामविलास शर्मा ने 'निराला की साहित्य साधना' में महाकवि निराला का संपूर्ण जीवन–चरित्र प्रस्तुत किया है। निराला के पुरखों की देहरी वाले क्षेत्र अवध में गढ़ाकोला – को पहली बार देखकर सुर्जकुमार की मनोदशा का वर्णन लेखक ने विस्तारपूर्वक किया है। बंगाल की शस्य श्यामला धरती पर बिताए बचपन के बाद पहली बार सुर्जकुमार बेर और बबूल के जंगल, बड़े–बड़े ऊसर और गाँव के किनारे बहती क्षीण–सी लोन नदी को देखता है। बंगाल की तरह यहाँ भी आमों के बाग थे, लेकिन वैसी सघन हरियाली नहीं थी। महिषादल के राज दरबार में और उस समाज में ऊँच–नीच का जो भेद–भाव उसने देखा और अनुभव किया था, वह जैसे और दृढ़ होता है। उसका अपना घर यहाँ भी वैसा ही टूटा–फूटा और कच्चा था जबकि जमींदार भगवानदीन दुबे का मकान पक्का और बड़ा था यद्यपि महिषादल में राजा के महल की तुलना में वह बिल्कुल टुच्चा था। इसी प्रकार सुर्जकुमार इस बात को नहीं समझ पाता कि जमींदार दुबे की मुसलमान पतुरिया–पत्नी के उसे अच्छी लगने पर भी उसके पास क्यों नहीं जाना चाहिए और उसकी छुई हुई चीजें क्यों नहीं खाना चाहिए। सुर्जकुमार ने यह भी देखा था कि पतुरिया मुसलमान है और उसके लड़के अपने को पंडित समझने के कारण, माँ होने पर भी, उसे भोजन दूर से देते हैं।

महिषादल में एक साधारण जमादार पिता के पुत्र होने का हीनता बोध सुर्जकुमार को परेशान करता है। इस छोटे मगर समृद्ध राज्य में राम सहाय तिवारी की हैसियत सिर्फ एक वफादार सिपाही की थी – जो मालिक का नमक खाकर उसका हक अदा करने में विश्वास रखता था। लेकिन पिता की कद–काठी और आकर्षक व्यक्तित्व देखकर उसे स्वाभाविक रूप से गर्व होता है। बंगाल के गवर्नर सर फ्रांसिस डयूक जब महिषादल आए तो दरबार का एक सामूहिक चित्र उनके साथ खिंचा। उस चित्र में राम सहाय तिवारी भी हैं–'पीछे एक चपरासी शेष सिपाही हाथ में तलवारें खींचे खड़े हुए। इस लाइन में गवर्नर की बाईं ओर एकदम सिरे पर राम सहाय तिवारी खड़े हुए 'लाइन में खड़े हुए लोगों में वह सबसे लंबे थे। सिर पर कामदार गोली टोपी, गले में सोने का कंठा, भव्य दाढ़ी, मूंछे लंबी नाक, बड़ी आँखें, बिर्जिस पर फौजी कोट, आँखों में थकान, हाथ में नंगी तलवार, बढ़ते हुए पेट को पेटी से कसे हुए........' लाट साहब के साथ पिता का यह चित्र सुर्जकुमार के मन में जैसे आत्म गौरव का बोध जगाता है। अपनी क्षुद्र स्थिति में भी जैसे गर्व करने को कुछ उसके पास है। लंबी और आकर्षक कद–काठी निराला को जैसे विरासत में मिली थी। निराला संबंधी अपने संस्मरणों

में रामविलास शर्मा ने लिखा है कि कलकत्ता में फुटबाल का मैच देखने वाले दर्शकों के बीच अपने लंबे, औरों से एक मुट्ठी ऊँचे कद के कारण ही उस भीड़ में इधर–उधर हो जाने पर निराला को आसानी से ढूँढ़ा जा सकता था। बाद में अपनी देह को पालने–पोसने का शौक शायद निराला के इसी आत्म बोध का एक अंग था। अपनी देह की इस पूँजी के कारण ही स्कूल में सुर्जकुमार अपने साथियों का नेता था। पढ़ने की कमी को वह जैसे खेल–कूद की ढाल पर सहने–झेलने की तैयारी में लगा था। फुटबाल में वह उम्दा खिलाड़ी था और तैरने में कुशल। पहली बार सुसराल आने पर लंबे बालों के कारण उसे शंका की दृष्टि से देखा जाता है। बनाव–शृंगार के प्रति आकर्षण और पहनने ओढ़ने का शौक शायद उसकी क्षतिपूर्ति का ही एक रूप था। अपने शरीर को सुदृढ़ और सुंदर बनाकर जैसे वह पढ़ाई–लिखाई में अपने पिछड़ेपन की भरपाई करना चाहता है।

सुर्जकुमार की साहित्यिक और सांस्कृतिक अभिरुचियों का विकास भी हुआ। महल के पास ही नाटयशाला थी जहाँ राजा सती प्रसाद जब–तब नाटक करते थे। वहीं सुर्जकुमार में बांग्ला नाटक 'तरुबाला' में एक 'हिंदुस्तानी' का पार्ट किया था। बाद में आए स्टार थियेटर के रंगमंच और उसके अभिनेताओं की चमक–दमक ने उसे कहीं गहरे में अभिभूत किया था।

उन्हें देखकर उसे यह लगे बिना नहीं रहा कि सबसे बढ़िया जीवन इन्हीं लोगों का है। बांग्ला उपन्यासकार बंकिमचंद्र सरकारी अफसर की हैसियत से मिदिनापुर में रहे थे। स्कूल के पास, ताल के किनारे बैठकर, उसने दोस्तों से यह भी सुना था कि यहाँ रहने पर बंकिमचंद्र ने एक–दो उपन्यास भी लिखे थे। अपने बंगाली साथियों की बातचीत में यह बोध भी जब–तब उसे कराया जाता था कि बंगाली जाति महान् है, बांग्ला भाषा संसार की सर्वश्रेष्ठ भाषा है और रवीन्द्रनाथ संसार के सर्वश्रेष्ठ कवि है। यह भी सुर्जकुमार स्वयं बंगाली नहीं, 'हिंदुस्तानी' है। घर के परिवेश और संस्कारवश सुर्जकुमार बांग्ला की अपेक्षा हिंदी ही अधिक जानता था। भक्ति और शृंगार–रस दोनों ही प्रकार की कविताओं में उसका मन खूब रमता था। ब्रजभाषा की काफी कविता उसने पढ़ रखी थी। पद्माकर उसके प्रिय कवि थे। उनकी सानुप्रास शब्दावली, शृंगार वर्णन में भी ओजगुण का पुट उसे विशेष प्रिय था। पद्माकर के काव्य की चित्रमयता उसे आकृष्ट करती थी। स्मरण–शक्ति अच्छी होने से उसके अनेक छंद उसे कंठस्थ हो गए थे। तुलसीदास से वह पूर्व परिचित था। लेकिन विवाह के बाद पत्नी मनोहरा देवी के कंठ से उनके छंद और भजन सुनकर उसने जैसे एक नए रूप में उन्हें पाया और आत्मसात किया। साहित्य और संगीत में इतना आकर्षण इसके पूर्व उसे कभी अनुभव नहीं हुआ था। पद्माकर के कवित्तों का अर्थ भी जैसे अब और स्पष्ट होने लगे। रामचरित मानस का पाठ और भी मनोयोग से करने लगा। पत्नी के मायके में होने पर पढ़ने पर पृष्ठों के अक्षर गायब हो जाते और उनकी जगह मनोहरा देवी की छवि तैरने लगी। एंट्रेंस की परीक्षा में, गणित के पर्चे में, पद्माकर के शृंगारी पद कापी में लिखकर वह घर चला आया था।

ससुराल–प्रवास में सुर्जकुमार की ऐंठ, वर्जनाओं के प्रति तीखे विरोध की प्रवृत्ति और पत्नी के आकर्षण के बावजूद अनेक बातों को लेकर उससे हुए मतभेद और तना–तनी का चित्रण लेखक ने बहुत सहज और आकर्षक रूप में किया है। अपने गाँव में जैसे पतुरिया के हाथ खाना मना था यहाँ कुल्ली भाट को लेकर भी वैसी ही मनाही थी। लेकिन कभी झूठ बोलकर और कभी मुँह जोरी से सुर्जकुमार ने इसका विरोध किया। मनोहरा देवी द्वारा तुलसीदास का भजन गाने पर उसे लगता है जैसे गले में मृदंग बज रहा है। इस भजन को सुनकर सुर्जकुमार के न जाने कौन से सोते संस्कार जाग उठे। साहित्य और संगीत इतने सुंदर हैं इसका बोध जैसे उसे अब हुआ। कानों को वह संगीत किसी दूसरे लोक से आया जान पड़ा। अपने सौंदर्य का अभिमान जैसे चूर–चूर हो गया। उसे लगा कि ऐसा ही कुछ गाने और कर दिखाने में जीवन की सार्थकता है।

निराला के जन्म से लेकर उनकी बीस वर्ष की आयु तक का आरंभिक जीवन जीवनी के उस प्रथम अध्याय में अंकित है। इसमें लेखक ने उनके मानसिक विकास और कवि–कर्म की तैयारी को पर्याप्त प्रमाण देकर अंकित किया है। इसी अध्याय में निराला के विवाह और संक्षिप्त दाम्पत्यजीवन का भी बहुत संवेदनापूर्ण अंकन किया गया है। इसी प्रसंग में अपनी कन्या के लिए माता की चिंता, निराला के पिता पं. राम सहाय तिवारी का छोटी–छोटी बातों पर रूसना–रूठना और अनेक सामाजिक कुरीतियों और जातिगत दंभ के संकेत भी जीवनी में बहुत कुशलतापूर्वक गूंथे हुए हैं। बांगला भाषा और साहित्य की सुगंभीर जानकारी के बावजूद निराला हिंदी के पक्ष में खड़े होते हैं। अपनी गद्य और गद्य रचनाओं के द्वारा इस आरंभिक दौर में ही वे अपनी संभावनाओं को प्रकट कर पाने में सफल होते हैं।

(2) भाषा–शैली–भाषा किसी भी रचना के निर्माण में एक अनिवार्य और महत्त्वपूर्ण घटक है। भाषा ही रचना के प्रभाव को बढ़ाती है या घटाती है। इसमें रामविलास शर्मा सरल और प्रवाह पूर्ण भाषा में मुहावरों और लोकोक्तियों के साथ जीवनी में घटित प्रसंगों का वर्णन करते हैं। निराला के जन्म का वर्णन करते हुए शर्मा जी लिखते हैं–'उस दिन मंगल था, महावीर स्वामी ने अपनी पूजा के ही दिन राम सहाय को पुत्र का मुँह दिखाया। दरवाजे पर बाजे बजे, नाई, धोबी, डोम वगैरह नेग माँगने आए। महिषादल में अवध के और परिवार भी रहते थे, कई घर वैसवाड़े के ही लोगों के थे। इन सबसे स्त्रियाँ आईं, सोहर होने लगे। थोड़ी देर को राम सहाय को लगा कि वह गढ़ाकोला में ही उत्सव मना रहे हैं। खैर अभी न सही, जैसे ही मौका मिला, वह पुरखों की देहरी छुलाने बच्चे को गाँव जरूर ले जाएँगे....।'

राम सहाय तिवारी अपने घर से सैकड़ों मील दूर परदेस में पड़े थे। शादी–विवाह के लिए वे अपने घर गढ़ाकोला आते थे। अपने पुरखों की धरती के प्रति उनका आत्मीय लगाव, उत्सव–पर्वों में वहाँ के लोकाचार और रीति–रिवाजों के प्रति आग्रह और अपने बैसवाड़ी समाज से जुड़ने की उनकी ललक आदि को यह भाषा गहरी पारदर्शिता के साथ उद्घाटित करने में सक्षम है। इसी के तत्काल बाद, जब अपने रंग–रूप के कारण बच्चा – पंडित ने

जिसका नामकरण सुर्जकुमार किया था – पड़ोस की स्त्रियों का खिलौना हो जाता है तो वे बैसवाड़ी शब्दों में ही अपने उद्‌गार प्रकट करती हैं – महतारी, बेटवा आदि शब्द इसके उदाहरण हैं।

अपनी भाषा में रामविलास शर्मा मुहावरों और लोकोक्तियों का भरपूर प्रयोग करते हैं क्योंकि वे इसे अच्छी तरह जानते हैं कि भाषा जनता की थाती है और इसी जनता द्वारा बोले गए शब्द और मुहावरे शरीर में स्वस्थ शुद्ध रक्त की तरह भाषा को निखारते हैं। इस जीवनी में प्रयुक्त कुछ मुहावरों को उदाहरण स्वरूप देखा जा सकता है। हाथ छोड़ बैठना, पानी बंद करना, कंठफूट जाना, मसें भीगना, बगलें निकलना और दो दाँत की लकड़ी आदि इसी प्रकार के कुछ उदाहरण हैं जो पाठ्यक्रम में निर्धारित अंश से ही बहुत सहज रूप में जुटाए गए हैं। इन मुहावरों का अर्थ समझकर भाषा की व्यंजना–शक्ति की सामर्थ्य को आसानी से समझा जा सकता है।

हाथ छोड़ बैठना	:	क्रोधावेश में मार बैठना
पानी बंद करना	:	समाज और बिरादरी से बाहर कर देना
कंठ फूट आना	:	मसें भीगना और बगलें निकलना

ये सारे प्रयोग यौवनागम के संकेत हैं। कंठ में गट्‌टा निकलना और आवाज में भारीपान का आ जाना, मूंछों के स्थान पर बालों की रेख दीखने लगना और बंगलों में बाल निकलना आदि सारे चिह्न बालक से युवा हो जाने के चिह्न हैं। लेखक इन्हें निराला के प्रसंग में प्रयुक्त करके उनके गौने की भूमिका निभाता है अर्थात् अब उम्र के हिसाब से वे इस लायक हैं कि उनका गौना किया जा सके।

दो दाँत की लड़की : कम उम्र की लड़की, दुनियादारी से अनजान और भोली–भाली। रामविलास शर्मा प्रसंगानुसार जीवन के विविध और विभिन्न क्षेत्रों के शब्दों से अपनी भाषा को सहज, सरल और स्वाभाविक बनाते हैं। गाँव–जवार, कोर्ट–कचहरी, लगान–वसूली, साहित्य–संस्कृति और प्राकृतिक सौंदर्य के वर्णन में उनकी भाषा के बदलते हुए तेवर और छवियों को देखा जा सकता है।

निराला की जीवनी का जो अंश हमारे सामने है उसमें अवध और बंगाल की परिवेशगत विशिष्टताओं और प्राकृतिक छटाओं में उपलब्ध भौगोलिक अंतर के ब्यौरे बहुत प्रामाणिक एवं विश्वसनीय रूप में प्रस्तुत किए हैं। लेखक का मुख्य काम अपने चरित नायक के चारित्रिक और सांस्कृतिक विकास पर केंद्रित होने पर भी उसके संपर्क के अन्य प्रमुख व्यक्तियों के चरित्र पर भी लेखक बहुत सजग दृष्टि रखता दिखाई देता है। राम सहाय तिवारी का क्रोधी और वत्सल स्वभाव, स्वाभिमान और स्वामिभक्ति का द्वंद्व, पुत्री के भविष्य के प्रति मनोहरा देवी की माँ की सहज चिंता द्वारा लेखक अपने इन अपेक्षाकृत गौण पात्रों को भी बहुत विश्वसनीय रूप में प्रस्तुत कर पाने में सफल हुआ है। छोटे–छोटे प्रसंगों द्वारा लेखक ने मनोहरादेवी का चरित्र गहरी संवेदनशीलता से अंकित किया है।

निराला के युवा मन पर उनके गहरे प्रभाव की दृष्टि से यह जरूरी था। पहली बार ससुराल जाने पर पिता की सलाह पर निराला अपनी शान और ऐंठ का झूठा प्रदर्शन करते हैं। रूही की मालिश इसी का एक हिस्सा है। पिता-पुत्र दोनों के मन में यही भाव है कि इससे ससुराल वालों पर रोब तो पड़ेगा ही, खर्च भी खूब होगा और वे लोग अपनी हार मान लेंगे। लेकिन हुआ इसका उल्टा ही। निराला की सासू जी इस पर ताना मारती हैं – "अपने बेटे की मालिश रूह से कराएँ और उनकी बेटी के लिए चढ़ावा इतना मामूली"! रात को पत्नी मनोहरादेवी निराला को समझाती हैं–'इत्र-फुलेल लगाना किसान परिवार में शोभा नहीं देता। और जब बात बढ़ने लगती है, निराला उन्हें मछुआइन का किस्सा सुनाने लगते हैं तो वह बिगड़ जाती है। वह कमरे से उठकर चल देती है। इस आरंभिक भेंट में ही निराला को लगता है कि पत्नी जैसे उनकी पकड़ के बाहर है। उसका तेजस्वी और घर-गृहस्थी के काम में कुशल रूप उन्हें गहरे में कहीं प्रभावित भी करता है। उनके कंठ से तुलसी का भजन सुनकर तो उन्हें लगता है कि जैसे गले में मृदंग ही बज रहा है। वस्तुतः पत्नी को इस रूप में देखकर ही निराला के, सोते संस्कार जैसे जाग उठते हैं। साहित्य और संगीत के प्रति उनका आकर्षण जैसी स्वयं उन्हें ही एक नए रूप में दिखाई देने लगता है। मनोहरादेवी के इस रूप को देखकर ही अपने सौंदर्य का उनका अभिमान चूर-चूर हो जाता है। उनके मन में यह भाव बहुत उत्कटता से जगाता है कि वे ऐसा कुछ करें जिससे यह जीवन सार्थक हो जाए। पत्नी की तुलना में अपना निकम्मापन उनके आगे स्पष्ट होने लगता है। घर-परिवार की ही नहीं, पड़ोसियों की भी सेवा और सहायता का उनका स्वभाव निराला को गहराई से प्रभावित करता है। पत्नी का चरित्र ही जैसे पति का प्रेरणा-स्रोत बन जाता है।

उपन्यास की तरह जीवनी भी अपने चरित नायक समेत अनेक व्यक्तियों का एक जीवित संसार अपने में समाए रहती है। पात्रों के बीच होने वाले संवाद उसी रूप में घटित होने का कोई प्रमाण नहीं होता है। उनकी सहजता और विश्वसनीयता ही उनकी सफलता की कसौटी होती है। उपन्यास की तरह जीवनी में भी ये संवाद कथा के विकास में सहायक होते हैं और पात्रों के चरित्र की विशेषताओं को उद्घाटित करते हैं। इस जीवनी में भी अनेक ऐसे प्रसंग हैं जिनमें संवादों की यह सहजता और विश्वसनीयता देखी जा सकती है। जीवनी में दिए गए वार्तालापों में से भी निराला और मनोहरादेवी के बीच वाले वार्तालाप सबसे अधिक आकर्षक हैं तथा यह भी कह सकते हैं कि ये जीवनी के सफलतम आधार हैं। इन सभी संवादों या वार्तालापों से ही यह पता चलता है कि मनोहरा देवी का स्वभाव तेजस्वी एवं स्वाभिमानी है। और अपने स्वभाव की सहजता से ही वे निराला को अभिभूत करती हैं। सादगी और सहजता का प्रभाव ही सबसे गहरा होता है और इसी का प्रभाव निराला जी पर पड़ा तथा इसी से निराला के जीवन को नई दिशा मिली।

अध्याय 12

संस्मरण

भूमिका

संस्मरण साहित्य की एक विधा है। स्मृति के आधार पर किसी विषय पर अथवा किसी व्यक्ति पर लिखित आलेख 'संस्मरण' कहलाता है। संस्मरण को साहित्यिक निबंध की एक प्रवृत्ति भी माना जा सकता है। ऐसी रचनाओं को संस्मरणात्मक निबंध कहा जा सकता है। जीवन में कुछ घटनाएँ ऐसी घट जाती हैं जिनके साथ हम जुड़ से जाते हैं। उन्हें याद करना तथा ऐसे संस्मरण सुनना–सुनाना अपने आप में आनंद का स्रोत है। हिंदी में संस्मरण लिखने की परंपरा बहुत पुरानी नहीं है। गद्य साहित्य के साथ ही संस्मरण लिखने की ओर भी लेखकों की प्रवृत्ति हुई। इनमें महादेवी वर्मा का योगदान सबसे अधिक है। इस अध्याय में महादेवी वर्मा के संस्मरण का वर्णन किया गया है। इसमें 'संस्मरण' को एक साहित्यिक विधा के रूप में दर्शाया गया है। संस्मरण और अन्य विधाओं के बीच अंतर को स्पष्ट किया गया है। इसके अतिरिक्त इसमें संस्मरण का सार, अंतर्वस्तु और भाषा–शैली का वर्णन किया गया है।

प्रश्न 1. संस्मरण से आप क्या समझते हैं? संस्मरण की एक साहित्यिक विधा के रूप में विवेचना कीजिए।

उत्तर— संस्मरण वर्णन–प्रधान जीवनीपरक कथेतर गद्य विधा है। संस्मरण का आधार स्मृति है। स्मृति के आधार पर किसी विषय पर अथवा किसी व्यक्ति पर लिखित आलेख संस्मरण कहलाता है। संस्मरण एक अत्यंत लचीली साहित्य–विधा है। इसके अनेक गुण साहित्य की अन्य अनेक विधाओं में भी रचे बसे हैं। संस्मरण एक अंतर्विरोधी प्रकृति वाला साहित्य रूप है। उसके लिखे जाने के लिए परिचय का विस्तार बहिर्मुखता की माँग करता है, जबकि उसका कलात्मक रचाव हार्दिकता एवं अंतर्मुखता की अपेक्षा रखता है। एक सीमा तक ही इन दोनों को साध पाना संभव होता है। यही कारण है कि अच्छे और उल्लेखनीय संस्मरण किसी भी भाषा में बहुत अधिक नहीं होते। लेखक की स्वभावगत संकोची वृत्ति, यात्रा–भीरुता और मित्र बनाने की कला का अभाव कुछ ऐसे कारक हैं जो संस्मरण–लेखन के विरोध में जाते हैं। अंतरंगता संस्मरण की शिराओं में प्रवाहित रक्त की तरह है जो उसके स्वास्थ्य में एक खास तरह की चमक पैदा करती है। इसके अभाव में संस्मरण के नाम पर लिखी जाने वाली कोई भी रचना रक्त शून्यता की शिकार हो सकती है। औपचारिकता और अविश्वसनीयता जैसे तत्त्व संस्मरण के सबसे बड़े शत्रु हैं। इसीलिए सामान्यतः संस्मरण परिचय की माँग करता है। जिस व्यक्ति के संस्मरण लिखे जा रहे हैं उसकी रचना–दृष्टि, सामाजिक दायित्व और विभिन्न मुद्दों पर प्रकट किए गए विचार पूरी विश्वसनीयता और प्रामाणिकता के साथ उनमें आने चाहिए। अपनी प्रकृति में संस्मरण आगे–पीछे दोनों ओर लगे शीशे की तरह होता है जिसमें दिखने वाले के साथ दिखाने वाला भी कहीं न कहीं प्रतिबिंबित होता है। यही कारण है कि संस्मरण केवल उसे ही आलोकित नहीं करता जिस पर वह लिखा गया है। एक सीमा तक वह अपने रचयिता का भी परिचय देता है। राजेंद्र यादव जैसे लेखक जब अपने संस्मरणों को संकलित करते हुए 'औरों के बहाने' शीर्षक देते हैं तो उससे यही ध्वनित होता है कि औरों के बहाने इनका रचयिता अपने बारे में भी बहुत कुछ कहता है। अपने एक व्यंग्य–लेख में हरिशंकर परसाई ने उन संस्मरण लेखकों का मजाक उड़ाया है जो संस्मरण लिखते समय दूसरों से अधिक अपने बारे में लिखते हैं। ऐसे संस्मरण अपने विषय को गौण मानकर रचयिता को ही मुख्यतः केंद्र में रखते हैं। एक अच्छा और प्रामाणिक संस्मरण वही होता है जिसमें लेखक अपने को पृष्ठभूमि में रखकर अपने विषय के विविध पक्षों को समादर, आत्मीयता और विनम्रता के साथ धैर्यपूर्वक खोलता चलता है। संस्मरण का विषय अर्थात् वह व्यक्ति जिस पर संस्मरण लिखा जा रहा है, अपनी सारी विशिष्टताओं के साथ दूसरों की तरह एक सामान्य मनुष्य ही होता है। अतः यह जरूरी है कि उसे हाड–माँस के एक मनुष्य की भाँति ही प्रस्तुत किया जाए। किसी भी प्रकार की व्यक्ति–पूजा का भाव संस्मरण लेखन की प्रकृति से मेल नहीं खाता। जिस व्यक्ति को संस्मरण के लिए चुना गया है, उसके इस चुनाव

में ही यह निहित है कि वह रचयिता का प्रिय और आदरणीय है। ऐसे व्यक्ति का जो प्रभाव लेखक पर पड़ा है उसका आकलन ही वह अपने संस्मरण में करता है। आदर्श संस्मरण वही है जिसमें लेखक अपने विषय के प्रति सारे समादर के साथ किसी प्रकार की एकांगिता से बचकर चलता है। अपने संस्मरण के लिए चुने गए व्यक्ति को संपूर्ण और विश्वसनीय रूप में प्रस्तुत करने की दृष्टि से भी यह जरूरी है कि संस्मरण में वस्तुपरकता के महत्त्व को समझा जाए। एक अच्छा संस्मरण अपने विषय के प्रति आत्यंतिक विनम्रता और वस्तुपरकता के योग से ही संभव होता है। लेखक की स्वयं की अनुभूतियाँ तथा संवेदनाएँ संस्मरण में अंतर्निहित रहती हैं। इस दृष्टि से संस्मरण का लेखक निबंधकार के अधिक निकट है। वह अपने चारों ओर के जीवन का वर्णन करता है। इतिहासकार के समान वह केवल यथातथ्य विवरण प्रस्तुत नहीं करता है। पाश्चात्य साहित्य में साहित्यकारों के अतिरिक्त अनेक राजनेताओं तथा सेनानायकों ने भी अपने संस्मरण लिखे हैं, जिनका साहित्यिक महत्त्व स्वीकारा गया है।

प्रश्न 2. संस्मरण की अन्य गद्य विधाओं की विवेचना कीजिए।

अथवा

संस्मरण तथा रेखाचित्र पर संक्षेप में टिप्पणी लिखिए।

उत्तर– संस्मरण का आधार केवल बड़ी घटनाएँ अथवा महापुरुष ही नहीं होते, बल्कि मामूली घटनाएँ, अति सामान्य व्यक्ति, क्षणि प्रसंग भी संस्मरण के विषय हो सकते हैं। यह संस्मरण–लेखक पर निर्भर है कि उनका ह्रदय किस परिस्थिति में, किस व्यक्ति तथा वस्तु के सान्निध्य में आंदोलित हो उठता है और उसी में कुछ ऐसा विशेष देख लेता है, जो उसकी स्मृति में सुरक्षित हो जाता है। संस्मरण का विषय महान व्यक्ति हो सकता है और कोई फकीर या भिखारी भी। परिचय के सघन वृत्त में आने वाले किसी भी व्यक्ति को केंद्र में रखकर लिखा जा सकता है लेकिन आमतौर पर साहित्यिक व्यक्तियों के संस्मरण ही अधिक प्रसिद्ध हुए हैं। जिस व्यक्ति को केंद्र में रखकर संस्मरण लिखा जाता है, संस्मरण लेखक उस व्यक्ति के जीवन के किसी विशेष काल अथवा खंड को ही अपने लिए चुनता है। उस संबद्ध दौर में उस व्यक्ति के अनेक पक्षों की जानकारी उस संस्मरण से मिलती है। लेकिन किसी भी व्यक्ति का कोई काल खंड उसका संपूर्ण जीवन नहीं होता। भले ही संस्मरण से यह अपेक्षा न की जाती हो कि वह उस व्यक्ति को संपूर्णता में प्रस्तुत करेगा, लेकिन फिर भी एक अच्छा संस्मरण एकांगिता और पूर्वग्रहों से अपने को बचाता है। इसीलिए संस्मरण लेखक के लिए यह जरूरी होता है कि अन्य उपलब्ध स्रोतों से ही वह अपने विषय के बारे में जानकारी प्राप्त करे और उसके पिछले जीवन और उसके विभिन्न पक्षों की सापेक्षता में अपना पक्ष प्रस्तुत करे। संस्मरण बहुत कुछ लेखक पर पड़े उस व्यक्ति के निजी प्रभाव का ही आकलन होता है। लेकिन इस प्रभाव का आकलन संबद्ध व्यक्ति की संपूर्णता में ही अधिक विश्वसनीय और

ग्राह्य होगा। संस्मरण लेखक का यह काम उसे एक जीवनीकार के निकट ले आता है। जीवनी लेखक की तरह अपने विषय के बारे में अपेक्षित पृष्ठभूमि तैयार करके ही कोई संस्मरण लेखक अपने संपर्क–काल को अधिक पूर्ण और ग्राह्य बना सकता है।

संस्मरण और रेखाचित्र–अपने मूल रूप में 'रेखाचित्र' भले ही चित्रकला की दुनिया से आया शब्द हो, लेकिन साहित्य में गद्य की एक विद्या विशेष के रूप में भी वह स्वीकार्य माना जाकर अपनी विशिष्ट पहचान बना चुका है। सामान्य अर्थ में रेखाचित्र व्यक्ति के बाह्य रूप का चित्र होता है जिसके द्वारा उसके व्यक्तित्व का आकलन किया जाता है। उसके शरीर और विभिन्न अंगों की बनावट, उसके व्यक्तित्व को वैशिष्ट्य देने वाले कुछ कारक, उसका पहनावा और बातचीत के बीच उसके क्रिया कलाप आदि का चित्रण उसका एक ऐसा रेखाचित्र प्रस्तुत करता है जो उसके सीधी–सादी पोशाक और बातचीत से जोरदार ठहाके उनकी एक स्थायी पहचान बन चुके हैं। जिस व्यक्ति से अपने संपर्क का चित्र कोई संस्मरण लेखक देता है तो वह आवश्यक तौर पर यह बताता है कि उससे हुई भेंट के समय वह व्यक्ति क्या पहने था, कैसे और किस परिवेश में यह भेंट हुई थी और होने वाली बातचीत के बीच वह कैसा व्यवहार कर रहा था। संस्मरण में लेखक जो कुछ स्वयं देखता है और स्वयं अनुभव करता है उसी का चित्रण करता है। लेखक की स्वयं की अनुभूतियाँ तथा संवेक्षाएँ संस्मरण में अंतर्निहित रहती हैं।

रेखाचित्र में व्यक्ति के बाह्यरूपों और उसके व्यक्तित्व वैशिष्ट्य चिह्नों का ऐसा चित्रण किया जाता है, जिससे उसकी स्थायी पहचान प्रस्तुत हो सके। इसके विपरीत संस्मरण में क्षणिक पर कुछ ही समय की पहचान को प्रस्तुत करने का प्रयास किया जाता है।

संस्मरण, पत्र और साक्षात्कार–संस्मरण में दो व्यक्तियों के बीच होने वाले संवाद और अनेक मुद्दों पर होने वाली बातचीत की भी एक विशिष्ट भूमिका होती है। यह संवाद ही वस्तुतः किसी संस्मरण को साक्षात्कार के निकट लाता है। संस्मरण की अपेक्षा साक्षात्कार अधिक औपचारिक विधा है जिसमें परिचय का सघन वृत्त उतना जरूरी नहीं होता जितना वह संस्मरण में होता है।

दो या दो से अधिक व्यक्तियों के बीच बातचीत एवं विचारों का आदान–प्रदान साक्षात्कार (interview) कहलाता है। इसमें एक या कई व्यक्ति किसी एक व्यक्ति से प्रश्न पूछते हैं और वह व्यक्ति इन प्रश्नों के जवाब देता है या इन पर अपनी राय व्यक्त करता है। साक्षात्कार, साहित्य की एक विधा भी है। लेकिन फिर भी संस्मरण में से साक्षात्कार के तत्त्व को निष्कासित कर पाना कठिन है। जिस व्यक्ति के संबंध में संस्मरण लिखा जाता है उसका संस्मरण लेखक से पूर्व और दीर्घ परिचय भी हो सकता है। यह भी संभव है कि इस कालावधि में उस व्यक्ति ने संस्मरण लेखक को पत्र लिखे हों। अतः अपने संस्मरण में वह उन पत्रों का उपभोग भी करता है। पत्रों का ऐसा कोई उपयोग उस संस्मरण को प्रामाणिकता देता है। यह

सारे उपकरण उस केंद्रीय व्यक्ति को अपेक्षाकृत अधिक पूर्ण और विश्वसनीय रूप में हमारे सामने लाने में सहायक होते हैं। लिखे गए पत्र संस्मरण में केंद्रीय व्यक्ति के द्वारा कहे गए या बताए गए अनुभवों को विश्वसनीयता एवं प्रामाणिकता प्रदान करता है।

प्रश्न 3. संस्मरण के सार को अपने शब्दों में लिखिए।

उत्तर— कवयित्री होने के साथ-साथ, महादेवी वर्मा चित्रकार भी थीं। सुभद्रा कुमारी चौहान संबंधी अपने संस्मरण का प्रारंभ वे चित्रों और चित्रशाला वाले रूपक की भाषा में करती हैं। स्मृतियों की वे दो कोटियाँ बनाती है। शैशव की चित्रशाला में जिन चित्रों से गहरा रागात्मक संबंध होता है, उन चित्रों की रेखाएँ होती हैं। जिन्हें वार्धक्य की धुँधली आँखों से भी स्पष्ट और प्रत्यक्ष देखा जा सकता है। इन रागात्मक संबंधों के अभाव में बने चित्र समय बीतने के साथ ही धुँधले पड़ कर मिटने लगते हैं। सुभद्रा के साथ स्कूली दिनों के अपने संबंध को वे प्रथम कोटि में रखती हैं – जिसकी रागात्मकता उस चित्र को कभी धुँधला नहीं होने देती। लगभग चार दशकों का यह संबंध सुभद्रा के असामयिक निधन से ही समाप्त होता है – लेकिन उनकी स्मृतियाँ फिर भी बनी रहती हैं।

सुभद्रा महादेवी से उम्र में कुछ बड़ी थीं और क्रास्थवेट कॉलेज इलाहाबाद में ही उनसे दो कक्षाएँ आगे थीं। महादेवी कक्षा पाँच में थीं और सुभद्रा कक्षा सात में। कविता लिखने के समान रुचि उनकी मित्रता का मुख्य नियोजक सूत्र था। गणित की कापी पर चोरी-चोरी लिखी गई महादेवी की कविताओं को उन्होंने पकड़ा था और फिर इस बात से उन्हें बल मिला था कि अब इस क्षेत्र में वे अकेली न होकर दो हैं। उस दौर में किसी लड़की का कविता लिखना सामाजिक दृष्टि से अपराध की कोटि में आने वाला शौक ही था।

सुभद्रा के इस अन्वेषण के बाद इस संख्या को तेजी से विकसित होता देखा जा सकता है। उसके बाद दो सखियों की यह मित्रता पारिवारिक बहनापे में बदल जाती है। बाद के वर्षों में कई बार दोनों ने एक ही मंच से कविताएँ पढ़ीं। सुभद्रा का विवाह छोटी उम्र में ही लक्ष्मण सिंह से हो गया था जो स्वतंत्रता सेनानी होने के नाते अधिकतर समय जेल में ही रहते थे। सुभद्रा भी पति की आदर्श संगिनी बनीं और जेल में भी उनके स्वभाव में कोई परिवर्तन नहीं आया। उनकी काव्य पंक्ति 'मैंने हँसना सीखा है मैं नहीं जानती रोना' उनके मन की बनावट का बहुत अच्छा परिचय है। संक्रामक हँसी और स्वभाव की दृढ़ता – उसकी मुख्य पहचान के रूप में रेखांकित की जा सकती है। वे कविताओं में ही नहीं, जीवन में भी विद्रोहिणी थीं। सारे सामाजिक विरोध के बीच उन्होंने अपनी बेटी सुधा का अंतर्जातीय विवाह प्रेमचंद के छोटे बेटे अमृतराय से किया था और हिंदू विवाह की अनिवार्य प्रथा का विरोध करके कन्यादान नहीं किया था – क्योंकि कन्या कोई निर्जीव वस्तु नहीं है जिसे दान में दिया जा सके। आर्थिक अभावों के बीच उत्साहपूर्वक अपनी गृहस्थी जमाई थी। लेकिन उनके आर्थिक अभावों ने

उनमें किसी प्रकार की दीनता नहीं आने दी। अपने घर की धरती को उन्होंने संपूर्ण निष्ठा के साथ चाहा और प्यार किया। विश्वास, प्रेम और साहस के सहारे वे जीवन भर 'सुख भरे सुनहरे बादल' से घिरी रहीं। एक आदर्श पत्नी और महिमामयी माँ का उनमें अद्‌भुत संयोग था।

संबंधों की यही ऊष्मा उन्होंने दूसरों को भी दी। महादेवी ने अपने संस्मरण में स्पर्द्धा–भाव से दो छोरों से शुरू करके गोबर से आँगन लीपने के प्रसंग की चर्चा की है। जीवन की व्यस्तताओं में बाद में उन दोनों को वैसे अक्सर सुलभ न होने पर भी किशोरावस्था का यह सखी हमेशा बना रहा। कभी इलाहाबाद की ओर से निकलते हुए यदि सुभद्रा वहाँ रुक पाने की स्थिति में नहीं होती तो सूचना मिलने पर महादेवी उनसे स्टेशन पर ही मिल लेती थीं। जब रूकने का अवसर और संयोग बनता था तो महादेवी के साथ रूककर अपनी अमृत–वर्षा से वे उन्हें वे नहलाती थीं। कालेज से लौटने पर महादेवी देखती थीं कि बंगले के बरामदे में सुभद्रा भानुमती का अपना पिटारा खोले बैठी है। छोटे–छोटे पत्थर या शीशे की प्यालियाँ, मिर्च का अचार, बासी पूरी, पेड़े, रंगीन चकला–बेलन, चुटीली, नीली–सुनहरी चूड़ियाँ और भी न जाने क्या–क्या। यह सब छोटी बहिन महादेवी के लिए होता था।

अपनी उल्लासपूर्ण प्रकृति के अनुरूप ही, एक दुर्घटना में हुई मृत्यु से, पुष्पाभरणा, आलोकसना धरती की छवि आँखों में भरकर पंचमी के दिन सुभद्रा ने संसार से विदा ली। अपनी समाधि पर मेले की उनकी कल्पना शायद साकार हुई थी त्रिवेणी के श्याम–उज्जवल अंचल में उनके पर्थिव अवशेष को प्रवाहित देख महादेवी के स्मृति–पटल पर उनका वही चेहरा था जो वर्षो पहले बचपन में उन्होंने देखा था।

पथ के साथी महादेवी वर्मा द्वारा लिखे गए संस्मरणों का संग्रह है, जिसमें उन्होंने अपने समकालीन रचनाकारों का चित्रण किया है। जिस सम्मान और आत्मीयतापूर्ण ढंग से उन्होंने इन साहित्यकारों का जीवन–दर्शन और स्वभावगत महानता को स्थापित किया है वह अपने आप में बड़ी उपलब्धि है। 'पथ के साथी' में संस्मरण भी हैं और महादेवी द्वारा पढ़े गए कवियों के जीवन पृष्ठ भी।

प्रश्न 4. संस्मरण की अंतर्वस्तु का वर्णन कीजिए।

उत्तर– पथ के साथी महादेवी वर्मा द्वारा लिखे गए संस्मरणों का संग्रह है, जिसमें उन्होंने अपने समकालीन रचनाकारों का चित्रण किया है। जिस सम्मान और आत्मीयतापूर्ण ढंग से उन्होंने इन साहित्यकारों का जीवन–दर्शन और स्वभावगत महानता को स्थापित किया है वह अपने आप में बड़ी उपलब्धि है। महादेवी वर्मा द्वारा लिखित संस्मरणों का संकलन 'पथ के साथी' 1956 में प्रकाशित हुआ था। हिंदी समाज उनके नाम से भली भांति परिचित है। देश भक्ति से परिपूर्ण वीरता और ओज से भरे गीतों के लिए वह अत्यंत प्रसिद्ध रही हैं। 'खूब

लड़ी मरदानी, वह तो झांसी वाली रानी थी' आज भी लोगों में देश भक्ति का जोश भर देता है। इसी तरह 'वीरों का कैसा हो बसंत' गीत भी अत्यंत लोकप्रिय रहा है। इन्हीं सुभद्रा कुमारी चौहान पर महादेवी वर्मा ने यह संस्मरण लिखा है।

सुभद्रा कुमारी चौहान और महादेवी वर्मा दोनों एक ही विद्यालय में पढ़े थे। सुभद्राजी, महादेवी से बड़ी थी और अपने छात्र जीवन से ही कविता लिखने का उन्हें शौक था। यही वजह थी कि लड़कियाँ या तो कविताएं लिखती ही नहीं थीं या लिखती भी तो छुप-छुपाकर। महादेवी जी भी कविताएं लिखती थीं, यह बात सुभद्रा जी को पता चली और फिर इन्हीं कविताओं ने दो कवयित्रियों को एक दूसरे के इतने करीब ला दिया।

सुभद्राजी का विवाह उसी समय हो गया था, जब वह कक्षा आठ में पढ़ रही थीं। लेकिन ऐसे व्यक्ति के साथ जो स्वतंत्रता सेनानी था और जिसे लगातार कारागर की सजा होती रहती थी। ऐसे व्यक्ति की पत्नी बनने का अर्थ था, जीवन के दाम्पत्य सुखों को तिलांजलि देना और दुखों की शया पर ही जीवन काट देना। लेकिन सुभद्रा जी ने ऐसा कुछ नहीं किया। अपने पति के साथ वह भी आजादी की लड़ाई में शामिल हो गईं और कारागर की यात्रा उनके जीवन की यात्रा भी बन गई। घर-गृहस्थी और बच्चों के लालन-पालन के साथ-साथ देश की आजादी को भी जीवन का हिस्सा बना लेना सरल काम नहीं था। यह किसी पुरुष के बस की बात नहीं हो सकती थी। महादेवी ने उनके जीवन के इस पक्ष को अत्यंत मार्मिक ढंग से उजागर किया है।

'घर और कारागार के बीच में जीवन का जो क्रम विवाह के साथ आरंभ हुआ था वह अंत तक चलता ही रहा। छोटे बच्चों को जेल के भीतर और बड़ों को बाहर रखकर वे अपने मन को कैसे संयत रख पाती थी यह सोचकर विस्मय होता है।'

महादेवी जी, सुभद्रा जी के व्यक्तित्व पर रोशनी डालते हुए लिखती हैं कि 'अपने निश्चित लक्ष्य पथ पर अडिग रहना और सब कुछ हँसते-हँसते सहना उनका स्वभावजात गुण था।' आर्थिक कठिनाइयों के बावजूद उनके चरित्र का यह पक्ष उन्हें और महान बना देता है। लेकिन राजनीतिक जागरूकता ही उनके व्यक्तित्व में नहीं थी, सामाजिक जागरूकता भी उतनी ही अधिक थी। कविता लिखकर जिस विद्रोही स्वभाव का परिचय उन्होंने बचपन में दिया था, वह जीवन पर्यंत रहा। अपने बच्चों पर किसी तरह का अंकुश लगाने की बजाए उन्होंने उन्हें स्वाभाविक रूप से आगे बढ़ने का अवसर दिया। इसी तरह अपनी बेटी का अंतर्जातीय विवाह कर उन्होंने सामाजिक रूढ़ियों को तोड़ने में जो साहस का परिचय दिया वह इस बात से और भी मुखर रूप में सामने आता है कि उन्होंने यह कहते हुए कन्यादान की प्रथा का विरोध किया कि स्त्री कोई निर्जीव वस्तु नहीं है जिसका कि दान किया जा सके।

अपने पारिवारिक जीवन में ही नहीं सामाजिक-राजनीतिक जीवन में भी उन्होंने अपने प्रगतिशील साहसपूर्ण व्यक्तित्व का परिचय बराबर दिया। महात्मा गाँधी की मृत्यु के बाद

इलाहाबाद में अस्थिविसर्जन के अवसर पर हरिजन महिलाओं के अधिकारों के लिए उन्होंने जो संघर्ष किया वह इसी बात का प्रमाण है।

अपने जीवन में सुभद्रा जी ने जो कुछ भी किया, महादेवी वर्मा ने अपने इस संस्मरण में उसके पीछे उनकी सुविचारित दृष्टि बताई है। सुभद्रा जी का यह कथन इस बात का द्योतक है–

"समाज और परिवार व्यक्ति को बंधन में बाँधकर रखते हैं। ये बंधन देशकालानुसार बदलते रहते हैं और उन्हें बदलते रहना चाहिए वरना वे व्यक्तित्व के विकास में सहायता करने के बदले बाधा पहुँचाने लगते हैं। बंधन कितने ही अच्छे उद्देश्य से क्यों न नियत किए गए हों, हैं बंधन ही, और जहाँ बंधन है वहाँ असंतोष तथा क्रांति है।"

सुभद्राजी का उपर्युक्त कथन इस बात का प्रमाण है कि अपने समय और समाज के प्रति उनमें कितनी जागरूकता थी और सुविचारित दृष्टि के साथ सारी बातों को समझने की वे क्षमता रखती थीं। सुभद्राजी के व्यक्तित्व के इन पहलुओं को संस्मरण के माध्यम से महादेवी वर्मा ने जिस तरह से उजागर किया है, वह उनकी लेखकीय क्षमता का श्रेष्ठ प्रमाण है।

सुभद्रा कुमारी चौहान के असामयिक निधन के बाद सन् 1949 में जबलपुर में उनकी मूर्ति का अनावरण करते हुए महादेवी वर्मा ने कहा था, 'नदियों के जय–स्तंभ नहीं बनाए जाते और दीपक की लौ को सोने से नहीं मढ़ा जाता ...... महादेवी की इस उक्ति में उनके संस्मरण का प्रतिपाद्य भी ढूँढ़ा जा सकता है। नदी और दीपक की लौ से सुभद्रा के व्यक्तित्व की तुलना करके वे जैसे उनकी गतिशीलता और तेजस्विता को ही श्रद्धांजलि दे रही थीं। लेकिन उनके व्यक्तित्व के प्राकृतिक गुणों के संपूर्ण स्वीकार के बावजूद इसमें किसी प्रकार की अतिरंजना का निषेध भी शामिल हैं। 'पथ के साथी' के अन्य संस्मरणों की तरह सुभद्रा के व्यक्तित्व के भी वे आधारभूत मानवीय पक्षों पर अपने को केंद्रित करके चलती हैं। ऐसे लोगों की कमी नहीं है जो महादेवी के काव्य की अपेक्षा उनके गद्य को अधिक जीवंत और यथार्थवादी मानते हैं। उनके गद्य की इस जीवंतता का कारण उनका यही यथार्थ और वास्तव में प्रति उनका लगाव है। संस्मरण के केंद्र में रखे गए व्यक्ति को वे भरपूर आदर देती हैं। आत्मीयता और अंतरंगता की झिलमिल ज्योति उस व्यक्तित्व के चारों ओर झिलमिलाती है लेकिन वास्तविकता की जमीन पर खड़ी होकर ही वे उसके गुणों का बखान करती हैं। सुभद्रा के संस्मरण में भी सुभद्रा के जीवन का यथार्थ, आर्थिक अभाव और अपनी गृहस्थी के साम्राज्य के प्रति उनकी छोटी–छोटी आकांक्षाएँ इस संस्मरण को गहरी विश्वसनीयता देता है। उनका सारा ध्यान व्यक्ति की विशिष्टताओं को पकड़ने पर केंद्रित रहता है। इस प्रक्रिया में उस केंद्रीय व्यक्तित्व की चिंता ही उनकी मुख्य रचनात्मक चिंता होती है। वे उसी का संस्मरण लिखती हैं, उसके बहाने अपना नहीं। युगीन परिवेश के विस्तार में जाकर वे केंद्रीय व्यक्तित्व की चारित्रिक रेखाओं को धूमिल नहीं करतीं। क्षुद्रताओं की अपेक्षा वे व्यक्तित्व की विराटता से साक्षात्कार

को ही अपने संस्मरण का प्रस्थान बिंदु मानकर अपनी रचना–यात्रा शुरू करती हैं। संस्कृत साहित्य, भारतीय संस्कृति और दार्शनिक परंपराओं का विशाल भंडार उनके सामने होने से वे उस व्यक्तित्व का आकलन इसी सुविस्तृत फलक पर करती हैं। उनकी रचना की प्रामाणिकता का मूल स्रोत भी वस्तुतः यही है। इन सांस्कृतिक परंपराओं के प्रति अपने गहरे लगाव के कारण ही वे शायद मानती हैं कि मृतात्माओं के उज्ज्वल पक्ष का ही स्मरण किया जाना चाहिए। उन्हें स्मृति में धारण करके ही उन्हें मरण और विस्मरण से बचाया जा सकता है। पथ के साथी में संस्मरण भी है और महादेवी जी द्वारा पढ़े गए कवियों के जीवन–पृष्ठ भी। उन्होंने एक ओर इन साहित्यकारों की निकटता, आत्मीयता और प्रभाव का कलात्मक उल्लेख किया है, तो दूसरी ओर उनके समग्र जीवन–दर्शन को परखने का प्रयत्न किया है। यह प्रयत्न महादेवी के चिंतन, अनुभूति और दृष्टिकोण की विशद विशेषताओं को रेखांकित करता है।

प्रश्न 5. संस्मरण की भाषा–शैली का उल्लेख कीजिए।

अथवा

संस्मरण की भाषा–शैली की विशेषताएँ बताइए।

उत्तर– संपूर्ण लेखक की भाषा–शैली ही सर्वप्रथम सहृदय को आकर्षक करती है। भाषा किसी भी रचना में अभिव्यक्ति का मुख्य माध्यम है। रचना में भाषा की वही भूमिका होती है जो मनुष्य के शरीर में प्रवाहित रक्त की होती है। भाषा के द्वारा ही लेखक अपनी अभिव्यक्ति को सटीक और प्रभावशाली बनाता है। महादेवी वर्मा मूलतः कवयित्री हैं, लेकिन विभिन्न प्रकार का गद्य भी उन्होंने लिखा है। महादेवी के विवेचनात्मक गद्य का एक प्रतिनिधि संकलन वर्षों पहले गंगा प्रसाद पांडेय के संपादन में प्रकाशित हुआ था। इसी प्रकार उन्होंने रेखाचित्रों और संस्मरणों में भी गद्य के विभिन्न रूपों का प्रयोग किया है। उनके गद्य की भाषा संस्कृतनिष्ठ तत्सम शब्दों से भरपूर होने पर भी क्लिष्ट और दुर्बोध भाषा नहीं है। उपमाओं और रूपकों के प्रयोग से बनी यह भाषा उनके मन्तव्य को संप्रेषित करने में सहायक होती है। उनकी गद्य भाषा का एक प्रतिनिधि उदाहरण प्रस्तुत है, 'शैशव की चित्रशाला के जिन चित्रों से हमारा रागात्मक संबंध गहरा होता है, उनकी रेखाएँ और रंग इतने स्पष्ट और चटकीले होते चलते हैं कि हम वार्ध्यक्य की धुंधली आँखों से भी उन्हें प्रत्यक्ष देखते रह सकते हैं......' बोलचाल के सामान्य शब्दों के बजाय संस्कृत मूल के तत्सम शब्दों के प्रयोग के प्रति उनकी विशेष रुचि है। चित्रकार होने के कारण उनकी भाषा में चित्र कर्म के उपकरणों का उपयोग बहुत हुआ है, उनके गद्य में एक प्रीतिकर चित्रमयता के दर्शन भी होते हैं, जिसे छायावादी काव्य के एक आधारभूत वैशिष्ट्य के रूप में रेखांकित किया गया है। महादेवी वर्मा सुभद्रा के व्यक्तित्व का रेखांकन अपनी इस प्रिय चित्र पद्धति से करती हैं '.....मझोले कद तथा उस समय की कृश देहयष्टि में ऐसा कुछ उग्र या रौद्र नहीं था जिसकी हम वीरगीतों की कवयित्री में कल्पना करते हैं। कुछ

गोल मुख, चौड़ा माथा, सरल भृकुटियाँ, बड़ी और भावस्नात आँखें, छोटी सुडौल नासिका, हँसी को जमाकर गढ़े हुए से ओठ और दृढ़तासूचक ठुड्डी .... सब कुछ मिला कर एक अत्यंत निश्छल, कोमल, उदार व्यक्तित्व वाली भारतीय नारी का ही पता देते थे....' संप्रेषण के लिए वे निःसंकोच संस्कृत मूल और पृष्ठभूमि वाले शब्दों का चयन तो बहुत सहज रूप में करती ही हैं -- भावस्नात, अन्वेषिका वक्र कुंचित आदि -- उपमाओं में वे संस्कृत पदावली का उपयोग भी करती हैं। सुभद्रा के व्यक्तित्व के संदर्भ में 'संचारिणी दीपशिखेव' लिखकर वे उस व्यक्तित्व की असाधारणता का संकेत देती हैं।

महादेवी की भाषा संस्कृत और मध्यकालीन हिंदी काव्य की अंतर्प्रवृत्ति की गूँज वाली भाषा है। सूर की गोचारण संस्कृत की सघन और अर्थपूर्ण पदावली का उपयोग वे सुभद्रा के बचपन की कुछ घटनाओं के प्रसंग में बेहद साभिप्राय रूप में करती हैं। कीकर और बबूल के जंगल में गायों और ग्वालों के झुंड के बीच, गोधूली बेला में गोपी बनने की साध में भटकती बच्ची के रूप में सुभद्रा की आकांक्षाओं का कुछ ऐसा ही चित्र लेखिका ने प्रस्तुत किया है। इसी प्रकार अपनी गृहस्थी में कभी सुभद्रा के आर्थिक अभावों के प्रसंग में वे द्रोणाचार्य और अश्वत्थामा के प्रसंग को याद करती हैं – जिसमें चावल के घोल का सफेद पानी देकर दूध के नाम पर, बहलाने की किंवदंती प्रचलित है। महादेवी की गद्यभाषा संस्कृतनिष्ठ तत्सम पदावली के व्यापक उपयोग के बावजूद किसी भी स्तर पर बोझिल, श्रमसाध्य और दुर्बोध होने का बोध नहीं जगाती है। पुष्पाभरणा, आलोकवसना, पार्थिव अवशेष, श्यामल–उज्ज्वल, नीलम फलक जैसे प्रयोग इस भाषा के सहज प्रवाह को बाधित नहीं करते हैं। इसका एक मात्र कारण यह है कि इन शब्दों को परिश्रम–पूर्वक ढूँढ़कर वे भाषा में नहीं लाती हैं। यह उनकी गद्य–भाषा की सहज प्रकृति है। उसकी यह सहजता ही उसे किसी भी स्तर पर दुर्बोध होने से बचाती है।

शैली–किसी भी संस्मरण की श्रेष्ठता इस बात पर निर्भर करती है कि उसमें संबद्ध व्यक्ति को कितनी आत्मीयता के साथ प्रस्तुत किया जा सका है। संस्मरण उस व्यक्ति के जीवन के ही कुछ विशिष्ट क्षणों और प्रसंगों को प्रस्तुत करता है। संस्मरण में जीवनी की तरह विस्तार और फैलाव की गुंजाइश नहीं होती। न ही वह साक्षात्कार की तरह एक के बाद एक प्रश्न प्रस्तुत करके समाप्त हो जाता है। संक्षिप्ति और सघनता संस्मरण को प्रभावी बनाते हैं। इस अर्थ में संस्मरण की तुलना प्रगीत और कहानी जैसी छोटे आकार वाली विधाओं से की जा सकती है जिनमें प्रभाव सघनता ही उनकी सफलता का सबसे बड़ा निष्कर्ष होता है।

पथ के साथी में सुभद्रा कुमारी चौहान से संबद्ध महादेवी का संस्मरण स्कूली दिनों में दोनों सखियों की निकटता से शुरू होता है। कविता के प्रति समान रुचि के आधार पर इस मैत्री को विकास का अवसर मिलता है। इस संक्षिप्त संस्मरण में महादेवी सुभद्रा को उनके संपूर्ण जीवन–फलक पर फैलाकर देखती हैं और उनके विभिन्न पक्षों को उद्घाटित करती

चलती है। दूसरी रचनाओं की तरह संस्मरण में भी संबद्ध व्यक्ति के चारित्रिक वैशिष्टय को उभारना लेखक का मुख्य अभिप्रेत होता है। महादेवी ने सुभद्रा का गृहिणी रूप, महिमामयी माँ, आदर्श पत्नी के साथ आर्थिक अभावों के बीच भी उनके मस्त और आनंदी स्वभाव के स्रोतों का उद्‌घाटन बड़े कलात्मक रूप में किया है। इसी तरह वे उनके चरित्र के विद्रोही और प्रगतिशील पक्ष पर भी सटीक टिप्पणी करती हैं – पुत्री सुधा के अंतर्जातीय विवाह की स्वीकृति देने के साथ ही विवाह में कन्यादान की रूढ़ि का विरोध करके संपूर्ण जीवन में से कुछ पक्षों और प्रसंगों का यह चयन ही संस्मरण के प्रभाव का आधारभूत घटक होता है। अपने निजी प्रसंगों में भी वे सुभद्रा की ममता और अंतरंगता के अनेक उदाहरण प्रस्तुत करती हैं। उनके द्वारा लाई ढेरों सौगातें और छोटी बहिन जैसा प्यार महादेवी गहरी कृतज्ञता के साथ याद करती है। कवि सम्मेलन में हुई भेंट के अवसर पर थैले में से निकाल अपने हाथ से उनका महादेवी को चूड़ी पहनाना और इस बात की चिंता कि स्वयं पहनने से महादेवी से वे टूट सकती हैं, उनकी इस गहरी आत्मीयता को ही छूना और पकड़ना है। छोटे मालूम होने वाले प्रसंगों के पीछे छिपी आत्मीयता को इस रूप में पकड़ना ही संस्मरण के प्रभाव को बढ़ाता है। अपने इस संक्षिप्त संस्मरण में महादेवी ने सुभद्रा के अहेतुक स्नेह को गहरी आत्मीयता के साथ याद किया है। आज जब उपभोक्ता संस्कृति की आँधी में जीवन का अर्थ ही बहुत कुछ बदल गया है, ऐसा अहेतुक स्नेह कृतज्ञता के साथ एक अवसाद का बोध भी जगाता है। संस्मरण में स्मृति की विशिष्ट भूमिका होती है। इन स्मृति–खंडों को सजीव और विश्वसनीय रूप में प्रस्तुत करने वाली भाषा महादेवी के पास है। जीवनी की तरह संस्मरण में अपने चरितनायक पर पड़ने वाले युगीन प्रभावों और परिवेश के बीच उसके विकास को अंकित करने की सुविधा नहीं होती। यहाँ छोटे–छोटे प्रसंगों के बीच ही उसके चरित्र की रेखाओं को उकेरा जाता है। इस प्रक्रिया में अंतरंगता का चमत्कारी प्रभाव होता है। किसी अच्छी संस्मरण की एक प्रमुख विशेषता अंतरंगता होती है। इस अंतरंगता की कमी से संस्मरण रुचिकर तथा पाठकों को आकर्षित नहीं कर पाएगा। इसके बिना अच्छी संस्मरण की कल्पना भी बहुत मुश्किल है। 'पथ के साथी' में संकलित अन्य संस्मरण की तरह सुभद्रा कुमारी चौहान संबंधी अपने संस्मरण में भी महादेवी ने संक्षिप्त और सघनता के संतुलन को साध पाने में सफलता प्राप्त की है।

प्रश्न पत्र

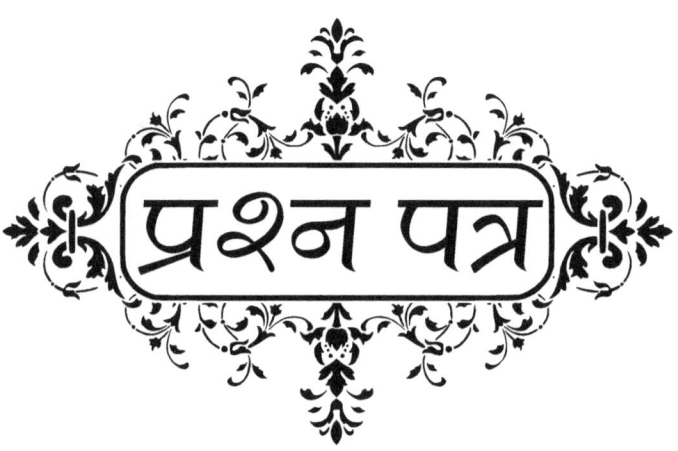

हिंदी साहित्य : विविध विधाएँ: बी.एच.डी.एल.ए.-138
सैम्पल पेपर-I

नोट: किन्हीं पाँच प्रश्नों के उत्तर (प्रत्येक) लगभग 500 शब्दों में दीजिए। प्रत्येक भाग से कम से कम दो प्रश्नों के उत्तर अवश्य दीजिए।

भाग I

प्रश्न 1. 'जूठन' की अंतर्वस्तु का विश्लेषण कीजिए।
उत्तर— देखें अध्याय-5, प्रश्न सं.-3

प्रश्न 2. मुंशी प्रेमचंद की कहानी 'पूस की रात' का सार प्रस्तुत कीजिए।
उत्तर— देखें अध्याय-1, प्रश्न सं.-2

प्रश्न 3. 'निबंधः जीने की कला' को अपने शब्दों में लिखिए।
उत्तर— देखें अध्याय-4, प्रश्न सं.-2

प्रश्न 4. 'निराला की साहित्य साधना' का विश्लेषण कीजिए।
उत्तर— देखें अध्याय-11, प्रश्न सं.-4

प्रश्न 5. पत्र को एक साहित्यिक विधा के रूप में समझाइए।
उत्तर— देखें अध्याय-8, प्रश्न सं.-1

भाग II

प्रश्न 6. रिपोर्ताज लेखन में रेणु की भूमिका का वर्णन कीजिए।
उत्तर— देखें अध्याय-9, प्रश्न सं.-2

प्रश्न 7. मोहन राकेश के एकांकी 'बहुत बड़ा सवाल' के कथासार की व्याख्या कीजिए।

उत्तर– देखें अध्याय–3, प्रश्न सं.–3

प्रश्न 8. वैष्णव की फिसलन के आधार पर निबंध के सार का उल्लेख कीजिए।
उत्तर– देखें अध्याय–2, प्रश्न सं.–2

प्रश्न 9. संस्मरण से आप क्या समझते हैं? संस्मरण की एक साहित्यिक विधा के रूप में विवेचना कीजिए।
उत्तर– देखें अध्याय–12, प्रश्न सं.–1

प्रश्न 10. निम्नलिखित में से किन्हीं दो पर लगभग 250 शब्दों (प्रत्येक) में संक्षिप्त टिप्पणियाँ लिखिए–
(क) भाव पक्ष के आधार पर महादेवी वर्मा के काव्य
उत्तर– देखें अध्याय–6, प्रश्न सं.–22

(ख) यात्रा वृत्तान्त और रिपोर्ताज
उत्तर– देखें अध्याय–10, प्रश्न सं.–3

(ग) डायरी और आत्मकथा
उत्तर– देखें अध्याय–7, प्रश्न सं.–2

(घ) 'वैष्णव की फिसलन' शीर्षक की सार्थकता
उत्तर– देखें अध्याय–2, प्रश्न सं.–8

यदि आपको अपने ही अंदर शान्ति नहीं मिल पाती तो भला इस विश्व में कहीं और कैसे पा सकते हैं।

हिंदी साहित्य : विविध विधाएँ: बी.एच.डी.एल.ए.–138
सैम्पल पेपर–II

नोट: किन्हीं पाँच प्रश्नों के उत्तर (प्रत्येक) लगभग 500 शब्दों में दीजिए। प्रत्येक भाग से कम से कम दो प्रश्नों के उत्तर अवश्य दीजिए।

भाग I

प्रश्न 1. डायरी को एक साहित्यिक विधा के रूप में परिभाषित कीजिए।
उत्तर– देखें अध्याय–7, प्रश्न सं.–1

प्रश्न 2. 'बहुत बड़ा सवाल' एकांकी की संरचना–शिल्प पर प्रकाश डालिए।
उत्तर– देखें अध्याय–3, प्रश्न सं.–8

प्रश्न 3. जीवनी की संरचना पर प्रकाश डालते हुए इसकी प्रमुख विशेषताएँ भी बताइए।
उत्तर– देखें अध्याय–11, प्रश्न सं.–2

प्रश्न 4. रिपोर्ताज से आप क्या समझते हैं? इसकी प्रमुख विशेषताओं का वर्णन कीजिए।
उत्तर– देखें अध्याय–9, प्रश्न सं.–1

प्रश्न 5. 'जीने की कला' निबंध के परिवेश के बारे में बताइए।
उत्तर– देखें अध्याय–4, प्रश्न सं.–4

भाग II

प्रश्न 6. 'पूस की रात' कहानी की शिल्प संरचना का वर्णन कीजिए।
उत्तर– देखें अध्याय–1, प्रश्न सं.–7

प्रश्न 7. राहुल सांकृत्यायन के 'तिब्बतः ल्हासा से उत्तर की ओर' का विश्लेषण कीजिए।
उत्तर— देखें अध्याय-10, प्रश्न सं.-5

प्रश्न 8. निबंध 'वैष्णव की फिसलन' का कथ्य एवं उसकी अंतर्वस्तु को स्पष्ट कीजिए।
उत्तर— देखें अध्याय-2, प्रश्न सं.-4

प्रश्न 9. संस्मरण की अन्य गद्य विधाओं की विवेचना कीजिए।
उत्तर— देखें अध्याय-12, प्रश्न सं.-2

प्रश्न 10. निम्नलिखित में से किन्हीं दो पर लगभग 250 शब्दों (प्रत्येक) में संक्षिप्त टिप्पणियाँ लिखिए—

(क) पत्र और संस्मरण
उत्तर— देखें अध्याय-8, प्रश्न सं.-3

(ख) निराला जी की कविताओं के भाव पक्ष
उत्तर— देखें अध्याय-6, प्रश्न सं.-18

(ग) "जूठन" निबन्ध का सार
उत्तर— देखें अध्याय-5, प्रश्न सं.-2

(घ) हिन्दी एकांकी के महत्त्व
उत्तर— देखें अध्याय-3, प्रश्न सं.-2

जो अपने कदमों की काबिलियत पर विश्वास रखते हैं वो ही अक्सर मंजिल पर पहुँचते हैं।

हिंदी साहित्य : विविध विधाएँ: बी.एच.डी.एल.ए.–138
गेस पेपर-I

नोट: किन्हीं पाँच प्रश्नों के उत्तर (प्रत्येक) लगभग 500 शब्दों में दीजिए। प्रत्येक भाग से कम से कम दो प्रश्नों के उत्तर अवश्य दीजिए।

भाग I

प्रश्न 1. 'जूठन' आत्मकथा के संरचना शिल्प का उल्लेख कीजिए।

प्रश्न 2. 'पूस की रात' कहानी की कथावस्तु का वर्णन कीजिए।

प्रश्न 3. पत्र तथा अन्य गद्य विधाओं का वर्णन कीजिए।

प्रश्न 4. मोहन राकेश की एकांकी 'बहुत बड़ा सवाल' के प्रतिपाद्य पर प्रकाश डालिए।

प्रश्न 5. 'जीने की कला' निबंध के संरचना–शिल्प पर चर्चा कीजिए।

भाग II

प्रश्न 6. जीवनी से आप क्या समझते हैं? जीवनी की अन्य गद्य विधाओं के संदर्भ में व्याख्या कीजिए।

प्रश्न 7. 'वैष्णव की फिसलन' निबंध की संरचना–शिल्प का वर्णन कीजिए।

प्रश्न 8. सूरदास के भाव पक्ष पर प्रकाश डालिए।

प्रश्न 9. 'एकलव्य के नोट्स' का विश्लेषण कीजिए।

प्रश्न 10. निम्नलिखित में से किन्हीं दो पर लगभग 250 शब्दों (प्रत्येक) में संक्षिप्त टिप्पणियाँ लिखिए–

(क) 'मोहन राकेश के एकांकी नाटक का कथ्य या अंतर्वस्तु'

(ख) ओमप्रकाश वाल्मीकि का जीवन परिचय

(ग) 'पूस की रात' कहानी के प्रतिपाद्य

(घ) डायरी और संस्मरण

हिंदी साहित्य : विविध विधाएँ: बी.एच.डी.एल.ए.-138
गेस पेपर-II

नोट: किन्हीं पाँच प्रश्नों के उत्तर (प्रत्येक) लगभग 500 शब्दों में दीजिए। प्रत्येक भाग से कम से कम दो प्रश्नों के उत्तर अवश्य दीजिए।

भाग I

प्रश्न 1. संस्मरण की भाषा-शैली का उल्लेख कीजिए।

प्रश्न 2. एकांकी के परिवेश का वर्णन कीजिए।

प्रश्न 3. सूरदास के काव्य की संरचना एवं शिल्प पर संक्षिप्त में प्रकाश डालिए।

प्रश्न 4. 'जूठन' शीर्षक की सार्थकता को स्पष्ट कीजिए।

प्रश्न 5. 'जीने की कला' निबंध का शीर्षक और प्रतिपाद्य स्पष्ट कीजिए।

भाग II

प्रश्न 6. 'पूस की रात' कहानी के परिवेश की चर्चा कीजिए।

प्रश्न 7. मोहन राकेश की डायरी की भाषा-शैली पर टिप्पणी लिखिए।

प्रश्न 8. हरिशंकर परसाई जी के जीवन परिचय पर संक्षेप में प्रकाश डालिए।

प्रश्न 9. मुक्तिबोध के पत्रों का विश्लेषण कीजिए।

प्रश्न 10. निम्नलिखित में से किन्हीं दो पर लगभग 250 शब्दों (प्रत्येक) में संक्षिप्त टिप्पणियाँ लिखिए—

(क) 'बहुत बड़ा सवाल' के शीर्षक की सार्थकता

(ख) तुलसीदास के काव्य का प्रतिपाद्य

(ग) 'वैष्णव की फिसलन' निबंध के चरित्र विधान

(घ) 'जूठन' का प्रतिपाद्य

www.ingramcontent.com/pod-product-compliance
Lightning Source LLC
LaVergne TN
LVHW021818060526
838201LV00058B/3440
* 9 7 8 9 3 9 0 8 2 8 2 9 6 *